»Kinder in Patchwork-Familien, das sind die mit den doppelten Müttern, den Ersatzvätern und den vielen Großeltern, die einander noch nie begegnet sind. Die mindestens zweimal Weihnachten und Geburtstag feiern und in den Ferien erst mit Mama und deren zweitem Mann nach Südfrankreich und dann mit Papa und seiner Freundin an die Ostsee fahren.«

Eigentlich wollte Felicitas von Lovenberg nicht wieder heiraten, doch dann traf sie einen Mann, der sich davon nicht abschrecken ließ. Und zu dem gehörten zwei Kinder. Inzwischen kam noch gemeinsamer Nachwuchs hinzu und Felicitas von Lovenberg lebt glücklich mit ihrer Großfamilie in Frankfurt am Main.
Was das Leben in einer solchen Konstellation an Herausforderungen für alle Beteiligten mit sich bringt, beschreibt sie erfrischend offen und sehr erzählerisch mit einem ausgeprägten Sinn für Realität und einem Schuss Humor. Dabei folgt sie dem Patchworkmuster ganz von den Anfängen (»Wie sagt man seinen Kindern, dass man sich verliebt hat – und wann?«) über die Chancen und Risiken im Alltag bis hin zum vergleichsweise entspannten »Golden Patchwork«, wenn die Kinder aus dem Haus sind.

Felicitas von Lovenberg, Jahrgang 1974 ist seit 1998 Redakteurin im Feuilleton der »Frankfurter Allgemeinen Zeitung«, dort seit 2011 in der Literaturredaktion, die sie seit 2008 leitet. Sie wurde ausgezeichnet mit dem Alfred-Kerr-Preis für Literaturkritik, dem Ernst-Robert-Curtius-Förderpreis für Essayistik, dem Hildegard-von-Bingen-Preis für Publizistik und dem Julius-Campe-Preis für Kritik. Im SWR-Fernsehen moderiert sie regelmäßig die Literatursendung »lesenswert«.

Weitere Informationen, auch zu E-Book-Ausgaben finden Sie bei www.fischerverlage.de

Felicitas von Lovenberg

Und plötzlich war ich zu sechst

Aus dem Leben einer ganz
normalen Patchwork-Familie

FISCHER Taschenbuch

Erschienen bei FISCHER Taschenbuch
Frankfurt am Main, Februar 2016

© S. Fischer Verlag GmbH, Frankfurt am Main 2014
Satz: Fotosatz Amann, Memmingen
Druck und Bindung: CPI books GmbH
Printed in Germany
ISBN 978-3-596-19628-9

»Also, denkt immer daran: So weit alle wissen, sind wir eine nette, normale Familie.«
Homer Simpson, »Die Simpsons«

Für meinen Mann und meine Stiefkinder

Inhalt

Einleitung

»In der Wahl seiner Eltern kann man nicht vorsichtig genug sein.«
Paul Watzlawick

»The more, the merrier.«
Englisches Sprichwort

Zum Thema Familie hat kaum einer ein unverkrampftes Verhältnis. Die einen wollen ihr entkommen, die anderen glorifizieren sie, die dritten verteidigen sie wie Löwen. Feste, Therapien und Morde werden in ihrem Zeichen begangen. Ohne Familie gäbe es keine Gesellschaft und keine Literatur. Je nach Temperament und Erfahrung, besteht das Ideal wahlweise in einem Personenkreis, der einen am besten in Ruhe lässt, der Familie als Rückhalt in sicherer Entfernung oder der Geborgenheit bei Menschen, die immer für einen da und vor Ort sind.

Wenn es um Familie geht, ist jede Erfahrung so einzig wie absolut. Das Geschenk einer intakten Familie erleben nur wenige. Doch niemand sitzt so sehr zwischen allen Stühlen wie die Patchworker, mit Kindern, zu denen sie nichts beigetragen haben, Großeltern und Schwiegermüttern, die nicht ihre eigenen sind. Patchwork kann mit der Idealvorstellung der heilen Familie nicht konkurrieren. Zwar mögen Fernsehserien und Prominente uns attraktive Bilder einer bunten Familienidylle auch nach Trennung und diversen Weiterverästelungen von Müttern und Vätern vermitteln, aber man ahnt, dass hinter den Kulissen oft Machtkämpfe toben, Schmerz, Verletzungen und Wut regieren. Dabei sind Stieffamilien normal. Es gibt sie, seit Stammesmitglieder die Kinder von gestorbenen oder kranken Eltern mit aufzogen. Über Jahrhunderte und quer durch die Kulturen stellte das, was wir heute Patchwork nennen, wahrscheinlich sogar den häufigsten Familientyp dar – bis die moderne Medizin die Sterblichkeit signifikant senkte und steigende Scheidungsraten zugleich bedeuteten, dass Kinder nicht mehr erst zu Halbwaisen werden mussten, um es mit einem Stiefvater oder einer Stiefmutter zu tun zu bekommen. Diese sind, dem unausrottbaren Sprichwort »Blut ist dicker als Wasser« zufolge, Wasserverwandte. Das gefällt mir. Denn Wasser ist eine Urkraft: Es spendet Leben, bricht Dämme, wäscht rein – und sucht sich immer seinen Weg.

Bis mir das Thema vor einigen Jahren sehr konkret begegnete, hatte ich mir über Patchwork allerdings nie wirklich Gedanken gemacht. Über Liebe und die Chancen und Risiken der Partnerwahl hatte ich ausführlich nachgedacht, sogar in Buchform, aber familiäre Konstellationen hatten dabei keine große Rolle gespielt. Dann traf ich einen Mann nach meinem Herzen, mit dem ich nicht gerechnet hatte. Denn mit ihm hielten zwei Kinder in mein Leben Einzug – und plötzlich fand ich mich in einer überaus erfreulichen, aber zugleich so unbekannten Situation wieder, dass ich dringend nach Verbündeten, Vorbildern und Artgenossen Ausschau hielt. Wie es meiner Neigung und meinem Beruf entspricht, suchte ich diese vor allem in Büchern. Ratgeber für Eltern, die sich getrennt haben, fand ich zuhauf, doch ansonsten – Fehlanzeige. Alles, was es über Patchwork-Familien und Stiefelternschaft gibt, geht von den Problemen aus, die diese Familienform mit sich bringen kann. Da ich aber vor allem glücklich und ausgefüllt an der Seite meiner drei neuen Lebensmenschen war, schienen diese Titel für meine Situation nicht recht in Frage zu kommen. Zwar fand ich britische und amerikanische Romane, die aus dem Zusammenkommen von junger Frau und Märchenprinz mit Anhang durchaus unterhaltsamen dramatisch-romantischen Honig saugen, und sogar zwei oder drei, die tatsächlich vom wahren Leben inspiriert schienen. Trotzdem war die Ausbeute enttäuschend, zumal die deutschsprachige Gegenwartsliteratur, die sonst gern Familiengeschichten erzählt, bislang eher einen Bogen um das Thema macht. Dafür fielen mir diesseits der Bücher immer mehr Frauen und Männer auf, die genau wie ich durch die Liebe zu Wochenend- oder Vollzeit-Zweiteltern geworden waren. Bei den Gesprächen merkte ich, dass unsere Beobachtungen und Erfahrungen sich ähnelten, sowohl was die beglückenden Erlebnisse mit unseren neuen Familien anging als auch die Komplikationen, die im Umgang mit Kindern, Ex-Partnern, Lehrern und anderen dazugehörigen Personen auftreten können. Aber keiner kannte ein Buch, in dem wir uns wiederfinden konnten.

Vielleicht hat es damit zu tun, dass Patchwork genauso wenig wie eine normale Familie eine abgegrenzte Erfahrung ist, sondern eher ein Lernprozess, der einen ein Leben lang begleitet. Es gibt keine Lehrgänge, keine Diplome und keine Richterskala für die Amplitude der Freuden und Probleme, die diese Familienform mit sich bringt. Patchwork macht glücklich, dankbar und demütig, aber manchmal ist man eben auch ratlos und frustriert. Nach acht Jahren kann ich aber sagen: Es lohnt sich, dranzubleiben. Beim Schreiben dieses Buches bin ich immer wieder von der Realität überrumpelt und verblüfft worden. Es gab einige wenige Tage, an denen ich das Gefühl hatte, Patchwork bloß durchzustehen, statt es bewusst zu leben, und viele andere, da es sich wie die beste, ehrlichste und vielseitigste aller Familienformen anfühlte. Die meisten waren irgendwo dazwischen. Patchwork ist keine Aufgabe oder Herausforderung, die sich je ganz meistern lässt. Wahrscheinlich gilt das für alle Familien – allerdings mit dem gravierenden Unterschied, dass Patchworker, Eltern wie Kinder, um die Zerbrechlichkeit ihrer familiären Welt wissen und sich darum auf deren Haltbarkeit nicht einfach verlassen, sondern in guten Fällen versuchen, am Gelingen mitzuwirken. Darüber hinaus ist die Zeit ein Verbündeter dieser Familienform: Je länger sie währt, desto besser funktioniert sie.

Ich bin keine Expertin in Sachen Patchwork, im Gegenteil. Auch nach acht Jahren mit meiner Familie sind meine Qualifikationen eher dürftig, bin ich immer noch verliebt in meinen

Mann und die meiste Zeit begeistert von meinen Stiefkindern. Mit anderen Worten: Ich bin gerne Stiefmutter. Warum das so ist, davon möchte dieses Buch erzählen – ohne die Schwierigkeiten zu verschweigen, die Patchwork mitunter für alle Beteiligten mit sich bringt. Vor allem aber will es dazu ermuntern, sich nicht unterkriegen zu lassen.

Der Lebensabschnitt »Pre-Patchwork«: Vom Kennenlernen von Vätern, Müttern, Kindern und anderen Angehörigen

Verliebt, verlobt, verheiratet, geschieden – Patchwork!

»Ich glaube an große Familien. Schon deswegen
sollte jede Frau mindestens drei Ehemänner haben.«
Zsa Zsa Gabor

»Ehen halten nicht. Wenn ich einen Mann treffe,
stelle ich mir als Erstes die Frage: Ist das der Typ,
mit dem meine Kinder die Wochenenden verbringen sollen?«
Rita Rudner

Verliebt, verlobt, verheiratet war früher. Nach geschieden kommt heute oft: Patchwork. Und Patchwork heißt Familie von Anfang an, hier gibt es keine Aufwärmphase als Paar ohne Verantwortung für Kinder. Insofern ist Patchwork etwas für Fortgeschrittene. Das fängt beim Einstiegsalter an: Patchwork-Bindungen sind notwendigerweise für mindestens einen der Partner der zweite Anlauf, oft auch für beide. Darum ist Patchwork Familie in Potenz – hoch drei, vier, fünf. Auch, was die Herausforderungen angeht. Stieffamilien bilden bereits heute die dritthäufigste Familienform in unserem Land. Jede sechste Familie lebt in einer Patchwork-Konstellation, Tendenz steigend. Dem Statistischen Bundesamt zufolge wächst in Deutschland bereits jedes vierte Kind zeitweise in sogenannten alternativen Lebensformen auf, also bei Noch-Alleinerziehenden oder Schon-Patchworkern. Und bei Scheidungskindern, die eine Woche bei Mama, dann eine Woche bei Papa wohnen, spricht das Behördendeutsch von »paritätischer Doppelresidenz«.

Immer mehr Kinder erleben also im Laufe ihrer Jugend eine Situation, wo sie es mit Stiefvater oder Stiefmutter, oft auch mit Geschwistern zu tun haben, mit denen sie nicht oder nur zur Hälfte leiblich verwandt sind. Wie häufig das Modell Patchwork-Familie geworden ist, kann jeder am eigenen Umfeld feststellen, im Bekannten- und Freundeskreis. Da sind Konstellationen wie »der Sohn des zweiten Mannes meiner Schwester«, der Kumpel mit vier Kindern von zwei oder drei Frauen oder die Nichte, die älter ist als ihr Onkel, weil es sich um den Jüngsten des zum dritten Mal verheirateten Großvaters handelt, heute kein Grund mehr für hochgezogene Brauen. Kein Wunder, dass in Kindergärten bereits der moderne Abzählreim kursiert »Verliebt, verlobt, verheiratet, geschiiieden – wie viele Kinder willst du kriiiegen?« oder dass Schulanfänger berichten, beim Kennenlernen laute eine der ersten Fragen: »Und, sind deine Eltern noch zusammen?«

Die Patchwork-Familie ist also keine Ausnahme mehr, sondern Normalität – was auch damit zu tun haben dürfte, dass die Scheidungskinder der siebziger und achtziger Jahre inzwischen selbst ein- bis zweimal geheiratet und Kinder bekommen haben. In naher Zukunft bereits dürften die Patchworker ebenso häufig sein wie die sogenannte, aber immer weniger als solche empfundene »normale« oder »klassische« Familie. In amerikanischen Großstädten soll es bereits jetzt mehr Patchwork- als traditionelle Familien geben (und nach wie vor mehr Singles als beide zusammen). Dennoch wird diesseits der Unterhaltungsindustrie und des Boulevards noch immer auffallend wenig über sie berichtet – oder wenn, dann dient Patchwork in erster Linie als Synonym für moderne Familienführung, die ja ohnehin von der Frage bestimmt ist, wie man alles unter einen Hut bekommt, Kinder und Karriere, Ausgaben und Einkommen, Romantik und Selbstverwirklichung.

Ganz wie der angelsächsische Quilt, von dem das Flickwerk-Modell seinen Namen hat, sind Patchwork-Familien auf Erweiterung angelegt; hier kommt zusammen, was ursprünglich nicht zusammengedacht war, und indem man versucht, aus unterschiedlichen Nöten eine gemeinsame Tugend zu machen, ergibt das Ganze ein neues, buntes, fröhlich wirkendes Muster, das Geborgenheit ausstrahlt. Nur dass jede Naht, die das Flickengewebe zusammenhält, hier zugleich eine Narbe ist.

Kinder in Patchwork-Familien, das sind die mit den doppelten Müttern, den Ersatzvätern und den vielen Großeltern, die einander noch nie begegnet sind. Die mindestens zweimal Weihnachten und Geburtstag feiern und in den Ferien erst mit Mama und deren zweitem Mann nach Südfrankreich und dann mit Papa und seiner Freundin an die Ostsee fahren. Manche bekommen auf diese Weise zunächst fertige Brüder und Schwestern, mit denen sie gar nicht verwandt sind, und später vielleicht noch Halbgeschwister, die sie an einen Ur-Zustand von Familie erinnern, den sie selbst verloren haben. Damit Patchwork gelingt, müssen alle Beteiligten zu allen Entwicklungen eine glaubwürdige gute Miene aufsetzen – vielleicht daher die auffällige Verbreitung dieser Familienform unter Politikern und Schauspielern.

Als es in den achtziger Jahren erstmals größere mediale Aufmerksamkeit fand, nannte man das Phänomen gutbürgerlich deutsch »Ich heirate eine Familie« und machte eine rührende Vorabendserie mit Thekla Carola Wied daraus; inzwischen heißt das Modell nach amerikanischem Filmvorbild eher »Deine, meine, unsere« oder schlicht »Modern Family«, sieht sympathisch aus und auf chaotische Weise kuschelig. Zugleich steht diese Familienform unter Verdacht, weil Außenstehende stets argwöhnen, dass hier die romantische oder erotische Selbstverwirklichung mindestens eines Elternteils auf dem Rücken der Kinder ausgetragen wird. Denn dass es immer mehr Patchwork-Familien gibt, heißt keineswegs, dass sie auch immer besser funktionieren. Im Gegenteil: Je mehr Beispiele die Statistik füttern, desto ungewisser scheint die Aussicht auf dauerhaft stabile Verhältnisse. Die Hälfte aller Patchwork-Familien geht wieder in die Brüche – und bringt so immer neue hervor.

Das dürfte nicht nur mit den besonderen Belastungen und Herausforderungen zu tun haben, denen alle Familienmitglieder in solchen Situationen ausgesetzt sind, sondern auch mit der Erfahrung des Scheiterns, die ihnen vorangeht: Die schlimmste Scheidung ist bekanntlich immer die erste. Das tut der idealistischen Annahme, dass beim nächsten Mal alles anders sein könnte, aber offenbar keinen Abbruch. Die Institution Ehe ist jedenfalls durch die immer größer werdende Gruppe der Patchworker nicht, wie oft behauptet wird, in Gefahr, im Gegenteil. Kinder sind eine konservative Kraft: Von den gut zwölf Millionen Familien mit Kindern in Deutschland sind knapp achtzig Prozent (wieder-)verheiratet. Nur bei zwei Prozent aller Patchwork-Zweitehen war ein Elternteil zuvor verwitwet.

Die Anzahl der Patchwork-Familien hierzulande entspricht laut Studien ziemlich genau der Anzahl geschiedener Ehen mit Kindern, weil der Nachwuchs offenbar der stärkste Antrieb für eine familiäre Neukonstellation ist – die oftmals erstaunlich rasch auf die gerade zu Bruch gegangene Ehe folgt. Da in den neuen Bundesländern statistisch die meisten Ehen geschieden werden, ist dort auch die Zahl der Stief- und Patchwork-Familien am größten.

Dass die Patchworker immer zahlreicher, aber dabei nicht unbedingt langfristig glücklicher werden, dürfte vor allem daran liegen, dass ihnen noch keiner so recht vorgemacht hat, wie das gehen könnte. Gerade für diese bunte und variantenreiche Familienform fehlt es bislang weitgehend an Vorbildern und Mustern jenseits von Klischees. Dabei täten sie hier besonders not. Da Soziologen schon lange herausgefunden haben, dass Kinder, die die Scheidung ihrer Eltern erlebt haben, sich als Erwachsene selbst schneller trennen als Nicht-Scheidungskinder, dürfte es sich mit Patchwork ähnlich verhalten: Wer als Kind Patchworker war, für den ist das Bild der heilen Familie unheilbar zerbrochen, und die Wahrscheinlichkeit steigt, dass er selbst als Erwachsener mehrere Trennungen erleben wird. Wer das weiß, will im zweiten Anlauf erst recht vorbildlich sein, um seinen Kindern doch noch vorzuleben, dass glückliche Familie auf Dauer möglich ist – oder dass sich Konflikte in der Partnerschaft auch anders bewältigen lassen als durch Auseinandergehen.

Wer sich mit einer Frau oder einem Mann samt Anhang zusammentut, weiß zwar theoretisch, was das bedeutet, ist aber in der Praxis trotzdem oft überfordert: Das belegen die ratlosen, bedrückten und verzweifelten Postings in den zahlreichen Internetkummerkästen für Stieffamilien. Dort sind vor allem Beiträge von Frauen zu lesen, deren neue Partner Kinder aus einer früheren Beziehung mitbringen. Tausende von Einträgen dokumentieren die Frustration darüber, immer in der Minderzahl zu sein, die quälende Eifersucht auf die Kinder des Mannes und die bittere Erfahrung, dass die Wahlverwandtschaft einer neuen Liebesbeziehung sich letztlich fast immer als schwächer erweist als die Bindung zum eigenen Kind. Vielleicht um dieses dauernde Ungleichgewicht im Gefühlshaushalt auszubalancieren, wird in Patchwork-Familien besonders häufig adoptiert, wenn gemeinsame Kinder ausbleiben – schließlich sind Stief- und Adoptivelternschaft einander nicht ganz unähnlich.

Patchwork ist bloß ein neuer Name für eine Konstellation, die so alt ist wie die Menschheit. Denn die biologischen Zwänge der Fortpflanzung bedeuteten noch nie, dass die leibliche Mutter zwangsläufig auch die soziale sein muss. Mutterschaft wird der französischen Ethnologin Nicole-Claude Mathieu zufolge in den meisten Gesellschaften »weniger durch das Gebären als durch die soziale Rolle begründet, die der Mutter zugeschrieben wird«. Biologische Verwandtschaft ist keineswegs erforderlich, um eine hohe emotionale Bindung zwischen Vater, Mutter und Kindern herzustellen. Wer überleben will, muss sich seit jeher zusammentun. Schon die in Rudeln lebenden

Höhlenmenschen waren Patchworker, und die Geschichte ist reich an vergessenen Stiefvätern und Stiefmüttern, angefangen bei Josef, dem Ziehvater von Jesus. Bis ins letzte Jahrhundert hinein machte der Tod der Mutter im Kindsbett oder der Kriegstod des Vaters viele Kinder erst zu Halbwaisen und später zu Stiefkindern.

Abhängig ist das Funktionieren dieser Form menschlichen Zusammenlebens wie bei allen Familien in erster Linie von den Eltern, die dabei aus Sicht der anderen Parteien ziemlich oft versagen. Allerdings ist die Schar der potentiellen Kritiker und damit das Fettnäpfchenvorkommen bei Patchworkern deutlich größer als in anderen Familien. Selbstverständlich kann es die neue Stiefmutter aus Sicht der mütterlichen Großeltern nur schlechter machen als ihre eigene Tochter, und aus der Perspektive der Kinder sowieso. Stiefväter hingegen, denen es schließlich nicht an der Wiege ihrer Patchwork-Kinder gesungen war, dass sie sich um diese kümmern und oft auch materiell für sie aufkommen würden, können sich offenbar leichter Meriten verdienen – allein schon, weil sie eine Frau mit Anhang gewissermaßen von der Straße aufgelesen haben, was einen Kavalier nahelegt. Auf den ersten Blick scheinen die Zahlen dies zu bestätigen: So gibt es dem Familienministerium zufolge in Deutschland 47 Prozent Stiefvaterfamilien und nur 27 Prozent Stiefmutterfamilien. Diese Diskrepanz zur gesellschaftlichen Realität, in der sich nachweislich geschiedene Väter am häufigsten neu binden, erklärt sich dadurch, dass für diese Statistik nur die Haushalte zählen, in denen die Kinder gemeldet sind, also den Großteil ihrer Zeit verbringen. Für das Einwohnermeldeamt fällt eine Familie, bei der die Kinder nur an den Wochenenden sind, nicht in die Patchwork-Kategorie. Fürs Amt zählt lediglich der Hauptwohnsitz.

Generell scheinen Stiefväter mit weniger Vorurteilen zu kämpfen zu haben als ihre weiblichen Pendants, denn die Erwartungen an sie sind schlicht geringer – in diesem Punkt ist

Gleichberechtigung praktisch aussichtslos. Auch wenn hauptsächlich die Frauen aus dem Büro hetzen, um Chauffeurdienste zwischen Kindergarten und Klavierstunde zu absolvieren, nachts den Kuchen für das Klassenfest backen und von neuntausend Windeln, die ein Kind bis zur Kloreife im Durchschnitt verbraucht, achttausend bis achttausendneunhundertfünfzig wechseln, gilt dabei noch immer die optimistische Annahme, die Mark Twain einst formulierte: »Meine Mutter hatte einen Haufen Ärger mit mir, aber ich glaube, sie hat es genossen.«

Noch polemischer verkürzt, könnte man sagen: Patchwork musste schon deswegen auf die Welt kommen, weil Männer, wenn sie allein sind, sich von Kindern oft überfordert fühlen – das war vor Tausenden von Jahren nicht anders als heute und stellt keinerlei Abwertung der Väter dar. Denn die Zahl der Männer, die im Zusammensein mit ihren Kindern aufgehen, nimmt meist dann drastisch ab, wenn der Nachwuchs zahnt, quengelt, kränkelt, pubertiert oder sonst wie anstrengend wird. Einer kongolesischen Weisheit zufolge lieben Väter ihre Kinder nur, solange die Mutter in der Nähe ist, während Papst Johannes XXIII. einmal weise formulierte, es sei für einen Vater leichter, Kinder zu haben, als für Kinder, einen Vater zu haben. Ausnahmen bestätigen hier tatsächlich die Regel. Ich weiß von begeisterten und liebevollen Vätern, die nach zehn Tagen allein verantwortlichen, unausgesetzten Zusammenseins mit ihren Kindern vor Stress, Anstrengung und Überforderung Asthmaanfälle oder nervösen Ausschlag bekommen, und anderen, die lieber dreimal am Tag ins Restaurant gehen, bevor sie ihre meist unbenutzte Küche in eine Fischstäbchen- und Rahmspinatfabrik verwandeln. Männer, die sonst um jeden Cent feilschen, nehmen es bei der Babysitter-Rechnung nicht so genau und geben in den Ferien, ohne zu zögern, ein kleines Vermögen für Hotels mit Kinderbetreuung aus. Andere haben erstmals in ihrem erwachsenen Leben nichts dagegen einzuwenden, ihre Mutter oder sogar ihre frühere Schwiegermutter mit in den

Urlaub zu nehmen – jede Großmutter ist ihnen willkommener als die Aussicht, sich allein mit dem Nachwuchs in einer Ferienwohnung wiederzufinden und zwei Wochen lang den Alleinunterhalter spielen zu müssen.

Die Erfahrung der eigenen Hilflosigkeit, der Verunsicherung und des Leidens, vielleicht auch der Schuld und der Reue, welche die erste Zeit nach einer Trennung begleiten, mag für die Eltern einschneidend und für die ihnen zuschauenden Kinder regelrecht beängstigend sein – aber sie bildet die Grundlage für gelingendes Patchwork. Denn für diese Familienform genügt es nicht, dass einer allein sich bemüht, damit es im zweiten Anlauf besser klappt, sondern es muss allen daran gelegen sein. Wenn Kinder Patchwork nicht als von den Eltern diktierte Folge von deren eigener Beziehungsniederlage erleben sollen, darf die nächste familiäre Bindung kein Überfallkommando sein – was allerdings oft der Fall ist, weil sich viele Menschen nun einmal erst dann trennen, wenn sie den Silberstreif am Horizont in der holden Gestalt eines neuen Gefährten gefunden zu haben glauben. Für kinderlose Leute mag dieses Verhalten, das die lästigen Mietkosten einer temporären Wohnung spart, nicht ungewöhnlich sein. Aber selbst, wenn es sich um den Mann der besten Freundin handelt, den die Kinder seit ihrer Geburt kennen, um die langjährige Kollegin oder sonst jemanden, der in der Familie bestens eingeführt ist: Für die beteiligten Kinder bedeutet der elterliche Sprung von einer Vollzeit-Beziehung in die nächste in jedem Fall eine massive Erschütterung ihrer Bedürfnisse nach Sicherheit und Stabilität. Das bekommen auch ihre Eltern zu spüren. Diese Regel bestätigen nicht einmal Ausnahmen. Ganz gleich, ob man es sich hinter die Ohren schreibt, aufs Armaturenbrett klebt oder an den Badezimmerspiegel heftet: Wenn sich eine oder beide Seiten ohne die Katharsis einer Pause – und nein, eine längere eheliche Phase ohne Sex gilt nicht als Qualifikation – in die nächste Partnerschaft stürzt, ist das nicht der ideale Auftakt für eine glückliche neue Familie. Man schaue sich nur an, wie es der armen Anna Karenina erging!

Kinder, Kinder: Rendezvous mit dem Nachwuchs

»Niedliche Kinder gelten als Eigentum der ganzen Welt.
Schreckliche Kinder gehören ihren Müttern allein.«
Judith Martin

Wer gerade eine schmerzhafte Trennung hinter sich hat, denkt zumeist nicht gleich an eine nächste Beziehung, sondern ist vollauf damit beschäftigt, sich in seinem neuen Leben als alleinstehende Mutter oder alleinstehender Vater einzurichten. Oft bedeutet das für die Kinder einen doppelten Umzug, weil die Wohnung der Mutter sich ebenso verkleinert wie die des Vaters, und nicht immer bleiben beide Eltern am selben Ort. So geht das Ende der Familie, wie sie die Kinder bis dahin kannten, mitunter zusätzlich mit einer vollständigen Veränderung auch aller anderen Lebensumstände einher. Manchen Kindern mag das sogar helfen, sich mit der neuen Situation zu arrangieren, weil sie aktiv einbezogen werden und etwa ihr neues Zimmer bei Papa selbst einrichten dürfen oder die Mutter auf ihrer Wohnungssuche begleiten. Gerade zu Beginn aber kann kein noch so schönes neues Heim das Gefühl der emotionalen Entwurzelung kompensieren. Es bedarf keines Kindertherapeuten, um die Zeichen dafür zu deuten, die je nach Alter und Naturell ganz unterschiedlich ausfallen können. Bei den einen verschlechtern sich die schulischen Leistungen dramatisch, andere Kinder leiden unter völliger Appetitlosigkeit oder schaufeln, um sich zu trösten, Süßigkeiten und fette Speisen, nicht umsonst *comfort food* genannt, in sich hinein. Kleinere Kinder regredieren, können plötzlich Dinge, die sie zuvor bereits allein beherrschten, nicht mehr, wollen sich nicht selbst anziehen, fragen nach Flasche oder Schnuller und stellen herzzerreißende Fragen wie: »Wann kommt Papa zurück?« oder »Warum hast du Mama nicht mehr lieb?« Hinzu kommt, dass Kinder oft zusätzlich leiden, weil sie den eigentlichen Grund der Trennung bei sich selbst wähnen und sich daher schuldig fühlen.

Als Neuzugang in eine solche Situation hineinzuplatzen ist nicht einfach. Davor bedarf es, zumal auf Seiten der frisch fragmentierten Familie, einer gewissen Heilungs- und Ruhephase. Schließlich wird man sich als Gesamtfamilie nicht gleich auf die Suche nach dem fehlenden Puzzleteil machen, auch wenn das früher Filme wie der Heinz-Erhardt-Klassiker »Witwer mit fünf Töchtern« suggerierten. Aber nicht bloß getrennte Mütter und Väter rätseln, wie sich das ganze Bäumchen-wechsle-dich-Spiel wohl gestalten mag, wenn man mit Anhang Anschluss sucht, sondern auch ihre Kinder werden einige Erwartungen und Befürchtungen hegen.

Meiner Beobachtung nach unterscheidet sich die Situation von Müttern und Vätern dabei deutlich. Zum einen haben die Väter die Kinder in den weitaus häufigsten Fällen nur an den Wochenenden bei sich oder jedenfalls deutlich seltener als die Mütter, die außerdem nach einer Trennung den ganzen Alltag allein bewältigen müssen, was die Lage zusätzlich kompliziert. Kurz nach einer schmerzhaften, bösen oder teuren Scheidung bittet es sich den früheren Partner oder gar die Ex-Schwiegermutter nicht mehr so leicht um kurzfristiges Einspringen, Aushelfen oder Betreuen. Eher ist man darauf bedacht, sich aus dem Weg zu gehen, ob bei Elternabenden oder im Freundeskreis. Und wenn noch ein Umzug dazukommt, dauert es oft viele Monate, bis man wieder eine einigermaßen funktionierende Infrastruktur von Babysittern oder anderen Hütern etabliert hat, die einem überhaupt ermöglichen, sich an den Abenden hier und da außer Haus zu begeben.

Die komplizierte Suche nach Mr oder Mrs Right II mag sich durch die Möglichkeiten moderner Kontaktaufnahme kurzweiliger gestalten, tatsächlich verkürzt wird sie dadurch hingegen meist nicht. Schließlich gilt es, jemanden zu finden, der nicht nur einem selbst zusagt, sondern mit dem sich auch die anderen Familienmitglieder anfreunden können. Und da wird die Sache mitunter höllisch kompliziert.

Väter, deren Kinder nur zeitweise oder an den Wochenenden bei ihnen sind, tun sich meist etwas leichter als Mütter. Sie haben schlicht mehr Freiraum, sich zu verabreden und auszugehen, und lernen dadurch auch eher jemanden kennen. Außerdem erscheint die Situation für einen Außenstehenden nicht ganz so bedrohlich oder, politisch korrekt ausgedrückt, herausfordernd, wenn die Kinder nicht permanent anwesend sind, und dadurch auch die Zahl der gestörten Nächte, der Körbe voll dreckiger Wäsche oder der Legotürme im Wohnzimmer überschaubar scheint. Ein Mann hingegen, der sich in eine Frau mit kleinen Kindern verliebt, tut dies zumindest theoretisch in dem Wissen, dass er die nächsten Jahre praktisch nie an erster Stelle kommen wird, sondern dass seine Bedürfnisse und Wünsche nachrangig zu denen der Kinder sein werden und dass er, um seiner Frau ein wirklicher Partner zu sein, Verantwortung auch für den Nachwuchs eines anderen Mannes übernehmen muss.

Gelegentlich tauchen in dieser Situation Bekannte auf, die jetzt ihre Chance wittern. Gleich, ob man das zynisch oder realistisch finden will: Da heute feste Beziehungen und auch Ehen nicht mehr in Stein gemeißelt sind, gibt es im Umkreis eines jeden Paares fast immer die eine oder andere Person, die ein Ende der bisherigen Verhältnisse wenn schon nicht herbeigesehnt hat, so doch die neuen Umstände zumindest nicht nur tragisch finden kann. Allerdings sind auch hier eher Männer die Profiteure, weil es eben auch für Außenstehende kein unerheblicher Unterschied ist, ob man sich einen Wochenendvater anlacht oder eine Frau mit einem oder gar mehreren Kindern. Anders ist nicht zu erklären, dass es so viele warmherzige, attraktive und erfolgreiche Mütter gibt, die nach einer Trennung alleinerziehend bleiben, aber kaum Teilzeitväter unter den Dauersingles. Mein Freund Ulrich jedenfalls konnte sich vor Angeboten zur Verköstigung oder zur unverbindlichen Gesellschaft beim samstäglichen oder sonntäglichen Kinderprogramm kaum retten, nachdem er und seine Partnerin auseinandergegangen waren. Single-Kolleginnen boten an, ihn und seine Tochter auf den Spielplatz oder ins Kindertheater zu begleiten (»ist doch sicher langweilig, so allein!«), Bekannte baten um seine Begleitung zu Vernissagen oder Einladungen (»du kannst ja als mein Walker mitkommen«). Weil Ulrich nicht nur gut aussieht und anständig verdient, sondern außerdem völlig arglos und uneitel ist, was seine Person und die versteckte Agenda zumal von Frauen angeht, fand er sich bald in Situationen wieder, wo die andere Seite seine verbindliche Art bereits als Ermunterung missdeutet hatte. Zum Glück erwies sich seine damals fünfjährige Tochter als zuverlässige Abschmetterin. Nachdem sie eine Anwärterin mit dem unschuldigen Satz »Du bist wohl schon lange in meinen Papa verliebt, oder?« in die Flucht geschlagen und eine andere mit der Bemerkung »Mein Vater hat gesagt, seine nächste Frau suche ich ihm aus« irritiert hatte, hatte sie ihren Vater an den Wochenenden erst einmal wieder für sich allein. Als später dann eine des Weges kam, die beide mochten, verkniff sie sich die verletzenden Kommentare ganz von allein.

Ein derart intaktes emotionales Immunsystem, noch dazu eines, das für Eltern und Kind gleichermaßen funktioniert, ist allerdings eher die Ausnahme. Stattdessen werden viele Kinder im Lauf der Zeit mit einer ganzen Reihe von Freunden und Freundinnen konfrontiert, gegen deren jeweiliges Auf- und Abtauchen sie völlig machtlos sind. Ein Schulkamerad meines Stiefsohns zählte neulich einmal ganz cool auf, was er in den vergangenen zwei Jahren mit seiner Mutter so alles erlebt hat: »Ihr erster Freund nach Papa war Kalle, der war irre lustig und hat immer mit mir Quatsch gemacht und herumgeblödelt. Den fand ich klasse, aber Mama meinte, sie brauche auf Dauer nicht noch einen Kindskopf im Haus. Als Nächstes war dann Hans angesagt, aber der war immer unterwegs, und eigentlich habe ich den nur gesehen, wenn ich in der Nacht noch mal rausmusste oder Ohrenschmerzen hatte. Das war immer irgendwie peinlich, wenn da plötzlich dieser Typ bei Mama im Bett lag, zumal ich das ja vorher nicht wissen konnte. Später hat sie dann gesagt, der habe ihr nur was vorgemacht und habe seine Frau gar nicht wirklich verlassen wollen. Philip hatte selbst zwei Söhne, sogar in meinem Alter, aber die wohnten mit ihrer Mutter in einer anderen Stadt, und deswegen hatte er am Wochenende nie Zeit. Dann habe ich ab und zu meinen Deutschlehrer bei uns in der Küche sitzen sehen, und eigentlich bin ich in Deutsch ganz gut, es kann also nicht um mich gegangen sein. Weiß nicht, was da genau war. Jetzt ist sie schon eine ganze Weile solo, aber das ist auch nicht toll, weil sie oft schlechte Laune hat und ich alles abbekomme.« Was für ein Fluch und Segen es sein kann, wenn man von den eigenen Kindern gnadenlos durchschaut wird, lässt sich gerade in Patchwork-Konstellationen beobachten. Davon wird später noch ausführlicher die Rede sein.

Von außen betrachtet, scheint es leicht, Regeln aufzustellen, was die Bekanntschaft von Kindern mit vorübergehenden oder bleibenden Partnern angeht. Die meisten Menschen reagieren entsetzt, wenn sie hören, dass Kinder die romantische *trial-and-error*-Phase ihrer Eltern mitmachen müssen. Aber der hehre Vorsatz, es dazu auf keinen Fall kommen zu lassen, kann ebenso nach hinten losgehen, wie ein Bekannter feststellen musste. Er war fest entschlossen, seinen Kindern keine kurzfristigen Liebschaften zuzumuten, sondern sie nur dann einer neuen Frau vorzustellen, wenn er selbst sicher sei, dass er mit ihr dann auch langfristig zusammenbleiben würde. Allerdings kann man heute eine derart weitreichende Entscheidung ohne Einbindung der Kinder nicht mehr so fällen wie vielleicht im achtzehnten Jahrhundert. Eine Beziehung, die sich ohne die Anwesenheit des Nachwuchses höchst erfreulich gestaltet, offenbart ihre Schwächen oft gerade dann, wenn die unbestechlichen Kinder ins Spiel kommen und zeigen, was sie davon halten. So war es jedenfalls hier. Denn als der Mann die scheinbar perfekte Kandidatin endlich gefunden hatte, stellte sich heraus, dass die Chemie zwischen ihr und seinen Kindern überhaupt nicht stimmte – was umso dramatischer war, da sie bereits mit dem Anspruch der künftigen Stiefmutter antrat. Das Hochzeitsdatum stand schon fest, als der Vater seine Zukünftige endlich seinen Kindern vorstellte. Die aber ignorierten sie, weigerten sich, von ihr gekochte Gerichte zu essen, antworteten nicht, wenn sie sie ansprach, und machten über mehrere Wochenenden hinweg derart deutlich, dass sie nicht vorhatten, die neue Stiefmutter zu akzeptieren, dass diese sich irgendwann zurückzog. Sie habe regelrecht Angst gehabt vor den Wochenenden mit den Kindern, erzählte sie mir später, habe sich gedemütigt und verletzt gefühlt und manchmal sogar mit den Tränen kämpfen müssen. Den Vater gegen den erklärten Willen der Kinder zu heiraten hätte die Sache in ihren Augen noch schlimmer gemacht: »Davon abgesehen, dass ich diesen Terror nicht ausgehalten hätte – wie soll man selbst glücklich sein, wenn dieses Glück andere so offensichtlich unglücklich macht?«

Wer hingegen lediglich als »guter Bekannter« – wobei Kinder einem das nicht lange abkaufen – oder eben als neuer Freund oder Freundin beginnt, hat es in der Regel leichter, weil die Situation für alle transparent ist, offener und fairer. Natürlich besteht immer das Risiko, dass es schiefgeht, aber wenn man seine Erwartungen herunterschraubt und sich nicht gleich unter den Druck setzt, auf eine wichtige Beziehung müsse unweigerlich gleich die nächste folgen, merken das auch die Kinder und sind im Zweifelsfalle toleranter und entgegenkommender, als wenn sie gleich fürchten müssen, gegen den oder die Neue sei kein Kraut gewachsen. Die Spannung von solchen Vorstellungsrunden, bei denen den Kindern vorher eingebläut wird, sich auch nur ja tadellos zu benehmen, keine freche Bemerkung vom Stapel zu lassen und der oder dem Neuen freundlich zu begegnen, bewirkt fast immer das genaue Gegenteil. Da läuft dann alles so weit gut, bis ein Kind mit einem patzigen, beleidigenden oder anderweitig völlig unmöglichen Satz die Situation rettungslos entgleisen lässt. Hier einige Beispiele aus dem wahren Leben: »Papa, die Frau hat ja eine unmögliche Lache. Wie hältst du das nur aus?«; »Mama, der Typ stinkt nach Zigaretten. Ich glaub, mir wird gleich schlecht.«; »Wir haben heute in Englisch eine neue Redewendung gelernt: trying too hard. Jetzt weiß ich, was damit gemeint ist!«

Natürlich will sich niemand von seinen Kindern vorschreiben lassen müssen, mit wem er sein Leben teilen darf. Aber die Ära des Machtworts, ohnedies in den letzten Zügen dahinsiechend, ist in diesem heiklen Punkt schlicht vorbei – jedenfalls, wenn man auf Dauer eine echte Familie werden will und keine Zwangsgemeinschaft von angestrengt Konversation machenden Tischgenossen. »Ich kann mir doch von meiner Tochter nicht diktieren lassen, wer mir gefällt«, schäumte eine Freundin neulich nach einem von ihrer dreizehnjährigen Tochter durch dauernde SMS, Anrufe und vorgetäuschtes Unwohlsein torpedierten Rendezvous. »Zum einen habe ich ein Recht auf mein eigenes Glück, und außerdem ist es doch für sie auch viel besser, wenn ihre Mutter nicht auf ewig allein ist!« Das stimmt zwar, aber so denkt nun mal kein Kind und kein Teenager. Kinder sind Konformisten, und als solche auf die Bewahrung des Bestehenden gepolt. Ihr Mantra lautet: Alles soll möglichst so bleiben, wie es ist. Jede Veränderung ist eine Bedrohung des Status quo. Den Makel des Scheidungskinds zu tragen ist schon schlimm genug. Wie Jochen Schmidt es in seinem Roman »Schneckenmühle« beschreibt: »Im Film wird Kindern so etwas in einem ersten Gespräch mitgeteilt, mit der Versicherung, dass sich für sie gar nichts ändern wird. Sie bekommen ein Stofftier geschenkt, das sie sich immer gewünscht haben, über das sie sich aber gar nicht mehr richtig freuen können. Mit solchen Kindern will dann keiner spielen, höchstens ein anderes Scheidungskind, obwohl die meistens zu gestört und bockig sind, um sich wenigstens untereinander anzufreunden.«

Zu diesem vagen Gefühl des Beschädigtseins gesellt sich mitunter noch die kaum je laut geäußerte, aber darum für viele nicht weniger akute Befürchtung, gerade die Mutter könnte mit einem neuen Partner womöglich noch ein Kind bekommen und man selbst auf der Strecke bleiben. Meine Freundin überzeugten diese Erklärungsversuche indes nicht. »Ach komm, wir reden doch nur von einem Flirt, nicht von meinem nächsten Ehemann! Ich will doch nicht noch mal Kinder kriegen! Außerdem: Ihr Vater lebt mit einer anderen Frau zusammen, seitdem er vor sieben Jahren ausgezogen ist. Dagegen hat sie nie etwas gehabt, obwohl die Hexe sogar der Grund für unsere Trennung war. Aber wehe, ich will einmal meinen Spaß haben!« Objektiv betrachtet, hat sie völlig recht. Ihre Tochter misst mit zweierlei Maß und ist ihrer Mutter gegenüber nicht nur besitzergreifend, sondern massiv ungerecht. Daran hat sich nichts geändert. Auch nach vielen Gesprächen, lauten wie leisen, mit ihrer Mutter, Großmutter, Patentante und sogar einer Therapeutin ist sie stur bei ihrer Opposition geblieben und hat ihrer Mutter so manchen Abend in männlicher Gesellschaft gründlich verdorben. In solchen Situationen hilft vielleicht nur die mit anderen Eltern geteilte Erfahrung, dass man von seinen Kindern leider gerade dann nie Altruismus, Reife und Entgegenkommen erwarten darf, wenn man es wirklich braucht. Und dass man sich von unausstehlichen Partnern trennen kann, von seinen Kindern aber niemals.

Die österreichische Jugendbuchautorin Christine Nöstlinger schildert einen Fall von erfolgreicher Patchwork-Verhinderung in ihrem Roman »Als mein Vater die Mutter der Anna Lachs heiraten wollte«. Der elfjährige Cornelius lebt seit der Trennung seiner Eltern vor fünf Jahren recht zufrieden beim Vater, weil seine Mutter als Fotografin viel reisen muss und im Haus des Vaters außerdem mehr Platz ist. Eines Tages kommt eine Neue in die Klasse, Anna Lachs, die mit ihrer Mutter, einer Kollegin von Cornelius' Vater, neu in die Stadt gezogen ist, angeblich aus beruflichen Gründen, in Wahrheit aber, wie sich herausstellt, weil die Mutter und Cornelius' Vater sich ineinander verliebt haben und heiraten wollen. Die Kinder lernen den jeweils neuen Partner also gleich unter der Prämisse kennen, dass es sich um ein Ersatzelternteil handelt, und reagieren entsprechend empfindlich. Cornelius jedenfalls findet die Mutter von Anna Lachs zu dick, zu hysterisch und auch sonst überhaupt nicht zu seinem Vater passend, während Anna vor allem zurück nach Hause will, in ihr altes Salzburger Haus und zu ihrem geliebten Hund, der nicht mit umziehen durfte nach Wien. Die beiden Kinder, die sich zu Beginn nicht besonders leiden können, werden in ihrem Versuch, den Eltern klarzumachen, dass sie bei Zukunftsplanungen auch noch ein Wörtchen mitzureden haben wollen, erst zu Zwangsverbündeten und dann zu richtigen Freunden, während Cornelius' Vater bei einigen verpatzten Wochenendtreffen und zahlreichen Krisentelefonaten wegen der renitenten Tochter tatsächlich feststellt, dass Sabine Lachs doch nicht die Frau seines restlichen Lebens ist.

Nöstlinger, wie immer auf Seiten der Kinder, schildert das Familiendrama mit viel Humor und Fingerspitzengefühl. Es gibt großartige, dem Alltag abgelauschte Gespräche etwa zwischen Cornelius und seinem Freund Robi über den Ernst der elterlichen Lage: »›Vielleicht entliebt sich dein Vater wieder‹, sagte der Robi. ›Der Papa von der Conny verliebt und entliebt sich andauernd. Die Conny hat schon mindestens fünfmal Angst gehabt, dass sie eine blöde Stiefmutter bekommt.‹« Schließlich schüttet Cornelius seiner Mutter sein Herz aus: »›Es soll einfach alles so bleiben, wie es bis jetzt war!‹, sagte ich, ›Darauf habe ich ein Recht!‹« Worauf die Mutter nachdenklich erwidert: »›Jeder hat so sein eigenes Recht. Ich hatte das Recht, mich scheiden zu lassen, dein Vater hat das Recht, sich neu zu verlieben, diese Sabine hat das Recht, mit deinem Vater leben zu wollen, du hast das Recht, dagegen zu sein, und die Tochter dieser Sabine hat das Recht, nach Salzburg zurückzuwollen. So viele Rechte gehen einfach nicht unter einen Hut, und wenn es ein Sombrero wäre.‹« Als sich herumspricht, warum Anna Lachs sich so seltsam benimmt, reagiert die ganze Klasse solidarisch: »Alle meinten, dass man als Kind das Recht habe, gegen die Heirat der Mutter zu sein, und sich mit allen Mitteln zur Wehr setzen dürfe, egal, ob es nütze oder nicht.«

Auch meine Stiefkinder waren keineswegs ahnungslos, was das weitere Liebesleben ihrer Eltern nach deren Trennung anging. Als sie mich kennenlernten, hatte ihre Mutter gerade zum zweiten Mal geheiratet, und ihr Vater hatte zwar vor lauter Arbeit in den letzten Jahren wenig Zeit für irgendeine Form von Privatleben gehabt, aber das bisschen, was blieb, auch nicht als Eremit verbracht. Zum Ersten, worüber sie mich nach der Aufwärmphase einweihten, gehörten denn auch ihre Einschätzungen meiner Vorgängerinnen. »Die erste Freundin vom Papi, die haben wir eigentlich gar nicht kennengelernt, die kam nur, wenn wir nicht da waren. Und dann gab es die Eva. Die war zwar ganz nett, aber in Wahrheit mochte sie uns nicht besonders.« Die letzte Freundin ihres Vaters hatte sich eigene Kinder gewünscht, und ihre innere Distanz zu den beiden bereits vorhandenen nie ganz verhehlen können. Beides stand zu dieser Zeit einer langen, erfüllten Beziehung im Wege – er konnte sich, so kurz nach dem Scheitern seiner Ehe, keine weiteren Kinder vorstellen, und sie letztlich kein Zusammenleben mit den Kindern aus der vorigen Beziehung. So etwas muss ja gar nicht explizit ausgesprochen werden, um dennoch im Raum stehen zu können. Ungestörte Zeit mit den Eltern, ungeteilte Aufmerksamkeit und Zuwendung und das wohlige Wissen, dass einem Papa oder Mama einen Abend oder ein paar Tage lang ganz allein gehören, sind aus Kinderperspektive kostbar. Da will man niemanden Fremdes dabeihaben, und erst recht keinen, der den freundlichen Zuschauer spielt, aber letztlich um die Hauptrolle buhlt. Rückblickend aber muss ich sagen, dass die beiden im Großen und Ganzen von Anfang an erstaunlich kooperativ und fair waren, was die Partnersuche ihrer Eltern anging.

In Patchwork-Familien, wo sich der Ast eines Stammbaums überraschend weiter gegabelt hat und nun neu verzweigt, bleiben Mutter und Vater in der Regel als Zentralfiguren erhalten. Wenn diese sich neu binden, werden diese Zweit-, Dritt- oder gar Viert-Partner zwar hoffentlich auch zu Bezugspersonen für den Nachwuchs, aber das ist nicht ihre primäre Funktion. Solange ein Kind Mutter und Vater hat und zu beiden verlässlichen Zugang, sind alle Personen, die durch eine Patchwork-Konstellation dazukommen, Verstärker, Bonuseltern, zusätzliche Maschen im Sicherheitsnetz – wie immer man es nennen will. Für die Kinder ist ihr Auftauchen aber nicht überlebenswichtig, sondern im besten Fall erfreulich. Aus Sicht der Eltern hat der neue Partner natürlich einen ganz anderen Stellenwert, aber sich dieses Gefälle vor Augen zu führen kann entlastend sein, weil es einem hilft, die eigene Rolle nicht überzubewerten.

Dass die Kinder von vorncherein nicht dazu neigen, es zu tun, ist eine Nebenwirkung des Misstrauens, das die Trennung der Eltern in vielen von ihnen hervorruft. Wer erleben musste, dass einem die Bindung, auf die er sein ganzes Vertrauen setzte, von einem Tag auf den anderen – denn so scheint es in Kinderaugen oft – unter den Füßen weggezogen wird wie der Boden, auf dem man geht, der traut so leicht keiner neuen elterlichen Beziehung mehr Ewigkeitsstatus zu.

Sagen, was Sache ist:
Das schwierige Mutter- oder Vater-Bekenntnis

»Ich vermute, der wahre Grund dafür,
dass meine Frau und ich Kinder bekommen haben,
ist derselbe wie der, weshalb Napoleon in Russland
einmarschiert ist: Seinerzeit schien es eine gute Idee.«
Bill Cosby

Wohl niemand plant, Stiefmutter oder Stiefvater oder gar Stiefkind zu werden. Mancher mag sich vornehmen, einen erfolgreichen Mann oder eine attraktive Frau zu heiraten, aber keiner
träumt von einem Partner mit Anhang, mit quicklebendigem
»Gepäck« aus einer oder gar mehreren früheren Beziehungen.
Zwar hat sich herumgesprochen, dass Trennungen die Bezie-
hungsfähigkeit durchaus steigern können. So findet der auf
Männerseelen spezialisierte Psychologe Björn Süfke gar, dass
Frauen kaum eine bessere Wahl treffen können als einen ge-
brauchten Mann. Väter, die dank der »Empathie-Schulung«
Kind schon die Erfahrung gemacht haben, dass sich nicht
immer alles um sie dreht, seien »in Kontakt mit ihren Gefühlen
und bei sich selbst«, und damit ernsthafter, belastbarer, liebevoller, konfliktfähiger und humorvoller. Das ist sicher richtig,
und trotzdem wird man sich deshalb nicht gezielt auf die Suche
nach einem solchen Exemplar machen. Vielmehr kommt Patchwork über einen wie eine Überrumpelung, gegen die man sich
nicht wappnen kann. Das ist jedenfalls meine Erfahrung.

Der Grund saß mir vor mittlerweile acht Jahren in einer
Frankfurter Bar gegenüber. Er sah ansprechend aus, wusste
sich zu benehmen, und die Art, wie er seinen Cocktail trank,
hatte das gewisse Etwas. Unser Gespräch verlief für ein erstes
Treffen in ungewöhnlicher und entwaffnender Offenheit, denn
nicht nur ich berichtete ausführlich über mein bisheriges turbu-
lentes Dasein, sondern auch meine Verabredung offenbarte so

einiges über Beruf, Vorleben und andere Mitbringsel: »Und dann habe ich auch noch zwei Kinder, die ich über alles liebe.« Vielleicht sagte er auch: »Das Wichtigste in meinem Leben sind meine beiden Kinder.« Oder: »Für meine Kinder tue ich alles.« Ich habe mir den genauen Wortlaut nicht gemerkt, weil mir in diesem Moment natürlich nicht klar war, dass mein freies Leben gerade geentert wurde. Woher auch? Die Spezies geschiedener Mann und Wochenendvater war mir zwar schon in freier Wildbahn, aber nie auf der Balz begegnet. Für unbedarfte Kinderlose wie mich damals haben Kinder außerdem etwas Seriöses, unbedingt Vertrauenerweckendes, Erwachsenes. Ganz abgesehen davon, dass Kinder natürlich sowieso einfach entzückend sind – jedenfalls in sattem und frisch gebadetem Zustand, also so, wie sie mir bis dahin normalerweise präsentiert worden waren. Ich war daher über diese Mitteilung weder erschrocken noch alarmiert, sondern einfach nur erfreut. Ein Mann mit Kindern – wie nett!

Nicht allen angehenden Patchworkern fällt es leicht, so selbstverständlich zu ihrem Anhang zu stehen, wie ich inzwischen weiß. Mitunter findet sich in einem ersten Gespräch mit einer attraktiven neuen Bekanntschaft einfach nicht der richtige Moment, um die privaten Hintergründe gleich zu thematisieren, und je besser man sich dann kennenlernt, desto peinlicher wird es wiederum, erst verspätet damit herauszurücken. So geben nur wenige ihre Kinder an, wenn sie bei Online-Partnerschaftsvermittlungen ein Profil erstellen, weil gerade Frauen fürchten, dann von vornherein schlechtere Chancen zu haben – wer lacht sich schon freiwillig eine Mutter mit Kind an? So antiquiert diese Befürchtung auf den ersten Blick wirken mag, so berechtigt ist sie, wie Online-Diskussionsforen belegen. Da postet etwa eine Mutter folgendes Problem: »Ich, eine ehrliche, bodenständige und zuverlässige Person, arbeite im Moment nur Teilzeit, da meine beiden Söhne sich in der Schule ziemlich schwertun und ich ihnen verstärkt Unterstützung geben möchte. Bisher war es bei Kontakten mit Männern so, dass sie meistens nicht begeistert waren zu hören, dass ich dreifache Mutter bin. Bisher ist es nie zu einem so engen Kontakt gekommen, dass ich einem Mann hätte sagen müssen, dass meine Kinder nur Halbgeschwister sind und aus unterschiedlichen Beziehungen stammen. Meint Ihr, das könnte ein Problem werden und dass ich mit Vorurteilen zu kämpfen haben werde?«

Die Antworten, die »Stepha72« bekommt, sind so aufschlussreich wie ernüchternd. Einer schreibt: »Wie du ja schon selbst festgestellt hast, sind die 3 Kinder für sich genommen schon ein Grund, weswegen du für viele Männer, mich eingeschlossen, als Partnerin nicht in Frage kommst. Dass sie außerdem von verschiedenen Männern stammen, macht die Sache definitiv nicht besser. Ein großes Problem bei Frauen mit Kindern ist, dass sie über die Kinder quasi zwangsläufig auch noch Kontakt mit ihrem Ex haben, was immer eine Belastung für die neue Beziehung ist. In deinem Fall wäre das aber nicht nur ein Ex, sondern gleich drei. Davon abgesehen, macht es definitiv keinen guten Eindruck, dass du mit drei verschiedenen Männern ein Kind gezeugt hast und nicht eine dieser Beziehungen gehalten hat. Was soll man(n) daraus schließen? Dass du sehr sprunghaft bist? Es dir an Urteilsvermögen fehlt? Dass für dich die Stabilität einer Beziehung keine große Rolle spielt, wenn du ein Kind zeugst? Dass du sehr sorglos mit Verhütung umgehst? Auch wenn es dir nicht gefällt, all diese Fragen werden einem Mann durch den Kopf schießen, wenn er das erfährt.« Fast alle Antworten stimmen in diesen Chor ein. Die wenigen Verteidigerinnen sind ausschließlich Frauen: »Manchmal staune ich nur, wie oberflächlich Menschen zugange sind. Wie viele haben denn im Alter von 43 Jahren schon zig Mal den Partner gewechselt – man sieht es ihnen nicht an, weil keine Kinder aus den Beziehungen hervorgegangen sind. Da hatte man One-Night-Stands, wechselnde Partnerschaften und Affären, stellt sich aber hin wie die Unschuld persönlich!« Aber auch andere

Frauen bekennen sich zu den Schwierigkeiten der Patchwork-Partnersuche: »Ich habe drei Kinder von zwei verschiedenen Männern. Damit ist für mich das Höchstmaß erreicht. Wie kann man einem Kind glaubhaft vermitteln, dass Elternschaft etwas Besonderes ist und eine große Verantwortung darstellt, wenn man von Kalle, Heinz, Otto, Werner, Thomas, Richard und Michael – wenn ich dein Beispiel mal als Grundlage nehme – jeweils ein Kind bekommt? Für mich widerspricht sich das, mal ganz abgesehen von der Tatsache, dass es mich ab dem dritten Kind vor ein organisatorisches Problem stellen würde (sofern denn alle Väter regelmäßigen Kontakt zu ihren Kindern unterhalten).«

Auch diesseits des Internets sind die meisten Single-Eltern davon überzeugt, dass Kinder als Hindernis oder Handicap betrachtet werden, mit dem man daher erst dann herausrücken sollte, wenn sich das Interesse schon etwas gefestigt hat. Das führt dann mitunter zu absurden und von modernen Filmkomödien gründlich ausgeweideten gesprächstechnischen Balanceakten, in denen jemand zwar seine Kinder nicht direkt verleugnen, aber auch nicht recht heraus mit der Sprache will. Eine Freundin zum Beispiel war einige Male mit einem Mann aus gewesen, von dem sie nach vielen Rückschlägen das Gefühl hatte, diesmal könnte es etwas Ernstes werden. Ihm ging es offenbar ähnlich, jedenfalls wirkte sie nach jedem Rendezvous enthusiastischer. Eines allerdings fiel ihr auf: dass er ihr noch nie seine Wohnung gezeigt hatte, aber das führte sie darauf zurück, dass er als geschiedener Wieder-Junggeselle wahrscheinlich erst einiges an Aufräumarbeiten erledigen müsse. Eines Samstagnachmittags rief sie mich völlig aufgelöst an. Sie war im Supermarkt gewesen – und dort niemand anderem begegnet als ihrem Flirt, der an diesem Wochenende angeblich anderes vorgehabt habe. Im Schlepptau hatte er nicht etwa eine Sexbombe, Austern und Champagner, sondern zwei kleine Kinder sowie einen Einkaufswagen voller Windeln, Tiefkühlpizza, Weingummi und Chipstüten. Sie war völlig entsetzt – weniger über die Kinder als darüber, dass er ihr diesen elementaren Teil seines Lebens bisher verschwiegen hatte. Einige Tage später sprachen sie sich aus. Wie sich herausstellte, hatte er aufgrund einer früheren bösen Erfahrung befürchtet, sie werde Reißaus nehmen, wenn sie von seinen Kindern erführe – und so wollte er sie erst für sich gewinnen, bevor er ihr die ganze Komplexität seiner Lebensumstände offenbarte. Dass dies aus ihrer Sicht eindeutig die falsche Reihenfolge war, ließ sich jedoch nicht mehr ungeschehen machen. Ein Mann, der seine Kinder lieber erst einmal verheimlicht, anstatt voller Liebe und Stolz von ihnen zu erzählen, war für sie kein Kandidat für eine ernsthafte Beziehung mehr.

Die Geschichte ist kein Einzelfall. Nicht nur auf virtuellen Datingportalen unterschlagen Single-Mütter und -Väter bei der Angabe ihres Familienstandes ab und zu gern ihren Nachwuchs. Verständlich ist das allemal: Wer auf der Suche nach einer Affäre ist, wird in Kindern eher einen Störfaktor sehen, und wer von der großen Liebe träumt, findet die Vorstellung, dass es davor schon einmal eine große Liebe gab, die sich genetisch verewigt hat, meistens eher unromantisch. Gleichwohl gibt es natürlich längst auf alleinerziehende Eltern spezialisierte Kontaktbörsen oder Extrarubriken bei den großen Agenturen – für Mütter oder Väter, die nach einem anstrengenden Arbeitstag und dem Abendritual der Kinder keine Lust haben, sich auf gut Glück unters Partyvolk zu mischen.

»Und das hier ist übrigens …«:
Wie sagt man seinen Kindern, dass man sich verliebt hat
– und wann?

»Kinder sind unberechenbar. Man weiß nie,
bei welchem Klops sie einen als Nächstes erwischen.«
Franklin P. Jones

Solange noch keine verbindlichen Erklärungen abgerufen werden, ist das Flirtstadium auch im Familienkontext meist hoch-
erquicklich. Zwar werden Verabredungen von Bars, Restau-
rants, Oper oder Kino auf Spielplätze, in Kindertheater, Zirkus
oder Zoo verlegt, aber das hat ja durchaus seinen Charme, zumal Nicht-Eltern diese Orte meist seit Jahrzehnten nicht mehr
frequentiert haben. Es ist wie mit Memory, »Alle meine Ent-
chen« oder Nudeln mit Tomatensauce: Der Ermüdungseffekt
tritt erst mit Verspätung ein. Doch diesen Erfahrungshorizont
hat der angehende Patchworker zum Glück noch nicht, und
sein neuer Partner wird, wenn er klug ist, sich hüten, ihn davor
zu warnen.

Denn das bloße Wissen, dass der Mensch, in den man sich
verliebt hat, Kinder hat, und diese wiederum ihren eigenen Willen, ist in der Vorstellung etwas ganz anderes als in der Realität.
Auch ich wurde erst nervös, als es ans erste offizielle Kennenlernen ging. Das war dann doch etwas anderes als Besuche bei
meinen Patenkindern. Zieht man sich für Kinder anders an?
Nimmt man eine Tafel Schokolade mit? Gibt man ihnen zur
Begrüßung verkrampft die Hand oder, noch künstlicher, gleich
ein Küsschen? Oder sagt man nur Hallo? Wir wollten an einem
Samstagvormittag einen Ausflug machen, die drei kamen mich
abholen. Ich war aufgeregt und unsicher. Denn Kinder sind
schlau. Denen muss man sich nicht vorstellen: »Hallo, ich bin
eine gute Freundin von eurem Papi«, die kapieren sofort und

von alleine, was gespielt wird. Aber erst, als ich mich ins Auto setzte und zum Rücksitz umdrehte, um die beiden zu begrüßen, und mich zwei Augenpaare misstrauisch und neugierig musterten, begriff auch ich etwas. Zum einen: dass ich dabei war, mich nicht nur in einen, sondern womöglich bald in drei Menschen zu verlieben. Zum anderen: dass ich ab sofort in der Minderheit sein würde.

Hinzu kommt, dass Kinder unbestechlich sind, so gern sie auch Geschenke aller Art annehmen. Wer je versucht hat, sich Zuneigung oder Vertrauen auf diese Weise zu erkaufen, weiß, wie hilflos und inadäquat man sich dabei fühlt und wie ausgeliefert. Insofern ist jede Form von Übertreibung oder Verrenkung seitens der Erwachsenen unsinnig, im Zweifelsfall führt man sich nur selber ad absurdum. Kinder mögen es vielleicht nicht sagen, aber sie spüren, was echt ist und was nur ein Schauspiel, das im Grunde für Papi oder Mami, doch nicht um ihretwillen aufgeführt wird.

Die Anwesenheit von Kindern macht Erwachsene oft verlegen. Zum einen, weil sie sich von ihnen durchschaut fühlen, zum anderen, weil Kinder all das verkörpern, was einem leichtfertigen Flirt entgegensteht: die Vergangenheit ihrer Mutter oder ihres Vaters, ihre oder seine Verpflichtungen und Verantwortlichkeit. Die bloße Existenz von Kindern verleiht einer neuen Beziehung rasch eine Ernsthaftigkeit, die sich sonst vielleicht erst viel später einstellen würde. Sie sind aber auch eine romantische Hürde. Der große Menschenkenner Tolstoi schildert die Wirkung, die Serjoscha, Anna Kareninas Sohn, auf ihren Galan, den Grafen Wronski, hat: »Dieser Junge behinderte ihre Beziehung häufiger als alles andere. Wenn er zugegen war, gestatteten sich weder Wronski noch Anna, irgendetwas zu sagen, was sie nicht vor aller Welt hätten wiederholen können, sie gestatteten sich nicht einmal, in Andeutungen zu sagen, was der Junge nicht verstanden hätte … Sie hätten es für eine Beleidigung ihrer selbst erachtet, dieses Kind zu betrügen. Doch trotz dieser Vorsicht sah Wronski häufig den aufmerksamen und verunsicherten Blick des Kindes auf sich gerichtet, sah die sonderbare Schüchternheit und Unausgeglichenheit, bald Zuneigung, bald Kälte und Befangenheit, die dieser Junge ihm entgegenbrachte. Als ob das Kind fühlte, dass es zwischen diesem Menschen und seiner Mutter eine wichtige Beziehung gab, deren Bedeutung es nicht verstehen konnte.« Wronski ist das Kind lästig, eine Art Anstandswauwau, das ihn in seinem stürmischen Liebeswerben bremst; Serjoscha hingegen spürt, dass seine Mutter sich außerordentlich hingezogen fühlt zu diesem Mann, den sein Vater, seine Gouvernante und Kinderfrau nicht leiden können. Das alles verwirrt ihn. Der Knabe ist eine zentrale Figur des Romans »Anna Karenina« – nicht nur, weil seine Mutter, nachdem sie sich für Wronski und damit gegen ihren Mann entschieden hat, schmerzlich unter der dadurch erzwungenen Trennung von ihrem geliebten Sohn leidet. Nein, erst seine Existenz macht den Ehebruch seiner Mutter von etwas Verbotenem zu einem Verhängnis: »Dieses Kind mit seinem naiven Blick auf das Leben war der Kompass, der ihnen zeigte, wie sehr sie von dem abwichen, was sie wussten, aber nicht wissen wollten.« Nicht der betrogene Ehemann oder die entsetzte Petersburger Gesellschaft, Serjoscha ist der eigentliche Richter dieser unseligen Liebe.

Tonartwechsel. Denn natürlich strotzt der legendäre Anekdoten-Fundus der Kennenlernphase vor allem von heiteren Bei spielen, wie man es besser nicht angehen sollte. Als ungeschickt einzustufen ist etwa die Methode, gar nichts zu sagen und dann von den eigenen Kindern beim wilden Herumknutschen erwischt zu werden. Mit verrutschter Bluse und geröteten Wangen stellt es sich der neuen Partner nicht besonders souverän vor, zumal Kinder im Zweifelsfall immer lieber starren, als höflich oder pikiert den Blick abzuwenden. Kerstin Gier lässt den Verflossenen ihrer Heldin in »Die Mütter-Mafia« genüsslich eine solch peinliche Situation erleben, von der er dann auch noch seiner Ex berichten muss. »›Du warst ja nicht dabei‹, sagte Lorenz. ›Es war ein furchtbarer Schreck. Für alle Beteiligten. Peinlich und überflüssig. Und das nur, weil du dich nicht an klare Absprachen halten kannst. Ich hätte es Nelly und Julius am Wochenende gerne etwas schonender beigebracht, aber ich konnte ja nicht wissen, dass Nelly einfach so reinplatzen würde, im unpassendsten Moment ...‹ ›Oh nein, Lorenz! Was hat sie denn gesehen?‹ ›Nicht viel‹, sagte Lorenz. ›Das Licht war ja gedämpft. Und außerdem – mein Gott, sie ist vierzehn, sie weiß, wie Menschen nackt aussehen.‹«

Ebenfalls nicht zu empfehlen ist es, den oder diejenige gleich als den »neuen Papa« oder »Mami Nummer Zwei« einzuführen. Diese Bezeichnungen werden, ganz gleich, wie klein der Nachwuchs noch ist, immer eher Ablehnung und Misstrauen wecken – auch oder gerade in den Fällen, wo der andere Elternteil gestorben ist und eine Art Ersatz von allen Beteiligten regelrecht herbeigesehnt werden mag. Im günstigsten Fall kann der Neuzugang im Lauf der Zeit elterliche Wichtigkeit erlangen – aber es ist an den anderen, die dazugehörige Titulierung zu verleihen.

Es gibt Familien, die im Laufe der Zeit Routine entwickelt haben, was den Umgang mit dem jeweils neusten Ankömmling angeht, ja es soll sogar Clans geben, die einen regelrechten Bewährungsparcours zusammengestellt haben. So ein Tauglichkeitstest besteht dann etwa darin, in aller Seelenruhe ins Bad zu marschieren und sich aufs Klo zu begeben, während Papis neue Freundin gerade duscht, oder Mamas Bekannten zu fragen, ob er einem jetzt bitte gleich das Fahrrad reparieren, dem Hamster einen neuen Laufstall bauen oder bei den Mathehausaufgaben helfen kann. Ob bewusst oder unbewusst: Getestet wird von Kindern zuallererst, ob sie auch ja genug Aufmerksamkeit bekommen und wie sich diese äußert, sodann gibt es Prüfungen in den Disziplinen Strenge, Humor, Toleranz,

Fürsorge und Großzügigkeit. Die größte Gefahr besteht darin, am Anfang in jeder Hinsicht deutlich nachgiebiger, entspannter und entgegenkommender zu sein, als man es später noch für sinnvoll oder gar notwendig erachtet. Gefragt sind nicht schauspielerische Qualitäten – es sei denn, es geht bewusst nur um eine temporäre Rollenbesetzung –, sondern Ehrlichkeit, Authentizität und Natürlichkeit. Über kurz oder lang durchschauen Kinder jedes aufgesetzte Verhalten, beim neuen Partner und erst recht beim eigenen Elternteil.

Wer sich auf eine Patchwork-Situation einlässt, muss jedenfalls mit allerhand unmöglichen Fragen rechnen, die außerdem gern im unpassendsten Moment gestellt werden. Kinder haben ein besonderes Talent für Überraschungen, und wissen diesen Effekt zu ihren Gunsten zu nutzen. Ist man etwa dabei, wenn die Kinder ins Bett gehen, sollte man sich rechtzeitig einen Konter auf Fragen überlegen wie: »Du, Nina, bist du morgen auch noch da?« oder »Holger, wo schläfst du denn heute Nacht? Auf der Couch oder bei Mama im Bett?«

Ein neuer Mann für Mama, eine zweite Frau für Papa: Kinder als Kuppler

Manche haben das Glück, solche heiklen Situationen ganz zu umgehen, weil die Kinder selbst ihnen ihren neuen Lebenspartner zuführen. Sei es, dass sich zwei Alleinerziehende in Kindergarten oder Schule kennen- und lieben lernen, dass sich der gestresste Wochenendvater in die hilfreiche Nanny oder das Au-Pair verliebt oder die Single-Mutter in den Fußballtrainer ihres Sohnes – Beispiele gibt es zuhauf. Auch in romantischen Komödien und Wohlfühl-Schmökern führt der Weg zum Herzen von Mutter oder Vater nur zu gern über die Kinder. Sei es, dass diese der Nanny zur Beförderung als Papas neue Frau verhelfen, wie im Filmklassiker »Hausboot« mit Cary Grant und Sophia Loren, oder zwei Menschen von ihrem verwaisten Patenkind zusammengebracht werden, wie in »So spielt das Leben« mit Katherine Heigl und Josh Duhamel, oder dass Kinder ihren Eltern auf andere Art die Augen öffnen für den oder die Richtige – es gibt zahlreiche Beispiele für glücklich vom Nachwuchs eigenhändig verkuppelte Familien, die zusätzlich den Vorteil haben, dass die Kinder sich über sie weniger beschweren können. Allerdings ist diesem romantischen Topos in Literatur und Film oft die Tragödie des Todes von Vater oder Mutter vorangestellt, so dass der verbliebene Elternteil mindestens so sehr nach einem vollwertigen Elternersatz für seine Kinder Ausschau hält wie nach einem Partner für sich selbst.

Wenn sich die Gelegenheit ergibt, sind sich die Erwachsenen in solchen Fällen allerdings oft schneller einig als die Kinder untereinander. Denn welches Kind wünscht sich schon Geschwister, noch dazu bereits fertige, die einem mit ihren eigenen Ansprüchen auf Aufmerksamkeit, Zuwendung und Fürsorge zu Hause Konkurrenz machen?

Eine schöne Variante dieser oft schwierigen Geschichte erzählt die Fernsehserie »The Brady Bunch«, im Deutschland der siebziger Jahre bekannt geworden unter dem Titel »Drei Mädchen und drei Jungen«. Die Serie beginnt mit dem Happy End eines Dramas, dessen tragische Vorgeschichte dezent ausgeblendet wird: Witwe mit drei kleinen Töchtern trifft auf Witwer mit drei Jungs. Bereits in der allerersten Folge wird Hochzeit gefeiert, unter kräftiger Mitwirkung der sechs Schlawiner, sodann ergeben sich in der neuen zusammengewürfelten Großfamilie immer wieder chaotische Situationen und Missverständnisse, etwa als die Kinder in der Zeitung einen Kummerkastentantenbrief lesen, in dem sich ein Elternteil über die angeheiratete Brut seines neuen Partners beschwert, und fest davon überzeugt sind, es ginge um sie. Getragen wird die Serie aber von dem Zusammenhalt der sechs Stiefgeschwister, die sich zwar dauernd verkrachen, aber ebenso zuverlässig wieder vertragen – alles im Interesse des dauerhaften Familienglücks. Insofern zeigt »The Brady Bunch« Patchwork in Bestform.

Was den Beziehungsstatus ihrer Eltern angeht, so haben Kinder dafür auch ohne offizielles Hinsetzen, Verkünden und Darüberreden einen bestens geeichten Sensor, der ihnen sagt, ob es sich bei der neuen Bekannten von Papa oder Mamis neuem guten Freund um etwas Ernsteres oder lediglich um einen Pausenfüller, eine Ablenkung oder Übergangslösung handelt. Wenn es sich nicht um unerhört sensible und rücksichtsvolle Exemplare der Gattung Unter zehn handelt, werden sie keinerlei Scheu haben, ihre Einschätzung, gleich ob negativ oder positiv, alsbald lauthals kundzutun. Ebenso werden sie, wenn sie mit der Person einverstanden sind, die Sache möglicherweise auf ihre Weise zu beschleunigen suchen. Kinder sind nun einmal für klare Verhältnisse, und wenn ihnen jemand zusagt, möchten sie ihn am liebsten gleich und für immer mit Beschlag belegen. Wohl nicht zuletzt, weil diese Neigung sie zu so begeisterten wie begabten Kupplern macht, ist der Cupido, der Amors Pfeile verschießt, immer ein niedlicher, pausbäckiger Knabe, der nicht nur gekonnt mit der einzigen Waffe hantiert, die Kindern erlaubt ist, sondern bei leerem Köcher notfalls auch allein mit seinem Augenaufschlag Herzen zueinanderführt.

Probelauf für angehende Stiefeltern, Runde I:
Kindergeburtstag und Kennenlernen von Freunden

»Jeder weiß bekanntlich, wie man Kinder erzieht
– außer den Leuten, die welche haben.«
P. J. O'Rourke

»Ein Zweijähriger ist wie ein Mixer ohne Deckel.«
Jerry Seinfeld

Es gibt vieles, was Kinder geradezu magisch anziehen – Blicke, Lächeln, aber auch Krümel, Dreck und klebrige Schichten von irgendwas. Vor allem aber sind Kinder Magneten für andere Kinder. Kaum ein Wochenende ohne Spielverabredungen, kleine Übernachtungsgäste oder im Kaufhaus, Café oder am Spielplatz zufällig geschlossene Bekanntschaften. Wer glaubt, dass man mit einem Hund viele neue Leute kennenlernt, der schaffe sich erst einmal ein Kind an.

Für die angehende Stiefmutter, die in ihrem bisherigen Single-Leben ihre Freunde sorgfältig ausgewählt hat und sich jetzt im Schnellverfahren an ein Zusammenleben nicht nur mit einem Menschen, sondern mit dreien zu gewöhnen versucht, scheint die Aussicht auf einen Kindergeburtstag zunächst verheißungsvoll: In einem Aufwasch wird sie Freunde der Kinder und langjährige Bekannte ihres neuen Partners kennenlernen, und mit etwas Glück wird ihr selbst in all dem Trubel niemand viel Beachtung schenken. Aufmerksam befragt sie ihre Stieftochter nach Geschenkideen für die feiernde Freundin, ebenso liebevoll sucht sie mit ihr das Partyoutfit aus – pinkfarbenes T-Shirt mit Strassbesatz, rosa Hose, helle Sandalen –, und bevor alles durch Himbeerflecken oder Kakaokleckse wieder zunichtegemacht werden kann, macht sich die Truppe auf den Weg.

Das betreffende Haus erkennt man schon von weitem an den Luftballons, die an zwei Margeritensträuchern vor der weit offenen Haustür befestigt sind. Auch sonst wäre kein Vertun möglich gewesen, weil das Gejohle und Gekreische von gefühlt zwanzig Kindern nicht zu überhören ist. Drinnen herrscht ein heilloses Chaos; die einen Kinder scheinen Verstecken, die anderen Fangen und die dritten Topfschlagen und wieder andere alles gleichzeitig zu spielen; allenthalben wird man von einem der umherrasenden Knirpse angerempelt und muss aufpassen, nicht gleich von Schoko- und/oder Eiscremehänden hautnah empfangen zu werden.

Während es für alle anderen Anwesenden offenbar nichts Normaleres gibt als eine Horde tobender, kreischender Juniors, dröhnt dem Stiefmutter-Neuzugang nach fünf Minuten der Kopf, und schuld ist ganz sicher nicht der sirupsüße »Robby Bubble«-Kindersekt, Geschmacksrichtung Jungle Party. Es sind eigentlich nur sechs Kinder eingeladen, die aber fast alle noch Geschwister im Schlepptau haben. Die Unterhaltungen der Erwachsenen drehen sich um erste Anzeichen von Lebensmittelunverträglichkeiten, die Vorzüge und Nachteile diverser Lerncomputer und die Frage, bis wann man sich bei der angesagten Privatschule angemeldet haben sollte, damit die Kinder dort ab der fünften Klasse eine Chance haben. Niemand redet über aktuelle Filme (Disney-Blockbuster ausgenommen), Bücher oder andere kulturelle Ereignisse, aber dafür spricht auch niemand über seinen Job, die Börse oder das Wetter.

Stiefmütterchens Plan, möglichst unauffällig mitzumischen, kollabiert spektakulär. Denn kaum hat sie sich zu einem Gruppchen Frauen gesellt und sich vorgestellt, wendet sich ihr eine Alphamutter mit lauter Stimme zu: »So, du bist also die Neue vom Christian. Ist ja ganz schön mutig von dir, dass du gleich das ganze Elternding mitmachst. Wie kommen die Kinder denn so mit dir klar?« Nach einem verlegen gestotterten »Ganz gut, glaube ich« wird schon nachgelegt: »Naja, die kennen das ja schon, dass die Eltern auch auf ihre Kosten kommen müssen, du bist ja nicht die Erste, die auf der Bildfläche auftaucht.« Ob das jetzt eigentlich entlastend und nett gemeint war und nur verkehrt herausgekommen ist? Schon kommt eine Frage von der anderen Seite: »Wie geht es denn mit dem Kleinen, passiert ihm nachts noch so oft ein Malheur?« Ach herrje, was für ein Unglück sollte denn nachts geschehen? »Ich meine, ob er nachts noch so oft ins Bett macht, das arme Kerlchen hat ja so unter der Trennung seiner Eltern gelitten!« Darauf gibt es keine gute Antwort, weder so noch so. Dann kommt die absolute Killer-frage: »Und wie verstehst du dich mit Claudia?« Das ist die Mutter der Kinder. »Wir, äh, haben uns noch gar nicht kennen-gelernt.« Fassungsloses Schweigen. Im Raum steht die – aus-nahmsweise unausgesprochene – Frage, wie man es wagen kann, mit Kindern und deren Vater unterwegs zu sein, ohne zuvor von der leiblichen Mutter abgesegnet worden zu sein. »Sie ist ja vor einem Jahr mit den Kindern und ihrem zweiten Mann nach Hamburg gezogen, darum sind wir uns noch nicht begegnet.« Auch diese Erklärung hilft nichts, und bevor der Stiefmutter-Tauglichkeits-TÜV weitergehen kann, flieht unsere Freundin in den Garten, wo die Väter um den Grill stehen und das Gespräch in überschaubareren Bahnen verläuft.

Nach diesem denkwürdigen Samstagnachmittag hat auch der Vater etwas zu tun. Seine Aufgabe: der Mutter seiner Kin-der am Telefon zu sagen, dass die Tochter vor den Sommer-ferien eine Zeckenimpfung braucht, sie daran zu erinnern, dass der Sohn Klavier üben soll, wenn er ihm schon die Stunden bezahlt – und beiläufig zu erwähnen, dass er eine neue Freundin hat.

»Ich habe mich schon gefragt, wann du damit endlich her-ausrücken würdest«, kommt die Antwort. »Schließlich haben mir die Kinder schon vor zwei Wochen davon erzählt.« – »Da hatten sie sie doch erst einmal gesehen, das ist alles noch ganz frisch!« – »Aber sie übernachtet doch an den Wochenenden bei dir, nehme ich an.« – »Bisher nur, wenn die Kinder nicht da sind. Wir wollen das alles ganz langsam angehen.« – »Soso.

Aber zu der Geburtstagsfeier von Minnie nimmst du sie schon mit.« – »Woher weißt du das denn schon wieder?« – »Minnies Mutter hat mich natürlich sofort angerufen, was denkst du denn? Scheint ja noch ein rechtes Küken zu sein, die Kleine.« – »Kann ja nicht jeder als eine solche Hyperhenne wie du unterwegs sein.« Auflegen, Neuigkeit mitgeteilt.

Die Mutter hat nach diesem Gespräch ihre eigenen Sorgen: Die Kinder finden die Neue ihres Ex so weit ganz nett. Zum Glück. Mit der letzten kamen sie ja nicht so doll klar, die hat immer an ihnen herumgemeckert. Wobei sie die am Anfang eigentlich auch mochten. Also mal abwarten, wie sich diese jetzt bewährt. Hoffentlich ist sie nett zu ihnen und liebevoll. Nicht übertrieben natürlich. Wenn die Kinder jetzt nach den Wochenenden dauernd ankommen und mich mit »Papas Neue macht dies« und »Papas Neue kann das« vollschwallen, wäre das etwas nervig. Womöglich will die selbst ja auch noch Kinder haben. O Gott, das würde die beiden umhauen. Und mich auch. Aber da würde Christian bestimmt nicht mitspielen. Naja, noch ist ja nicht klar, ob das überhaupt was Ernstes ist. Die wird auch noch merken, was das heißt, ein Kerl mit zwei kleinen Kindern. Da spielt man als Frau nicht dauernd die erste Geige. Und im Luxus kann er schließlich auch nicht mit ihr schwelgen, dafür hat ja mein Anwalt gesorgt. Vielleicht nimmt die eh schnell wieder Reißaus …

Ein Novum in der Geschichte der Menschheit:
Die Begegnung von Mutter und Stiefmutter

Es mag herzlos klingen, stimmt aber: Historisch kam Patchwork vor allem durch den Tod eines Elternteils zustande. Nicht weniger tragisch für die Betroffenen wurde es dadurch, dass der frühe Tod keine solche Seltenheit war wie heute und daher auch

Konstellationen mit einem neuen Elternteil und dazugehörigen Stief- oder Halbgeschwistern durchaus keinen Bruch mit der Norm darstellten. Es traf alle Schichten: Der Bauer heiratete nach dem Tod seiner Frau nicht selten deren Schwester oder umgekehrt die verwitwete Landwirtin den Schwager. Die bloße Tatsache einer Neuvermählung verweist immerhin auf einen gewissen Status, denn da, wo nichts vorhanden war, musste auch nicht ein weiteres Mal geheiratet und so der Besitz gesichert werden.

In der griechischen Literatur der Antike begegnen uns fast so viele schlimme Stiefmütter wie später in Grimms Märchen. Zwar gibt es hier das Bewusstsein, dass das Erbe der Kinder aus früheren Ehen durch spätere Stiefgeschwister gemindert wird, doch in den Dramen sind die Konflikte fast immer emotionaler und nicht materieller Natur. Aus Furcht vor der Behandlung durch die Stiefmutter verlangt etwa Alkestis bei Euripides von ihrem Gatten Admet den Verzicht auf eine Wiederheirat. Und Medea wie auch Phädra lassen sich ohne weiteres zu den tragischsten Stiefmütterfiguren der Weltliteratur erklären.

Die Scheidung, als deren Kehrseite so alt wie die Institution der Ehe selbst, war im antiken Athen keine Seltenheit und wurde daher auch nicht mit gesellschaftlicher Ächtung bestraft. Allerdings war es wesentlich leichter für den Mann, sich scheiden zu lassen: Er konnte die Frau einfach samt Zurückzahlung ihrer Mitgift zu ihrer Familie zurückschicken. Frauen hingegen mussten ihrem Mann erst moralisches Fehlverhalten nachweisen, um die Verbindung lösen zu können. Ein weitverbreiteter Scheidungsgrund war Kinderlosigkeit, für die in der Regel die Frauen verantwortlich gemacht wurden. Wenn es doch Kinder aus der Ehe gab, verblieben diese im Scheidungsfall im väterlichen *oikos*, also im Haushalt des Mannes. Wie unbedingt Kinder und Ehe zusammengehörten, lässt sich auch daran ablesen, dass es als unschicklich galt, wenn Witwer nochmals heirateten, obwohl sie bereits zu alt waren, um weitere Kinder zu zeugen. Von Frauen hingegen wurde die Wiederheirat regelrecht erwartet; für alleinstehende Frauen gab es im antiken Athen keinen Platz. Allerdings mussten sie ihre Kinder dann bei der väterlichen Familie zurücklassen; das Heim des Nachwuchses war ganz klar dort, auch nach dem Tod des Vaters. Darum gibt es in der antiken Tragödie auch keine echten Stiefväter-Dramen: In der Regel kamen Kinder mit dem zweiten Mann der Mutter sowieso nicht in Kontakt. Dementsprechend konnten sich auch Halbgeschwister nicht nahekommen, weil sie sich kaum begegneten.

Im Laufe der Jahrhunderte und quer durch alle Kulturen war die Wahrscheinlichkeit, es als Kind mit einer Stiefmutter zu tun zu bekommen, ohnedies viel höher als jene, mit einem Stiefvater aufzuwachsen. Die Sterblichkeit zumal der jüngeren Frauen war durch den häufigen Tod im Kindsbett um ein Vielfaches höher als die der gleichaltrigen Männer. Die gesundheitliche Bedrohung durch die Risiken der Geburt oder in Folge der häufigen Schwangerschaften war enorm. In seiner »Geschichte der Familie« kommt der Soziologe Andreas Gestrich zu dem Schluss, dass noch im Deutschland des neunzehnten Jahrhunderts »ein Drittel der Ehen durch den frühzeitigen Tod wenigstens eines Elternteils« beendet wurden. Waisen oder Halbwaisen waren somit keine Seltenheit. Da die Männersterblichkeit zu dieser Zeit fast so hoch war wie die der Frauen, erklärt sich der Umstand, dass Stiefväter kulturell stets eine weniger notorische Rolle gespielt haben, auch daraus, dass ältere Geschwister nach dem Tod eines Elternteils häufig das Haus verließen, um nicht mit dem neuen Partner in Konflikt zu geraten. Bei Witwen war die Wiederverheiratung außerdem deutlich seltener. Frauen konnten nach dem Tod des Partners eher selbständig einen Haushalt führen. Gestrich weist darauf hin, dass die Kinder von Witwern zudem eher Aufnahme in Waisenhäusern fanden, weil man davon ausging, dass der Vater sie nicht würde versorgen können. Die Häufigkeit des Halbwaisenstatus war in der frühen Neuzeit so ausgeprägt »wie sie erst wieder für Kinder in unserer Gesellschaft durch den sprunghaften Anstieg der Scheidungsraten während der letzten zwei Jahrzehnte Wirklichkeit wurde«. Mit anderen Worten: Die Halbwaisen von einst sind durch die sogenannten »Scheidungswaisen« ersetzt worden. Zwar ist eine Scheidung natürlich nicht mit dem Tod eines Elternteils vergleichbar, zumal das geteilte Sorgerecht heute eher die Regel als die Ausnahme darstellt. Die Gefahr einer Entfremdung zwischen den Kindern und dem ausziehenden Elternteil bewerten Familientherapeuten dennoch als hoch, weil die meisten Ehen schon nach wenigen Jahren auseinandergehen, also wenn die Kinder noch sehr klein sind. Statistisch gesehen, heiraten solche früh Geschiedenen eher wieder als jene, die sich erst nach langer Ehe trennen. Darum ist ein Aufwachsen mit Bezugspersonen, die nicht die leiblichen Eltern und Geschwister sind, heute wieder für ähnlich viele Kinder eine prägende Erfahrung wie in früheren Zeiten.

Eine neue Erfahrung der Menschheit hingegen stellt die Begegnung von leiblicher Mutter und Stiefmutter dar. In Hollywood, internationalen Fußballerkreisen oder im Pariser Elysée-Palast soll es zwar vorkommen, dass sich beide längst kennen, und auch bei unsereinem hat man schon von Fällen gehört, wo die neue Stiefmutter-Gespielin zuvor Mamis beste Freundin war oder der Stiefvater-Lover Papas guter Kumpel. Als besonders heikel dürfen grundsätzlich alle Paarungen gelten, in denen der Grund für die Trennung der Eltern einen Namen hat und der erst betrogene und dann verlassene Elternteil zähneknirschend auch noch akzeptieren muss, dass diese Person als Stiefmutter oder -vater im weiteren Leben der Kinder nicht nur eine wichtige, sondern allen Verletzungen zum Trotz vielleicht durchaus gute Rolle spielen kann und sogar sollte.

Mindestens zu Beginn aber sind so viele verletzte Gefühle, Wut, Rachegelüste und Eifersucht im Spiel, dass Kinder, die altersmäßig schon einigermaßen bei Bewusstsein sind, die Wunden der Mutter oder des Vaters fast unweigerlich mit in ihre eigene Beziehung mit der neuen Person hineinnehmen. Das muss keineswegs automatisch ihre Zuneigung mindern, aber es macht alle Beteiligten befangen – und gerade wenn sie den neuen Partner der Mutter oder des Vaters mögen, das aber zu Hause lieber nicht so zeigen, wird es ihr schlechtes Gewissen verschärfen. Daraus ergibt sich eine dauernde Belastung und ein Konflikt: Mami darf man nicht so deutlich sagen, wie schön es am Wochenende bei Papi und seiner Neuen war, und Papi will man nicht damit belasten, dass man ihm erzählt, wie unglücklich und ratlos Mami manchmal ist, wie oft sie über ihn schimpft oder wie schwer es ihr fällt, die Kinder am Wochenende ziehen zu sehen.

In einer solchen Situation sind alle menschlichen Fehlleistungen gesteigert: die Neigung, die Kinder hemmungslos auszufragen und so zum Spielball zwischen den Fronten zu machen; die Weigerung, die andere Partei jenseits der eigenen Verletzungen wahrzunehmen und sich in ihre Situation einzufühlen; der Drang, die Kinder als Waffe gegen den scheidenden Elternteil und dessen neuen Partner einzusetzen. Interessanterweise funktionieren diese manipulativen Mechanismen oft umso besser, je älter und im Grunde reifer die Kinder sind. Teenager, die bereits eigene moralische Vorstellungen entwickelt haben, neigen dazu, sie weit gnadenloser auf die Umwelt als auf das eigene Verhalten anzuwenden. Viele, die als Fast-Erwachsene mit der Trennung ihrer Eltern konfrontiert werden, verweigern jeglichen Kontakt zu dem neuen Partner der Mutter oder des Vaters, auch ohne dass sie dazu angestiftet werden. Da können sich dann alle Beteiligten mit dem Umstand trösten, dass man ab einer gewissen Lebensphase ohnehin nur mehr nominell Stiefmutter oder -vater wird, weil die Kinder aus dem Haus sind und den Neuzugang in erster Linie als Partner des Elternteils sehen und weniger als Bedrohung des eigenen Status – es sei denn für das Erbe.

Nehmen wir aber einmal den erfreulichen Fall an, dass die Beziehung zwischen Mutter und Vater zwar gescheitert, aber nicht gänzlich zerrüttet ist und dass beide zum Wohle der Kinder nach der Trennung einen zivilen Umgang miteinander pflegen. Selbst wenn dies nicht gleich der Fall gewesen sein sollte, stellt sich dieser Zustand bei den meisten Patchwork-Familien irgendwann ein. Man liebt sich zwar nicht mehr, aber man sinnt auch nicht auf Rache bis zum Ende aller Tage, oder zumindest nicht mehr. Erst, nachdem das Beben im Epizentrum nachgelassen hat, können die eigentlichen Aufräum- und Reparaturmaßnahmen in Angriff genommen werden.

Was die Beziehung zwischen der neuen Partnerin und der Ex ebenso häufig erschwert wie nacheheliche Streitereien, ist die Eifersucht der Neuen auf ihre Vorgängerin. Was verbindet sie nicht alles mit dem eigenen Partner: gemeinsam verbrachte Jahre, ein Zuhause, Freunde und Bekannte – und vor allem: die Kinder. Sich von der Fülle und machtvollen Realität solcher Gemeinsamkeiten eingeschüchtert und entmutigt zu fühlen ist normal. So bezeichnet eine Freundin die Ex-Frau ihres Mannes gern als »Black Box«, was all das, was einem an der früheren Beziehung des Partners für immer unzugänglich und unverständlich bleiben wird, bestens beschreibt. Aber diese Frauen sind oft auch in anderer Hinsicht respekteinflößend: gutaussehend, warmherzig, erfolgreich, sympathisch. Da ist die Antwort auf die Frage, warum in aller Welt er diese Klassefrau verlassen hat (wenn es denn so war), einem fast so unheimlich wie die, warum um Himmels willen sie ihn nicht behalten wollte. Vor allem aber entsteht im Patchwork-Kontext Eifersucht auf die frühere Partnerin, weil diese nun mal unwiderruflich und für immer die Mutter der gemeinsamen Kinder sein wird – und man selbst mit diesem Status nicht konkurrieren, sondern höchstens gleichziehen kann. Das Wissen, dass die Ex stets eine Rolle im Leben des eigenen Partners spielen wird, ist für manche Stiefmutter kaum zu ertragen – umso mehr, wenn die Aussicht auf gemeinsame eigene Kinder aus biologischen, finanziellen oder anderen Gründen nicht besteht.

Es gibt keinen Knigge für zusammengesetzte Familien, aber es erscheint sinnvoll, dass derjenige Elternteil, der einen neuen Partner hat, diesen dem anderen vorstellt. Dazu muss man keinen Termin ausmachen und sich steif zu einer Art Bewerbungsgespräch zusammensetzen. Ebenso wenig scheint es angebracht, so feige wie unangemeldet mit der Tür ins Haus zu fallen: Hallo, ich komme die Kinder abholen, das hier ist übrigens Anke, tschüss. Da die Situation für alle Beteiligten, inklusive der Kinder, zunächst merkwürdig ist, hält man es am besten kurz und spielt von Anfang an mit offenen Karten – eher ahnend denn wissend, dass Kinder ohnehin jeden Schwarzen Peter aufdecken werden. Und im Übrigen dank Handykameras und ähnlicher technischer Spielereien ihrer leiblichen Mutter wahrscheinlich sowieso längst geholfen haben, sich ein Bild zu machen.

Meine allererste Begegnung mit der Mutter meiner Stiefkinder war so knapp und unspektakulär, dass ich mich gar nicht mehr genau daran erinnern kann. Sie lebte mit ihrem zweiten Mann und den Kindern in einer anderen Stadt, und wir holten die Kinder zu einem gemeinsamen Wochenende ab. Während sie ihre letzten Sachen packten und ihr Vater sie zur Eile antrieb, standen wir beiden Frauen zusammen und redeten über etwas Belangloses, über den Verkehr und das Wetter oder Ähnliches. Doch das Wichtigste war zwischen den Sätzen durchaus auch gesagt worden, denn es war eine freundliche Unterhaltung, frei von Aggressivität, Neugierde oder Misstrauen. Und obwohl sie damit beschäftigt waren, ihre Waschsachen zusammenzuklauben, dicke Socken zu suchen und zu entscheiden, welches Kuscheltier mitfahren würde, bekamen die Kinder dieses sanfte grüne Licht sofort mit. Im Auto war ihre Erleichterung und Freude unmittelbar spürbar; sie alberten vergnügt auf dem Rücksitz herum. Wie wichtig dieses Zusammentreffen als Signal an sie gewesen war, begriff ich erst zwei Tage später, als wir die beiden wieder zu Hause ablieferten und sie mir vor den Augen ihrer Mutter ganz unbefangen einen dicken Abschiedskuss gaben und mich an sich drückten. Schon damals dachte ich, dass es für keine Mutter einfach sein kann, zuzusehen, wie ihre Kinder die neue Frau des Vaters herzen, und war nicht nur dankbar für diese Souveränität und Gelassenheit, sondern auch voller Bewunderung dafür.

Mit der Eroberung von Mutter, Vater, Kind
ist es nicht getan: Die doppelte Schwiegermutter

»Adam war der glücklichste aller Männer:
Er hatte keine Schwiegermutter.«
Mark Twain

Meine eigentliche Musterung kam völlig überraschend, nämlich an einem Samstag im Supermarkt. Kleine Kinder lieben es bekanntlich, einkaufen zu gehen, zumal mit Menschen, bei denen sie die Chance wittern, den Einkaufswagen nach eigenem Gutdünken mitbefüllen zu können. Gerade als ich versuchte den Trolley, auf dem ein Kind stand und in dem das andere saß, möglichst geschickt an den Überraschungseiern vorbeizumanövrieren, hörte ich aus zwei Mündern zugleich den erstaunten Ausruf: »Omi?« Da kam uns schon eine elegante Dame entgegen, die von den Kindern mit großer Freude begrüßt wurde. Ich stellte mich vor und es entspann sich ein Gespräch, in dessen Verlauf ich alles Mögliche gefragt wurde, von meinem Beruf über meine private Situation bis hin zu der Frage, was es denn an diesem Tag bei uns zu essen geben sollte – ein so leidiges wie unerschöpfliches Thema, weil eines meiner Stiefkinder einen, sagen wir reduzierten Geschmackshorizont hat und einen Teller, der ein Stück Obst, Gemüse oder Salat auch nur im Vorübergehen gesehen hat, auf keinen Fall anrührt. Es muss ausgesehen haben wie ein Mini-Wimbledon: Auf der einen Seite des Einkaufswagens die Großmutter, auf der anderen ich, und dazwischen die beiden Kinder, die Köpfe immerzu von einem zum anderen drehend. Wie das Match ausging, kann ich nicht sagen, aber ich weiß noch, dass die Bälle schnell und heftig kamen. Natürlich begegneten wir uns an der Kasse prompt wieder, aber die Kinder blieben zu meinem Stolz wie selbstverständlich bei mir. Wo sie ja in diesem Moment auch hingehörten.

So lernte ich die frühere Schwiegermutter meines Mannes lange vor seiner Mutter kennen. Das fand ich seinerzeit vielleicht ein wenig kurios, machte mir aber weiter keine Gedanken darüber. Mir war nicht bewusst, dass die entspannte Kooperation der Ex-Schwiegermutter für uns als angehende Familie mindestens so wichtig war wie das Einverständnis der zweiten Großmutter. Die Kinder, die ihre beiden Großmütter lieben, aber die Omi mütterlicherseits viel häufiger sehen, haben die Freundlichkeit, die sie mir entgegenbrachte, als weiteres gutes Omen verstanden. Auch sie hat meinen Weg in die Familie erleichtert, und ist mir von Anfang an mit Wohlwollen, Interesse und Respekt begegnet.

Wie schwierig es hingegen sein kann, wenn die frühere Schwiegermutter nicht mitspielt, weiß ich aus den Erzählungen eines Freundes, der von der Großmutter seiner angehenden Stiefkinder regelrecht boykottiert wurde. Da die Kinder immer einen Tag in der Woche nach der Schule zu ihr gingen, ergab es sich, dass auch er sie ab und zu von dort abholte. Jedes Mal kam es zu Wortwechseln. Zu Beginn weigerte sich die Großmutter rundheraus, ihm die Kinder »auszuhändigen«: »Sie sind für mich ein Fremder, und ich kann meine Enkel keinem Fremden anvertrauen.« Mit der Zeit wurde es zwar etwas besser, aber bis heute zieht er bei allen Vergleichen mit dem früheren Schwiegersohn und Vater der Kinder bei ihr den Kürzeren. Das fängt mit dem Job an – der leibliche Vater der Kinder ist im Vorstand einer Bank, was in den Augen der Großmutter allemal ein besserer Grund dafür ist, dass er nie Zeit hat, anstatt zu begrüßen, dass der sich rührend kümmernde Stiefvater als Radiomoderator inzwischen eine Sendung am Vormittag übernommen hat, damit er am Abend für seine Familie da sein kann. Auch sonst lässt sie keinen Zweifel daran, dass sie den neuen Partner ihrer Tochter nicht adäquat findet. Wenn die Tochter finanzielle Engpässe erwähnt, ist das für ihre Mutter denn auch kein Anlass zu Mitgefühl, sondern höchstens für die Bemerkung: »Tja, wie man sich bettet, so liegt man eben.« Bei der Hochzeit der beiden ließ sie die Mutter des Bräutigams wissen, dass ihr erster Schwiegersohn für sie immer der eigentliche bleiben werde: »Ich bin eben altmodisch und kann mich nicht dauernd an neue gewöhnen, nur weil meine Tochter keine Ausdauer in ihren Beziehungen hat.«

Aber dieser Fall scheint mir eher eine Ausnahme zu sein. Aus Erzählungen weiß ich, dass die meisten Eltern solidarisch mit ihren Kindern sind und ihnen auch, wenn sie nicht alle Lebensentscheidungen gutheißen mögen, die diese fällen, vorbehaltlos den Rücken stärken. Die Hauptsache ist für sie, dass es ihren Kindern und Enkeln gutgeht. Und wenn zu deren Wohlbefinden neue Partner beitragen, sind sie sogar bereit, Stief-Schwiegertöchter und -söhne als erweiterte Familie willkommen zu heißen.

Mein erstes weißes Haar entdeckte ich am zweiten Tag unserer ersten Sommerferien als Familie. Mein Mann, seine Kinder und ich hatten auf einer Nordseeinsel eine Ferienwohnung gemietet. Die Einkäufe waren erledigt und irgendwie in der winzigen Kochnische verstaut, die Koffer ausgepackt und die Erwartung saß im Zimmer und schaute zum Fenster hinaus: Regen. Statt den Wattwanderungen, Strandritten und der allgemeinen Entspannung, die die ältere der jüngeren Generation in Aussicht gestellt hatte, lautete das Programm: Gesellschaftsspiele und DVDs, dazu eine Stimmung wie in einem überheizten und zu kleinen Affengehege.

Mal im Ernst: Kennen Sie jemanden, der gern Brettspiele spielt? Ich meine: wirklich gern? Also dreimal nacheinander »Malefiz«, fünfmal an einem Wochenende »Spiel des Lebens« und dazwischen einen Tag lang »Monopoly«? Bis zum Jahr 1 S.P. – seit Patchwork, meine neue Zeitrechnung – hätte ich begeistert gerufen: ICH! Ich liebe Gesellschaftsspiele! Als Einzelkind absolut spielresistenter Eltern (mein Vater, von meiner Quengelei zum Rommée-Spiel gezwungen, breitete als Erstes sein ganzes Blatt auf dem Tisch aus mit dem Argument, er könne so viele Karten nicht in Händen halten) bin ich schon in jungen Jahren spieletechnisch so dramatisch zu kurz gekommen, dass ich glaubte, mein ganzes restliches Leben lang würde ich nicht müde werden, das Defizit auszugleichen. Denn was kann schlimmer sein, als immer wieder lustlos gegen sich selbst »Scotland Yard«, »Hase und Igel« oder »Cluedo« zu spielen?

Heute weiß ich es: Mau-Mau, Phase 10, irgendwelche Spiele des Jahres seit 2000 oder sogar Scrabble. Eigentlich sind alle Spiele nach ungefähr zehn Minuten absolut unerträglich, weil ab da ständig einer aufsteht, weil er irgendetwas erledigen oder holen muss, ein Getränk umgestoßen wird, unterm Tisch SMS oder Facebook-Einträge geschrieben werden oder es Streit gibt wegen der Punktzahl, der Frage, wer gerade dran ist, wer die Bank ist oder einfach nur so, weil Zanken unter Geschwistern auch eine Art Spiel ist – und zwar eines, bei dem die Eltern bis zum Eingreifen zu teilnahmslosen Zuschauern degradiert werden.

Was es bedeutet, nicht nur jedes zweite Wochenende, sondern auch alle hart errungenen und dringend benötigten Ferien nicht zu zweit, sondern zu viert zu verbringen und statt eines gediegenen Hotels mit Wellnessbereich, Restaurant und Zimmerservice kleine Butzen in den Bergen anzusteuern, wo man mindestens so sehr hinter allen herräumen und -putzen muss wie zu Hause, nur eben zwei Wochen lang statt nur zwei Tage am Wochenende, hatte mir niemand gesagt. Und wenn, hätte ich solche Warnungen als kleinkariert und engherzig empfunden angesichts meiner großen Liebe für meine neue Familie.

Im Nachhinein waren es dann zwar vielleicht nicht sehr entspannende, aber tatsächlich rundum gelungene Ferien. Wir kuschelten zu viert im Strandkorb (zugebenermaßen auch, um uns aneinander zu wärmen, weil so ein eisiger Wind ging), schauten alte Filme (»Die Mädels vom Immenhof« und »Ferien auf Immenhof« waren Hits des lokalen Videoverleihs) und an fünf von zehn Abenden gab es Nudeln. Mit anderen Worten: Es war ein perfektes Trainigscamp für eine angehende Stiefmutter. Hätten wir die zwei Wochen stattdessen in einem Ferienclub mit Kinderbespaßungsprogramm verbracht, wäre ich mit einer völlig falschen Vorstellung von Urlaub mit Kindern wieder heimgekommen. So aber war ich, buchstäblich, eingenordet.

Ganz ehrlich: Unsere Ferien sind – im Rückblick betrachtet – immer herrlich, wenn auch nicht immer erholsam. Aber welcher Familienurlaub ist das schon?

Ein Fest mit Tücken:
Was unterm Weihnachtsbaum alles lauert

Eine besondere Bedeutung erhielt unser erstes Weihnachten schon dadurch, dass die Kinder zum ersten Mal an Heiligabend nicht bei ihrer Mutter waren, denn in früheren Jahren hatte ihr Vater sie immer erst an einem der Weihnachtsfeiertage zu sich geholt, weil ein Heiliger Abend zu dritt ihm irgendwie trostlos erschienen wäre. Leichter wurde es dadurch, dass wir davor schon Oster- und Sommerferien miteinander verbracht hatten – was auch immer neu war an diesem Weihnachten, füreinander waren wir es nicht mehr.

Als wichtigstes Familienfest des Jahres ist Weihnachten für Patchworker immer auch mit Schmerz und Traurigkeit verbunden und, jedenfalls für die meisten Kinder, mit der Erinnerung an vergangene Zeiten, da sie noch mit Mama und Papa vorm Weihnachtsbaum saßen. Außer in den – vergleichsweise wenigen – Familien, wo nach der Trennung der Eltern weiterhin alle zusammen feiern, müssen die Kinder jetzt entweder auf Mutter oder Vater verzichten, ebenso wie immer ein Elternteil an Heiligabend seine Kinder vermisst. Der Freude aufs Fest muss das keinen Abbruch tun, aber es ist der kleine oder auch große Schatten, der in Patchwork-Familien nie ganz vergeht. Wie ein Bekannter es neulich zusammenfasste: »Weihnachten ist immer ein Albtraum.«

Doch wenn man die Sache richtig anzupacken weiß, ist eine Patchwork-Familie trotzdem das Beste, was einem Kind passieren kann – vor allem zu Weihnachten. Ist doch klar: Was einem Mama nicht schenkt, wünscht man sich von Papa, und das, wofür Oma Nummer eins sich nicht erwärmen kann, bekommt man vielleicht von Großvater Nummer drei. Andererseits multipliziert sich zum Fest der Liebe und des Konsumrauschs nicht nur die Zahl der Geber, sondern leider auch die der zu Beschenkenden. Von dem Stress, in den das Kinder stürzen kann, erzählt

Ute Krause in ihrem Bilderbuch »Feiern die auch mit?«, der fröhlichen Fortsetzung ihres Instant-Klassikers »Wann gehen die wieder?«. Damals war Papa aus der Räuberhöhle ausgezogen und hatte sich mit einer Prinzessin und deren Kindern zusammengetan, während die Mutter sich einen Drachen samt Anhang angelacht hatte.

Nicht nur Ute Krauses Räubermädchen, sondern auch andere Kinder können so einer Situation durchaus etwas abgewinnen, wenn sie sich einmal daran gewöhnt haben. Erstens gibt es jeweils einen Adventskalender bei Papa und einen bei Mama, und außerdem: »Zum Nikolaus bekommen wir doppelt so viel Schokolade wie andere Kinder.« Die zusätzliche Energiezufuhr braucht man allerdings auch: »Weil wir aber so viele sind, ist der Dezember nicht nur der schönste, sondern auch der anstrengendste Monat. Schon ganz früh muss ich eine Liste machen und mir für alle Leute in unserer Familie Geschenke überlegen.« Waren früher nur Mama, Papa, Großeltern und eventuell eigene Geschwister zu bedenken, sind es jetzt mit allen Zweiteltern, Stiefgeschwistern, -omas und -opas oft mehr Personen, als das Kind zählen kann. Kein Wunder, dass sich unter der Patchwork-Jugend oft regelrechte Bastelmaschinen finden.

Besser und lustiger als Ute Krause kann man den Weihnachtsrummel in erweiterten Familien nicht schildern. Putzmunter geht ihre Geschichte weiter: Erst wird bei den Eltern der Prinzessin geflötet, getrommelt und beschert, dann bei Räuber-Oma und Räuber-Opa beschert, Kuchen gegessen, gesungen und getrommelt. Anschließend gibt es bei Papa und der Prinzessin Geschenke, Kartoffelsalat und Würstchen, dann geht es zu Mama und dem Drachen für noch mehr Geschenke, Weihnachtsbaum-Ansingen, Kartoffelsalat und Würstchen. Und just, als dem Leser ob all der Leute und der abzufeiernden Weihnachtsstationen schwindlig zu werden droht und als sich die sieben Räuberkinder von ihrem Vater und der Prinzessin auf den Weg zu ihrer Mutter und dem Drachen machen, gibt es einen stillen Moment des Innehaltens: »Ich winke Papa noch einmal zum Abschied zu. Als ich mich an der Tür umdrehe, steht er immer noch da und schaut uns nach.« In dieser wunderbar beiläufigen Beobachtung fängt Ute Krause all die Wehmut und den Verlust ein, die ebenso zu Patchwork-Familien gehören wie der Trubel, die Hektik und die oft echte, mitunter aber auch zum Schutz gegen Trennungstraurigkeit aufgesetzte Heiterkeit.

In allen mir bekannten Patchwork-Familien werden gerne, oft und viele Geschenke gemacht. Liebevoll ausgesuchte Kleinigkeiten und Mitbringsel sind nun mal ein Weg, Kindern zu zeigen, dass man an sie denkt, auch wenn man sie mitunter nicht so oft sieht. Davon abgesehen, dass die Kinder vom heimlichen Wettbewerb etwa zwischen Mutter und Stiefmutter um das beliebteste Geschenk materiell profitieren, bietet gerade Weihnachten eine großartige Gelegenheit, die kleinen Diplomaten bei ihrer oft schwierigen Mission zu beobachten, nur ja niemanden zu verletzen. Kindliche Stärke und die Fähigkeit, den mitunter konträren Erwartungen der Eltern zu entsprechen und aus zwei sehr unterschiedlichen Welten das Beste zu machen, werden zum Fest der Feste besonders offenkundig. Das fängt mit den unterschiedlichen Ritualen an, die sie ohne Gegenwehr und erkennbare Präferenzen absolvieren: Die einen schmücken gemeinsam den Baum, die anderen behaupten, das habe das Christkind erledigt. Der eine Elternteil besucht mit den Kindern den Gottesdienst, der andere ist froh, wenn er den Nachwuchs noch eine Weile vor »Wir warten aufs Christkind« parken kann, während in letzter Minute Geschenke besorgt oder verpackt werden. Die eine Familienfraktion schwört auf Fondue, die andere auf Gans. Die einen bescheren vor, die anderen nach dem Essen. Die einen singen Weihnachtslieder, egal wie schief, die anderen legen die Frank Sinatra Christmas Collection auf.

Schon aus geographischen Gründen war bei uns ein Weihnachten, wie Ute Krause es ausmalt, mit Stationen bei allen an einem Tag, nicht möglich. Für die Kinder war an unserem ersten gemeinsamen Heiligabend alles neu, vor allem der Gänsebraten, dem sie aber trotz mancher kulinarischer Skepsis durchaus etwas abgewinnen konnten. Natürlich haben sie ihre Mutter vermisst und das auch gesagt, aber sie haben uns nie den Eindruck vermittelt, lieber woanders sein zu wollen. Vielleicht war es das erste Mal, dass ich bewusst Patchwork-Glück erlebt habe: das Gefühl, dass es, obwohl es nie perfekt ist, trotzdem schöner nicht sein kann.

Jetzt sind wir Patchwork:
Familie im Schnellverfahren

In der Wahl seiner Ehemänner kann man bekanntlich nicht vorsichtig genug sein, erst recht nicht, wenn man kurz zuvor ein Buch veröffentlicht hat, das der Institution Ehe gegenüber zur Skepsis rät. Aber wie sollte man einen Antrag ablehnen, der von einer vertrauensvollen Kinderstimme etwas unterhalb der eigenen Hüfthöhe abgeschossen wird und der lautet: »Papi, die mögen wir. Können wir die behalten?« So wurde ich Stiefmutter.

Natürlich war ich ganz sicher, dass all das, was man gemeinhin über Stiefmütter denkt, aber meist nicht ausspricht, auf mich in keiner Weise zutraf oder je zutreffen könnte. Wie jede neugeborene Mutter ist auch jede frischgebackene Stiefmutter davon überzeugt, sie werde alles anders und besser machen als das Klischee von der bösen Hexe es will, die einen Keil zwischen den Vater und seine Kinder treibt. Da die Kinder meines Mannes überdies außerordentlich wohlgeraten sind, sah ich außerdem weder Anlass noch Aufforderung, mich zur ungebetenen Zweitmutter aufzuschwingen und eigene Erziehungs-maßstäbe zu setzen – das kam erst später. Ich nannte die beiden nicht ohne Stolz meine »Beutekinder«, und wenn wir Hand in Hand gingen, so selbstverständlich wie echte Mütter und ihre Kinder, war ich selig.

Wahrscheinlich war es für alle Beteiligten ein glücklicher Umstand, dass die Kinder mit sechs und acht Jahren noch recht klein waren, als ich in ihr Leben trat – nicht mehr so jung, dass sie alles, was ihnen geschah, widerspruchslos hinnehmen muss-ten, aber auch noch nicht so weit, dass sie sich ihrer eigenen Macht über das Lebensglück ihrer Eltern bereits bewusst gewe-sen wären. Da sie bereits einen Stiefvater hatten, mit dem sie sehr einverstanden waren, war ich außerdem nicht die erste fremde Elternergänzung, mit der sie es zu tun bekamen. Sie fan-den, dass ihr Vater ein Anrecht auf eine Partnerin hatte, und da sein Glück dem ihren nicht im Weg stand, hätte mein erstes Lehrjahr als Stiefmutter nicht harmonischer verlaufen können.

Was nicht heißt, dass ich von den Schwierigkeiten, die jede Patchwork-Konstellation unweigerlich mit sich bringt, zu Beginn gar nichts mitbekommen hätte. Dass Kinder die Struk-tur einer Beziehung völlig verändern, weil man sich nicht in Ruhe kennenlernen und auf ein eventuelles gemeinsames Fami-lienleben vorbereiten kann, habe ich aber keineswegs nur als Hindernis empfunden. Im Gegenteil: Die Kinder meines Man-nes haben unserer Beziehung von Anfang an eine große Ernst-haftigkeit verliehen. Durch sie waren wir schneller bei der Frage, was wir füreinander sein könnten und wollten. Und was alle miteinander: nämlich eine Familie.

So startete ich gut gepuffert mit Verliebtheit und Optimis-mus in mein neues Leben. Der Tunnelblick, den man in solchen Situationen gern entwickelt, trug dazu bei, dass ich Patchwork eher als zeitgemäßes, liebenswertes und einladendes Familien-idyll wahrnahm denn als Secondhand-Clan mit besonderen Belastungen. Wie Dauer und Erfahrung es mit sich bringen, assoziiere ich Patchwork inzwischen längst nicht mehr mit dem abwechslungsreichen Liebesreigen von Hollywood-Stars, sondern eher mit stillen, dafür beständigen Stiefmüttern und -vätern, von denen noch die Rede sein wird.

Endlich Patchwork:
Vom Einüben einer schwierigen Familienform

Mutter, Vater, Kind – echt oder Patchwork?
Wie man Zweitfamilien erkennt

»Stiefkinder sind anstrengend.
Man muss ihnen erst beibringen,
so auszusehen wie man selbst.«
Gilda Radner

Ein Mann, eine Frau, zwei Kinder – so sieht Familie auf Post-
karten aus. Dass der Mann vielleicht ein Zweitvater oder die
Frau eine Stiefmutter ist, sieht man ihnen schließlich nicht an.
Oder doch? Spekulationen über die Zusammensetzung der
Leute am Nebentisch sind klassischer Gesprächsstoff. Die letzten Jahre haben da einen Wandel der Vorurteile mit sich gebracht. So, wie viele heutzutage beim Anblick von Zwillingen
unwillkürlich an künstliche Befruchtung denken (was bei
weniger als der Hälfte zutrifft), wird ein Mann, der allein mit
Kindern unterwegs ist, gern als Scheidungsopfer und sich nun
mit Vaterpflichten einsam abmühender Wochenend- und
Ferienpapa einsortiert. Aber auch Familien mit drei und mehr
Kindern werden oft mitleidig bis misstrauisch beäugt, kündet
eine so zahlreiche Brut doch entweder von sexueller Undiszi-
pliniertheit, größerem Reichtum (oder seinem Gegenteil) oder
Adel – und bietet somit in jedem Fall bestes Smalltalkfutter.
Oder aber eine solche Familienschar gibt Anlass zur Vermu-
tung, dass hier mehr als eine Mutter respektive Vater am Werk
gewesen sein muss, es sich also um eine zusammengewürfelte
Familie handelt, skandalös instabile Verhältnisse inklusive.

Sie sind noch kein Patchworker, spielen aber mit dem Gedanken, einer zu werden, fürchten sich davor oder sind einfach neugierig und möchten Studien am lebenden Objekt durchführen? Patchworker als Außenstehender eindeutig zu identifizieren ist schwierig, denn oft sind es gerade jene Familien, die besonders harmonisch wirken – weil sich hier alle etwas mehr Mühe geben müssen, damit jeder auf seine Kosten kommt und keine Gefühle verletzt werden.

Dennoch gibt es Indizien. Ziemlich zuverlässig lässt sich beispielsweise die Tatsache interpretieren, dass die Kinder zwar einen Elternteil mit Mama oder Papa anreden, den anderen aber nur mit Vornamen. Hingegen führt der Versuch, die Sollbruchstelle anhand auffälliger innerfamiliärer Ähnlichkeit bzw. deren Fehlen auszumachen, oft in die Irre. Ein Kompliment in diese Richtung – »Meine Güte, Ihre Tochter/Ihr Sohn ist Ihnen ja wie aus dem Gesicht geschnitten!« – kann hier entwaffnend wirken, da Patchworker sich anständigerweise nicht mit fremden Federn schmücken können. Meine Reaktion auf solche freundlich gemeinten, aber im Grunde völlig oberflächlichen Bemerkungen in Supermärkten, Zügen oder Hotels war jedenfalls lange Zeit das Bekenntnis: »Danke, aber das sind gar nicht meine Kinder, sondern die meines Mannes.« Den Kindern war das oft sichtlich unangenehm, und irgendwann habe dann auch ich gemerkt, dass es dem Fragenden erstens egal war, mein Sprüchlein zweitens nicht wie Aufrichtigkeit, sondern wie eine Distanzierung wirkte, und drittens die Leute unsere genauen Familienverhältnisse sowieso nichts angehen. Von da an haben die Kinder und ich uns in solchen Situationen einfach nur noch zugeblinzelt und gelacht.

Zusammengewürfelte Familien sehen manchmal genau so aus: wie ein Mix derart unterschiedlicher Stile und Verhaltensweisen, dass man sich nicht vorstellen kann, dass sie aus ein und derselben Quelle stammen. Das wird besonders augenfällig, wenn sich Halb- und Stiefgeschwister dazugesellen, und sich plötzlich eine Familie zusammenfindet, in der Benehmen, Ausdrucksweisen oder Habitus so offensichtlich auseinanderklaffen wie Kleidung oder andere Geschmacksfragen. Doch je näher die Jugend an der Pubertät ist, desto verfänglicher wird es, von löchrigen Jeans, ausgelatschten Turnschuhen, ungeschnittener Haarpracht und Burgerheißhunger gegenüber von adretten Kleidchen, Haarschleife und Fischstäbchen mit Spinat auf zwei unterschiedliche Elternhäuser zu schließen. Vive la différence! Wenn die Neigung, sich wegen Kleinigkeiten aneinander aufzureiben, zu den Risiken des Modells Patchwork gehört, zählt zu seinen erfreulichen Nebenwirkungen die Abschleifung jenes Starrsinns, den Eltern mitunter an den Tag legen, wenn es um Fragen der Erziehung geht. Patchwork ist in vielerlei Hinsicht eine Schule der Toleranz: Wahlverwandte lassen sich nun einmal nicht so leicht prägen, formen oder herumkommandieren wie die eigene Brut. Darum ist es in solchen Konstellationen so wichtig, sich seine Kämpfe sorgfältig auszusuchen, um nicht in der sinnlosen Schlacht der täglichen Unterschiede aufgerieben zu werden.

Um Patchworker von »normalen« Familien zu unterscheiden, achte man am besten auf das Verhältnis von Distanziertheit und Innigkeit im Umgang. Zumal junge Patchwork-Familien erkennt man sehr gut daran, dass der fremde Elternpart sich auffällig um die Kinder bemüht – und der dankbare echte Vater oder die gerührte echte Mutter um den Partner. Das dient sowohl dazu, diesen bei den Kindern noch besser ankommen zu lassen (geht als Methode allerdings oft schief) als auch, ihm oder ihr den Einstieg in die Familie so leicht wie möglich zu machen, nach dem Motto: Siehst du, ist doch alles ganz einfach mit uns! Der Zauber, der allem Anfang innewohnt, kann hier gar nicht groß genug sein, denn auf einen schlechten Start folgt mit hoher Wahrscheinlichkeit ein schmerzhaftes Ende: Patchwork-Familien, in denen die Kinder den neuen Partner vehement ablehnen oder dieser von den Kindern dezidiert nichts wissen will, gehen fast unweigerlich in die Brüche, weil so eine Zerreißprobe auf Dauer niemand aushält.

Solch unglückliche Patchworker lassen sich leichter erkennen als glückliche. Allerdings ist die Stimmung dann oft derart heikel, dass man sich schon als zufälliger Beobachter unwohl fühlt. Wenn die Körpersprache der Kinder von Opposition mit Ausrufezeichen kündet, die Schultern steif und abgewandt, ist auch mindestens ein Erwachsener nicht weit, dem Verzweiflung und Verunsicherung ins Gesicht geschrieben stehen – oder das Bemühen darum, sich nichts anmerken zu lassen. Während in harmonischen Familien meist munter drauflosgeredet wird, wird hier wenig gesprochen, und fast gar nicht miteinander.

Ich habe so einen Fall einmal live erlebt, als ein Freund sich in eine Frau verliebte, was seiner zehnjährigen Tochter überhaupt nicht recht war. Wann immer sie die Wochenenden bei ihrem Vater verbrachte und auch dessen Freundin zugegen war, verwandelte sich das Kind in eine spitzzüngige Nervensäge. Wenn die Frau einen Rock trug, bekam sie ein »Neu? Darin siehst du aber fett aus!« zu hören; wenn sie kochte, weigerte sich das Kind, auch nur einen Bissen zu probieren; wenn sie zu dritt etwas unternahmen, ließ das Mädchen die Hand seines Vaters keinen Moment los und bedachte den Eindringling hinter seinem Rücken mit hasserfüllten Blicken. Nicht besser wurde es dadurch, dass der Vater immerzu um Verständnis für seine Tochter warb, aber keines für die Frau aufbrachte, die sich abgelehnt, zurückgesetzt und irgendwann geradezu gemobbt fühlte. Seine Ermahnung, dass sie als Erwachsene doch sicher souverän mit der Situation umgehen könne und sich von einer Zehnjährigen nicht ins Bockshorn jagen lassen dürfe, nutzte sich mit der Zeit ab. Wenn der duldsame Vater das Mädchen irgendwann doch einmal zurechtwies, rannte es türenknallend in sein Zimmer und brach dort in wütendes Geheul aus, warf Spielzeug gegen die Wand und trat gegen die Kleiderschranktür. Ebenso wie der zu Rate gezogene Psychologe dachten beide, es handle sich lediglich um eine Phase und das Kind werde sich mit der Zeit schon wieder normal benehmen, zumal der Vater seine Tochter so eigentlich nicht kannte. Aber als nach einigen Monaten immer offensichtlicher wurde, dass der Vater nicht bereit oder in der Lage war, seiner Tochter klarzumachen, wie wichtig ihm seine Beziehung zu der Frau war, und dass sein Kind immer an erster Stelle kommen würde, trennte sie sich von ihm. Bis heute versucht die Tochter, mittlerweile sechzehn, jegliche romantische Beziehung ihres Vaters zu torpedieren – und bisher hat sie alle Kandidatinnen erfolgreich verscheucht.

Die drei waren leicht als Patchworker im Versuchsstadium zu erkennen, denn das Verhalten des Kindes und seine Mimik machten jedem Beobachter klar, dass es sich hier beim besten Willen nicht um Vater-Mutter-Kind handeln konnte. In funktionierenden Zweitfamilien aber bekommt jeder sein Quantum Zuwendung und Wärme ab, so dass der Verwandtschaftsgrad dort keinesfalls an ausbleibenden Zärtlichkeitsbekundungen ablesbar ist. Tatsächlich sind manche Patchworker wahre Kuschelweltmeister, weil hier etwas bewusster als in klassischen Familien durch Gesten der Zärtlichkeit und der Zuwendung ausgedrückt wird, wie gern man sich hat, wie sehr man sich freut, einander zu sehen, oder das Einfachste und zugleich Schwierigste von allem zu kommunizieren: Ich akzeptiere und mag dich so, wie du bist. Ein um die Schultern gelegter Arm, ein Streicheln des Kopfes, eine kurze Umarmung können die Tonart eines ganzen Wochenendes von Moll nach Dur verändern – vorausgesetzt natürlich, dieser Kontakt ist erwünscht und wird von keiner Seite als übergriffig, aufgesetzt oder anbiedernd empfunden. Zwar sollte ein liebevoller Umgang in Familien selbstverständlich sein, aber wenn man sich nicht dauernd sieht, verflüchtigt sich diese Selbstverständlichkeit mitunter ebenso wie es nie selbstverständlich ist, einen Menschen, der nicht schon immer zur Familie gehörte, so zu umarmen und zu küssen, als täte er es. Diese Unbekümmertheit fehlt in Patch-work-Familien. Wenn hier zwei miteinander schmusen, die nicht von Anfang an dazu bestimmt waren, so ist das für alle Beteiligten ein bewusster Akt und kein Automatismus. Und eine Auszeichnung, für beide Seiten – über die man indes besser nicht spricht, um den Zauber nicht zu stören.

Kleine Typologie der Patchworker,
geordnet nach der Häufigkeit ihres Auftretens:

1. Der Klassiker: Frau oder Mann mit Kindern aus voriger Ehe/Beziehung findet neuen Partner noch ohne Anhang – spätere gemeinsame Kinder nicht ausgeschlossen. Dem Bundesfami-lienministerium zufolge gehen geschiedene Männer zwischen 35 und 49 im Vergleich zu ihren weiblichen Pendants häufiger und schneller wieder eine feste Bindung ein, und zwar vor allem mit jüngeren kinderlosen Frauen. Beispiele gibt es aus Boulevard und Hochkultur, Wirtschaft, Politik und Sport zuhauf, von Frank Sinatra über Tom Cruise bis Clint Eastwood, von Claudio Abbado über Siegfried Unseld bis Paul Auster, von Donald Trump bis George Soros, Gerhard Schröder bis Christian Wulff, Rafael van der Vart bis Boris Becker. Ebenfalls zahlreich sind Beispiele von neu gebundenen Müttern, von Heidi Klum über Michelle Hunziker und Mette-Marit von Norwegen bis hin zu Madonna. Aus Funk und Fernsehen kennt man Patchworker wie Charlotte Roche, Maybrit Illner oder Anke Engelke, Ulrich Wickert, Markus Lanz oder Richard David Precht.

2. Familie Kunterbunt: Mutter oder Vater mit Kindern aus einer oder mehreren vorigen Beziehungen tut sich zusammen mit einem neuen Partner in ähnlicher Situation. Es ergeben

sich Familien mit bis zu fünf verschiedenen Nachnamen, weil die älteren Kinder Müller, die mittleren Meier und die kleinen Schmidt heißen, während die Mutter, vormals Müller, dann Meier, entweder ihren Mädchennamen wieder angenommen hat oder sich nach ihrem jetzigen Mann Schmidt nennt. Dann heißt sie so wie seine Kinder aus früheren Beziehungen, mit denen sie indes nicht verwandt ist. Das sind die Familien, wo die eine Kinderpartei (meist die der Frau) zu Hause wohnt, und die andere (meist die des Mannes) an Wochenenden und in den Ferien dazustößt. Bekannte Beispiele reichen von Jackie Kennedy und Aristoteles Onassis über Nigella Lawson und Charles Saatchi bis hin zu Nicolas Sarkozy und Carla Bruni und einst François Hollande und Valérie Trierweiler.

3. Golden Patchwork: wie 1 oder 2, mit dem Unterschied, dass der Nachwuchs bereits mehr oder minder aus dem Haus ist, also studiert oder im Berufsleben steht. Für die Partner stellt sich die Frage nach weiteren Kindern nicht mehr. Berühmte Beispiele: Charles und Camilla, Duke und Duchess of Cambridge, Angela Merkel und Joachim Sauer oder Paul McCartney und Nancy Shevell.

4. Patchwork by Accident: Eine relativ neue, sich aber rasant vermehrende Form von Stückelfamilie. Hier war die Familiengründung nicht beabsichtigt, sondern hat sich eingestellt als Folge einer flüchtigen Affäre oder eines One Night Stand, und die Beteiligten sind übereingekommen, sich das Sorgerecht zu teilen. Da hier keine Liebesbeziehung am Anfang stand, ist auch das Patchwork emotional wenig belastet, insofern erleben die Kinder keine Trennung, sondern wachsen ganz selbstverständlich abwechselnd bei Mutter und Vater auf – und haben oft von vornherein vier Eltern, weil beide feste andere Partner haben. Der Schauspieler Hugh Grant ist

auf diese Weise Vater geworden, und Boris Becker kam so zu seiner Tochter Anna – dennoch sind für dieses Modell wenig bekannte Beispiele zu verzeichnen, weil nun mal niemand gern an die große Glocke hängt, dass er zwar sein Kind über alles liebt, aber mit dessen Mutter oder Vater nicht wesentlich mehr ausgetauscht hat als Körperflüssigkeiten.

5. Patchwork mit Trauerflor: der frühere Klassiker. Mutter oder Vater sind gestorben, und das oder die Kinder wachsen beim verbleibenden Elternteil und dessen neuem Partner auf. Bis heute ist dies die beliebteste Patchwork-Form in Romanen, Film und Fernsehen, doch in der Realität nicht mehr gar so häufig. Die verwitwete Caroline von Monaco bildet mit ihrem zweiten Mann Ernst August von Hannover eine solche Paarung. Was Vollwaisen (wie Oliver Twist, David Copperfield, Tom Sawyer, Harry Potter oder Timm Thaler) angeht, so sind deren Zweitfamilien so wenig wie die Familien von Adoptivkindern nicht notwendig den Patchworkern zuzurechnen. Angelina Jolie und Brad Pitt etwa bilden mit ihren leiblichen und adoptierten Kindern eine klassische Familie, während Mia Farrow nach ihren Ehen mit André Previn und Woody Allen Mutter von vier leiblichen sowie zehn Adoptivkindern eine nicht nur zahlenmäßig imposante Patchwork-Familie vorzuweisen hat.

Neben diesen fünf Hauptmodellen, die es natürlich ebenso in homosexuellen Partnerschaften gibt, existieren zahlreiche Mischformen: Viele folgen zunächst Modell 1 und hoffen dann, wenn dieses nicht hält, auf Modell 3, oder sie durchleben Modell 2 und erleben nach der Trennung von der Zweitfamilie Modell 1, wo sie als einzige Partei Nachwuchs mitbringen.

»Das Vertrauen eines Kindes zu gewinnen
ist vielleicht eines der größten Geschenke,
die das Leben zu bieten hat.«
Jesper Juul

Wenn man in eine Familie hineinkatapultiert wird, in der es
bereits Regeln und Gesetze gibt, ist man zunächst einmal froh,
wenn nicht allzu viel schiefgeht. Gerade die ersten Monate
waren voller Premieren: das erste Mal, dass ich den Kindern
einen Gutenachtkuss gab; das erste Mal, als ich sie allein vom
Flughafen abholte, weil ihr Vater noch einen Termin hatte; das
erste Mal, dass ich ihr Lieblingsgericht kochte; das erste Mal,
dass ich ihnen im Bett vorlas und so weiter. All diese an sich unspektakulären Akte der Zuwendung erhalten eine besondere
Bedeutung, wenn man sie als jemand tut, der vor kurzem noch
ein völlig Fremder war. Denn in jeder dieser Gesten steckt Intimität. Von einem bloßen Babysitter erwartet kein Kind, dass sie
oder er die Nudeln genauso zubereiten kann wie Papi; aber
wenn sich die angehende Zweitmutter darum bemüht, liegt die
Messlatte höher. Insofern waren all diese Premieren mit Lam-
penfieber verbunden und dem Wissen, dass zwischen Applaus
und Buhrufen des kapriziösen Publikums manchmal nur ein
Spritzer Zitrone oder die richtige Intonation der Stimme von
»Räuber Grabsch« liegt.

Jede Familie hat ihre eigenen Gesetze, feste und ungeschrie-
bene wie auch solche, die immer wieder neu verhandelt werden. Wer bisher maximal zu zweit und unter Erwachsenen
gelebt hat, macht sich keine Vorstellungen davon, wie zentral
vermeintlich nebensächliche Fragen sein können wie die, wer
den Tisch deckt, wer ihn abräumt und wer den Abwasch erle-

digt. Die Antwort lautet in den allermeisten Fällen: Immer der, der fragt – in Patchwork-Situationen also der Neuankömmling.

Aus eigener Erfahrung kann ich nur davor warnen, die Diskussion von solchen und ähnlichen Ordnungsfragen als kleinlich von sich wegzuschieben und der Einfachheit halber selbst alles zu erledigen, ohne auf der Mithilfe der restlichen Mannschaft zu bestehen. Denn an diesen Service gewöhnen sich alle, außer man selbst, im Nu. Aber halt – noch ist das angehende »Hotel Stiefmama« erst eine einfache Frühstückspension.

Denn die Verliebtheit in den Vater und seine Kinder bewirkte in meinem Fall, dass ich meine zahlreichen neuen Aufgaben nicht als lästige Pflichten, sondern als Auszeichnung empfand – eben als Beweise, dass ich von nun an in einem Team mitspielte, und das nicht bloß als Einwechsler auf der Ersatzbank. Für ein Einzelkind und eine Mannschaftssportversagerin wie mich räumten die ersten Monate und Jahre mit meiner Patchwork-Familie so manchen Selbstzweifel aus, den ich seit langem mit mir herumgetragen hatte. Ausgerechnet ich, die ich mich zunehmend für eine Einzelgängerin, wenn nicht Eigenbrötlerin gehalten hatte, erwies mich als erstaunlich anpassungsfähig und daher unkompliziert kompatibel mit der Lebensweise von gleich drei neuen Menschen. Es war fast so, als wäre ich wieder auf dem Internat, wo ich als Teil einer Gemeinschaft sehr glückliche Jahre verbracht habe. Auf Schritt und Tritt begleitete mich der Gedanke an meine neue Familie. Beim Einkaufen galt es nun, die Vorlieben und Abneigungen aller zu berücksichtigen, so dass ich plötzlich Dinge kaufte, von deren Existenz ich vorher nicht einmal gewusst hatte. Der Lohn waren leuchtende Augen, weil sich im Tiefkühlfach nicht mehr nur ausnahmsweise, sondern eigentlich immer das Lieblingseis der Kinder befand, weil ich lernte, wie man Spaghetti Bolognese besonders kinderfreundlich macht (eine große Portion Ketchup reinmischen) oder worüber Kinder sich wirklich freuen. Kurz: Die

Lust darauf, meine neue Familie zu überraschen und zu beschenken, kannte keine Grenzen.

Umgekehrt wurde aber auch ich verwöhnt: mit Liebe und Vertrauen. Alle Eltern kennen das Glücksgefühl, mit ihren Kindern Rituale zu zelebrieren, vom abendlichen Vorlesen bis hin zum adventlichen Plätzchenbacken. Für mich fiel auf diese und andere Bräuche obendrein der Glanz der Premiere, der alles zusätzlich vergoldete: das erste Mal, als ich sie mit ins Bett brachte, unser erster gemeinsamer Zoobesuch, wie sie mir vor der ersten Runde die Regeln von Lieblingsspielen wie »Mau-Mau« oder »Rummikub« erklärten. Das erste Mal, dass wir schwimmen gingen, ins Papageno-Theater zur Kinderoper, ein Picknick machten, auf Inlineskates am Main entlangfuhren. Aber es gab auch traurige Generalproben: das erste Mal, dass ich sie am späten Sonntagnachmittag mit an den Flughafen brachte, die Tränen in ihren Augen, als sie sich unter zig Umarmungen von ihrem Vater verabschiedeten, die niedergeschlagene Stimmung im Auto auf dem Weg zurück, die Stille in der nun wieder kinderleeren Wohnung. Das beklommene Gefühl, wenn wir ihnen bloß telefonisch zum Geburtstag gratulieren konnten, das erste Nach- oder Vorfeiern diverser Festtage.

Unser erster Streit war ebenfalls eine Premiere, an die ich nicht gern zurückdenke. Wie alle Patchworker wollten auch wir den Kindern an unseren gemeinsamen Wochenenden eine heile Welt bieten, wünschten uns, dass sie sich bei uns fallenlassen konnten, sich geborgen fühlten. Doch nach mehreren harmonischen Wochenenden zu viert brach irgendwann – ich glaube, es war an einem Sonntagmorgen – ein Disput zwischen ihrem Vater und mir aus. Es ging darum, dass er den Kindern irgendetwas untersagt hatte, von dem ich fand, es sei nicht so schlimm, und das ich durch meine milde Reaktion sanktioniert hatte. Die zutiefst erschrockenen Gesichter der Kinder, als ihr Vater und ich plötzlich lautstark wurden, werde ich nie vergessen. In ihren Mienen stand nicht einfach nur Erstaunen darüber, dass plötzlich ein anderer Ton herrschte, sondern Schock. Den Rest des Tages fassten sie mich wie mit Samthandschuhen an und bemühten sich, nur ja nichts falsch zu machen. Mehr als alles andere machte dieses Ereignis mir klar, wie tief die Trennung der Eltern in ihnen saß und sitzt und wie bedrohlich ihnen jegliche neuerliche Veränderung des mühsam wiedererlangten Status quo erscheinen musste. Diese Erkenntnis war wiederum für mich ein Schock. Seither bemühe auch ich mich darum, möglichst nicht vor den Kindern eine Diskussion vom Zaun zu brechen, auch wenn sie darin mittlerweile längst kein solches Drama mehr sehen.

Dinner für Vier?
Vom Wechsel zwischen Großfamilie und Zweisamkeit

Patchwork bedeutet, dass immer eine Seite »kinderfrei« hat, was sowohl ein Wochenende wie einen ganzen Urlaub lang ein höchst erbaulicher Zustand sein kann – es sei denn, man gehört zu jenen Familien, wo beide Partner ihre Kinder nur zeitweise und immer abwechselnd dahaben, weil es als ganzer Trupp nicht funktioniert. Meistens aber versuchen auch jene Patchworker, bei denen beide Partner Kinder aus früheren Beziehungen mitbringen, die Familienzeiten so zu koordinieren, dass man dazwischen immer auch mal miteinander allein ist.

Wenngleich es zumal in der ersten Zeit nach einer Trennung ungewohnt und schmerzhaft ist, ohne die Kinder zu sein, geben die meisten Eltern nach einer Weile doch zu, dass sie es durchaus genießen, einmal keine Rücksicht nehmen zu müssen – endlich wieder ausschlafen zu dürfen, Unternehmungen planen zu können, ohne erst einen Babysitter organisieren zu müssen, einfach spontan sein zu können.

Fast alle Patchworker leben auf diese Weise einen Spagat

zwischen romantischer Zweierbeziehung und totaler Familie. Diese dauernde Umstellung ist vor allem für jene angehenden Stiefmütter und -väter gewöhnungsbedürftig, die selbst keine Kinder haben. Ein Wochenende verbringt man sorglos und vergnügt wie frisch verliebte Teenager; sieben Tage später muss man aufpassen, dass man nicht nackt auf dem Weg ins Bad – oder gar unter der Bettdecke – erwischt wird. Ein Wochenende lang hat der neue Partner nur Augen und Ohren für die Liebste, sieben Tage später gilt seine Aufmerksamkeit primär den Kindern. Mal ist an Samstag und Sonntag Zeit für Kino, Theater, Lektüre und Treffen mit Freunden; dann wieder dominieren Zeichentrick, Brettspiele und Kindermenüs das Wochenende.

Anstrengend an diesem Pendelzustand ist meiner Erfahrung nach vor allem, dass er nicht temporär ist. Zu Beginn meint man, sobald sich alle eingewöhnt hätten, werde eine Art Alltag Einzug halten, aber die Wahrheit ist, dass das Ausnahmegefühl über Jahre bestehen bleibt. Denn welcher von beiden Zuständen ist der »normale«? Natürlich ist es für den Familienneuzugang sehr viel einfacher, die ungestörte Zweisamkeit als normal zu empfinden als die Tage, die im Zeichen der Kinder stehen, aber für den Partner ist wahrscheinlich die Zeit als Familie, also mit den Kindern, die eigentliche. Wo der eine innerlich einen Seufzer der Erleichterung tut, wenn die Kinder wieder weg sind und mit ihnen Unordnung und Chaos, ist der andere niedergeschlagen und empfindet die Wohnung als schmerzlich leer und leise. Unbewusst geht es den meisten kinderlosen Stiefmüttern und -vätern so, dass sie die Kinderzeit unter »Ausnahme« einsortieren – was auch damit zu tun hat, dass sie ihre eigene Rolle ihnen gegenüber erst allmählich erwerben müssen.

Theoretisch weiß man, worauf man sich einlässt, aber praktisch braucht man Zeit, um es herauszufinden. Auch bei mir sickerte erst mit den Monaten und Jahren ein, dass ich mein Leben mit meinem Mann nie als separat von seinen Kindern würde betrachten können. Und dass es unfair wäre, zu erwarten, dass er unserer Liebesbeziehung den Vorzug über seinen Kindern geben würde, sondern dass beide auf ihre Art gleichberechtigt sind und sein müssen. Diese Erkenntnis tritt allerdings in vielen Fällen ungefähr zu dem Zeitpunkt ein, wo die erste leidenschaftliche Verliebtheit einem anderen, hoffentlich beständigeren Zusammengehörigkeitsgefühl weicht, und bewirkt eine Desillusion, die in ihrer Heftigkeit für die Umgebung kaum nachzuvollziehen ist. Sicher: Nach zwei oder drei Jahren engagierter Wochenendelternschaft plötzlich zu erklären, dass man sich das alles so nicht vorgestellt habe, muss auf den Partner befremdlich wirken. Doch Familienwissenschaftler bestätigen, dass Zweitfamilien in der Regel mehrere Jahre brauchen, um zu einer glücklichen Gemeinschaft zusammenzuwachsen. Denn während der Neuzugang sich mit seinem Partner etwas Eigenes aufbauen wolle, bestimme vor allem dessen Vergangenheit die Gegenwart der Beziehung: daher das Ohnmachtsgefühl vieler Stiefmütter und -väter in Secondhand-Familien.

Der frühere Single hat, was die Kinder angeht, fast immer eine andere Zeitempfindlichkeit als deren leibliche Eltern. Hinzu kommt, dass das Neuigkeitsgefühl des Ganzen in der Eingewöhnungsphase vieles andere überdeckt. Eigene Bedürfnisse gegenüber denen der Kinder zurückzustellen, erscheint da ganz normal und fällt einem selbst womöglich sogar erst als Letztes auf. Nach ein oder zwei gemeinsamen Urlauben kann man zwar ahnen, was es bedeutet, von nun an alle Ferien als Familie zu verbringen – wirklich begreifen wird man es aber erst beim fünften, sechsten oder siebten Mal. Denn erst mit der Zeit wird einem bewusst, dass das Wechselspiel zwischen Anpassung und Eigenständigkeit die eigentliche Herausforderung von Patchwork bleibt. Wie sehr man sich auf die anderen einstellt, und wie sehr diese umgekehrt auf einen selbst – da die richtige Balance zu finden, entscheidet zwischen Familienglück und Unglück.

Deswegen ist es riskant, sich als Mutter oder Vater mit Anhang nach ein, zwei guten ersten Patchwork-Jahren in Sicherheit zu wiegen und zu glauben, die Bewährungsprobe sei geschafft. Die Beanspruchung durch eine neue Familie ist so enorm, dass der Partner oft gar nicht merkt, wie wenig von seinem früheren Leben er mitgenommen hat, so dass der Katzenjammer darüber erst verspätet einsetzt. Meiner Erfahrung nach kommt das eigentliche Gefühl von »Ich kann nicht mehr!« erst dann, wenn niemand mehr damit rechnet und alles gerade fabelhaft eingespielt scheint. Allerspätestens dann ist es höchste Zeit, dem Stiefelternteil etwas mehr Freiraum zu lassen und vielleicht auch mal ein Wochenende oder eine Urlaubswoche ohne sie oder ihn zu planen. Darüber freuen sich dann auch die Kinder, denn bei aller Liebe geht doch nichts über etwas ungestörte Papi- oder Mamizeit – so wenig wie über einige ungestörte Tage als Paar ohne Kinder.

Überhaupt: Zeit mit Mama oder Papa. Das ist es, was viele Kinder in Patchwork-Situationen am meisten vermissen – und nicht zu sagen wagen, aus Furcht, den neuen Partner mit diesem Wunsch zu brüskieren und damit auch den leiblichen Elternteil zu verärgern. Gerade Männer neigen dazu, die neue Partnerin immerzu einbinden und dabeihaben zu wollen, so dass für die Kinder der eigene Zugang zum Vater wie versperrt scheint. Das bedeutet, dass bestimmte Gespräche nicht stattfinden, dass bestimmte Themen nicht angesprochen, bestimmte Wahrheiten (zumal solche, die die neue Situation betreffen) nicht ausgesprochen werden können. Geschichten von Patchworkern strotzen nur so von Erzählungen darüber, was man im Nachhinein anders hätte machen sollen – und einer der häufigsten Punkte ist die Klage darüber, dass es Mama oder Papa plötzlich nur noch im Doppelpack mit dem neuen Partner gab. So etwa schreibt Evelyn Roll in ihrem Porträt der Patchwork-Familie Seidenstricker aus Bielefeld: »Seit es Nicole gab, existierte für die Kinder ein Papa ohne Nicole nicht mehr. Das fanden die Kinder falsch. Das sagten sie schließlich auch. Aber nicht gleich. ›Wir hatten ja keine andere Wahl. Wir wollten unseren Papa. Und wie wir unseren Papa wollten. Wenn wir ihn aber wollten, mussten wir sie mitnehmen. Sie war immer dabei.‹«

So oder so ähnlich klingen viele Beschwerden von Patchwork-Kindern. Unternehmungen des leiblichen Elternteils allein mit seinen Kindern sind aber auch entlastend für den Partner, von dem die Kinder dann weniger den Eindruck haben, dass sie ihm oder er ihnen aufgezwungen wird. Im Übrigen ist die Freude an exklusiver gemeinsamer Zeit keineswegs auf den leiblichen Elternteil beschränkt. Bis heute genieße ich es, ab und an einen Nachmittag oder Abend allein mit einem der Kinder oder mit beiden zu verbringen. Die Dinge, die wir uns dann erzählen, gehen keinen etwas an, nicht einmal ihren Vater. Teil einer eingeschworenen Gemeinschaft zu sein kann nämlich auch wildromantisch sein.

Unmögliche Fragen, haarsträubende Sätze:
Die Waffen der Kinder
1. Folge: »Sag mal, wie findest du eigentlich die Mami?«

»Familie ist eine verschärfte Form von Öffentlichkeit.«
Oscar Wilde

Das meistfrequentierte Fettnäpfchen der ersten Monate ist bei den meisten Patchworkern das Gespräch über den abwesenden Elternteil. Da ein latenter bis akuter Restgroll auf den jeweils anderen bei getrennten Eltern wohl noch häufiger vorkommt als bei allen anderen geschiedenen Paaren, ist die Versuchung groß, bei Streitthemen auch vor den Kindern vehement Partei für den eigenen, verletzten Partner zu ergreifen und sich zu

einer unfreundlichen Bemerkung über die oder den Ex hinrei-
ßen zu lassen. Natürlich bereut man so einen Ausrutscher meist
sofort, doch einmal Gesagtes lässt sich schlecht ungeschehen
machen. Es gehört Disziplin dazu, sich immer wieder bewusst
zu machen, dass man mit unvorsichtigen und emotional außerdem übergriffigen Kommentaren gerade nicht dem früheren
Lebensmenschen des eigenen Partners eins auswischt, sondern
in erster Linie die Mutter oder den Vater der Kinder angreift.
Dazu aber hat man als neu hinzugekommenes Familienmitglied kein Recht. Vor allem aber treibt nichts schneller und
effektiver einen Keil zwischen die Kernfamilie und den Neuzugang als dieses Verhalten. Eindrucksvoll bewies dies die landes-
weite Empörung, die das »Tweetgate« von Valérie Trierweiler,
der Lebensgefährtin von Frankreichs Präsident François Hollande, hervorrief. Nachdem Trierweiler es nötig gefunden
hatte, sich via Twitter für den politischen Konkurrenten von
Ségolène Royal und damit gegen die Ex-Frau von Hollande
und die Mutter seiner vier Kinder auszusprechen, sollen diese
verständlicherweise außer sich gewesen sein. Auch für den Prä-
sidenten Frankreichs mag es den Ausschlag gegeben haben, per
Motorroller neue amouröse Wege zu gehen.

Neutralität, eine von Freunden und Bekannten angesichts
einer Trennung bevorzugt eingenommene und dann oft nicht
sehr brauchbare Haltung, kann unter angehenden Stiefmüttern
und -vätern endlich einmal als Tugend gelten. Alternativ kann
man seine Empörung hinunterschlucken, bis die Kinder außer
Hörweite sind, und erst dann Dampf ablassen. »Pas devant les
enfants«: Was Kommentare über die oder den Ex angeht, macht
die Maxime aller wohlerzogenen Eltern endlich einmal Sinn.

Anders als seine Kinder, die einen gern mit Sätzen wie
»Meine Mami kann das aber besser« oder »Meine Mama sagt,
du sollst das nicht so machen« aus der Fassung bringen, wird
der Vater vermutlich selten bis nie in glorifizierender Weise
über seine Ex-Frau sprechen. Gerade wenn man an einen ziem-

lich frisch geschiedenen Teilzeit-Vater gerät, klingt in den Geschichten die Ex eher wie die Inkarnation des Bösen. Abgesehen davon, dass man sich mitunter fragt, wie zwei Menschen, die einander so verabscheuen, je heiraten, geschweige denn gemeinsam Kinder in die Welt setzen konnten, ist es dennoch unwahrscheinlich, dass der Partner, jenseits von stets willkommenen Loyalitäts- und Sympathiebekundungen, eine heftige Abneigung der neuen gegen die alte Partnerin wecken will, auch wenn man versucht sein mag, genau das anzunehmen. Man sollte sich nicht einmischen. Sonst endet man als das, was die Amerikaner so plastisch als *Backseat Driver* bezeichnen: nämlich als jemand, der ungebeten besserwisserische Kommentare in Situationen ablässt, in denen er wenig bis keine erwiesene eigene Kompetenz besitzt. Ungefähr das kommt dabei heraus, wenn man sich als Nicht-Mutter über den Erziehungsstil der leiblichen Mutter der Kinder erhebt.

Das erste Jahr über, als die Kinder mit ihrer Mutter und ihrem Stiefvater in einer anderen Stadt wohnten, hatte ich einen großen Vorteil gegenüber den meisten Patchworkern, der mir allerdings erst im Nachhinein als solcher bewusst wurde: Ich hatte während meiner Eingewöhnungszeit praktisch keinen Kontakt mit ihrer Mutter. Fast alle Bücher, die es zum Thema gibt, arbeiten sich ab an dem schwierigen Verhältnis zwischen leiblicher Mutter und Stiefmutter. Das geht los mit dem Abholen und Gebrachtwerden der Kinder und dem dazugehörigen Informationsaustausch, zumal, wenn die Kinder noch klein sind – denk an den Hustensaft für A und die Vitamine für B, A darf zur Zeit dies nicht und B jenes nicht, hier ist eine Liste der anstehenden Hausaufgaben, bitte nicht so viel Fernsehen und lasst die Kinder nicht so lange aufbleiben etc. und ist mit dauernden Kontrollanrufen oder SMS auf dem Handy des Vaters noch lange nicht vorbei. Das alles blieb mir erspart. Weder musste ich, was die Kinder anging, detaillierte Anweisungen befolgen noch Aufgabenlisten abarbeiten. Ich musste sie nicht am Sonntagnachmittag heimbringen und den prüfenden Blick lang warten, ob sie auch noch heil waren, oder hochgezogene Augenbrauen wegen der verdreckten Schuhe oder dem Tomatensaucenfleck auf dem Lieblings-T-Shirt über mich ergehen lassen. Da die Sphären von Mutter und Vater getrennt waren, erntete ich von Seiten der Mutter weder Anerkennung noch Missbilligung. Und dadurch, dass die Kinder von Haustür zu Haustür mindestens vier Stunden unterwegs waren, hatten auch sie Zeit, sich von den Regeln und Gesetzmäßigkeiten der einen Welt auf die der anderen einzustellen. So mühsam und aufwendig die Organisation der Wochenenden war, so boten sie doch kaum Reibungsfläche – und damit keinen Grund für kritische Bemerkungen auf beiden Seiten. Davon profitierte nicht nur ich, sondern auch mein Verhältnis zu den Kindern.

Der dänische Familientherapeut Jesper Juul hat dem heiklen Thema in seinem Patchwork-Ratgeber »Aus Stiefeltern werden Bonuseltern« mit »Die Ex, die Hex« ein eigenes Kapitel gewidmet. »Es gibt nur wenige Begebenheiten im Leben eines Menschen, die im selben Maße das zutage fördern, was sich unter unserer zivilisierten Oberfläche verbirgt, wie eine Scheidung«, stellt Juul fest, und rät dazu, behutsam eigenen Kontakt zu dem anderen Elternteil aufzunehmen – »vorausgesetzt, Sie waren nicht die Ursache für das Scheitern der vorherigen Beziehung«. In diesen Fällen ist jeglicher Kontakt kontaminiert von Verletzungen und Schuldgefühlen. Vor allem aber weist Juul darauf hin, dass der neue Partner sich nicht mit moralischen Urteilen in das frühere Leben einmischen sollte, zumal der oder die Ex immer auch Teil der eigenen Patchwork-Familie sein wird. Es liegt am Verhalten aller Beteiligten, ob sich dieses Verhältnis geklärt und entspannt gestaltet oder unversöhnlich und voller Misstrauen. Wenn es allen um das Wohl der Kinder geht, fallen persönliche Sympathien oder Abneigungen wenig ins Gewicht.

Ich hatte das Glück, dass die Kinder meines Mannes mich

diesbezüglich von Anfang an mindestens so sehr erzogen haben wie umgekehrt. Da ihre Eltern schon seit fünf Jahren getrennt waren, als ich in ihr Leben trat, hatten sie bereits Erfahrung mit Nachrückern, also mehr oder weniger familiär ambitionierten Freundinnen und Freunden. Als nach einigen Wochen einmal das Gespräch auf die letzte Flamme ihres Vaters kam, hieß es so lapidar wie unmissverständlich: »Die war nett, aber mehr auch nicht.« Etwas erschrocken ob dieses strengen Urteils, fragte ich vorsichtig nach den Gründen. »Die hat immer so böse über unsere Mami geredet«, lautete die Antwort. Das ließ ich mir eine Warnung sein. Außerdem geht es in Patchwork-Familien zu wie in allen Clans: Kritisch über die eigenen Eltern darf man sich nur selbst äußern, aber keinesfalls ein Außenstehender. Außerdem hilft es, sich immer wieder klarzumachen, dass alle Kinder eine Mischung aus beiden Eltern sind, man also, wenn man seine Stiefkinder liebt, letztlich auch den abwesenden Partner in ihnen mit einschließt.

Natürlich besteht auf der Gegenseite ein berechtigtes Interesse, möglichst viel über den oder die Neue zu erfahren, der da plötzlich im Leben der eigenen Kinder Einzug gehalten hat. Das Problem liegt darin, dass dafür meist die Kinder als Informationsquelle angezapft werden, die dann plötzlich Antworten auf Fragen einholen sollen, denen sie nicht unbedingt gewachsen sind. Eine Bekannte von mir, ein Bankerin, wurde einmal von der vierjährigen Tochter ihres Freundes mit angestrengtem Stirnrunzeln gefragt, ob sie »Akten« verkaufe, ob ihre Eltern reich seien und sie demnach viel »erbsen« würde und ob ihre blonden Haare echt wären. Als die Befragte sich erkundigte, wieso das wichtig sei, zuckte das Kind die Schultern und sagte, ihre Mutter wolle das wissen, auch noch ganz viele andere Dinge, die sie aber leider vergessen hätte. Aufschlussreich sind auch Fragen nach hierarchischer Position, Einkommen oder der genauen Adresse der eigenen Wohnung. Selbst unverfängliche Bemerkungen wie: »Schicke Tasche, ist die neu?« bekommen, von einem Kindermund ausgesprochen, plötzlich das Gewicht eines Verhörs. Denn an Anschaffungen, Urlaubsbudgets oder Geschenken mag der jeweils andere Teil etwas ganz anderes ablesen, etwa: »Aha, mir zahlt er nur ein Minimum an Unterhalt, aber dafür hat er Geld!«

Bezeichnend ist auch das Erlebnis einer Freundin, kurz nachdem sie und ihr Partner seinen Sohn gefragt hatten, ob er einverstanden wäre, wenn sie heiraten würden. Der Junge war begeistert und wollte gleich seine Mutter anrufen, um ihr die Neuigkeit zu erzählen. Kaum hatte er die Hochzeitspläne freudestrahlend verkündet, lauschte er angestrengt ins Handy, schaute dann auf einmal erschrocken von seinem Vater zu seiner angehenden Stiefmutter und sagte verdutzt in den Hörer: »Nein, Mama, ich glaub nicht, dass die Marion schwanger ist, jedenfalls haben sie davon nichts gesagt.«

Merke: Als Mütter haben Ex-Frauen das Recht, jederzeit anzurufen, mitten in der Nacht SMS zu schicken, die Kinder deutlich früher oder später als abgemacht abzuholen und bei dieser Gelegenheit die Wohnung auch uneingeladen zu betreten und sich gründlich umzuschauen. Und ja, das gilt auch am Sonntagmorgen, wenn Sie noch im Nachthemd sind. Das Recht darauf, das väterliche Revier genau zu mustern, ist mit den Kindern angeboren. Es lohnt sich nicht, sich darüber aufzuregen. Die Mutter meiner Stiefkinder weiß sowieso alles über mich, denn sie erhält seit Jahren Berichte aus erster Hand. Was ich trage, esse oder kaufe sind dabei die unverfänglichen Informationen. Sie weiß, was mich aufregt, worüber ich mich freue und worüber ich mir Sorgen mache. Die NSA ist daneben vergleichsweise schlecht informiert. Anfangs hat mir das Kopfzerbrechen bereitet, doch inzwischen vertraue ich ihr – und meinen Stiefkindern sowieso. Es gibt fast nichts, was sie nicht fragen oder wissen dürfen, es sei denn, es würde sie unnötig belasten oder betrifft sie nicht. Und außerdem muss man sich nur einmal in die Situation der anderen versetzen, um festzustellen, dass es nur normal ist, wenn sich die Ex fragt, was man als Co-Mutter taugt: das ist ihr gutes Recht. Viel schlimmer ist, dass es auch sonst jeder tut.

Generalprobe für die Zukunft:
Das erste Familienfest in neuer Besetzung

Auf die Frage, wann ich eigentlich ihre Stiefmutter wurde, antworteten die Kinder neulich nach allerlei Herumgeblödel, gefolgt von kurzem Nachdenken, einhellig: »In unseren ersten Osterferien«, also während unserer ersten längeren Zeit zusammen, rund um die ersten gemeinsam verbrachten Feiertage und irgendwann zwischen dem ersten Kennenlernen und der Hochzeit mit ihrem Vater. Dass wir die Kinder gegen Ende dieser ersten gemeinsamen Ferien gefragt haben, ob sie damit einverstanden wären, wenn wir heirateten, mag dem Eindruck der Permanenz zusätzlich auf die Sprünge geholfen haben. Ich selbst kann den Moment, in dem das Zusammensein mit den drei neuen Menschen in meinem Leben von einem Abenteuer mit Turboleneffekt plötzlich zu etwas Vertrautem, Eingespieltem wurde, eben zu einer Art Normalität, auch nicht exakt benennen, aber von den vielen Erfahrungen und Ereignissen, die einen als Familie definieren und bestätigen, war das erste gemeinsame Osterfest sicherlich ein Meilenstein.

Für alle von vorneherein unbeschwerter wurde die ganze Unternehmung dadurch, dass wir in diesen zwei Ferienwochen nicht bloß zu viert waren, sondern vielmehr eine kleine Einheit innerhalb einer großen Familie bildeten, mit Tante und Onkel und Cousinen und Cousins, dass wir außerdem nicht daheim in Frankfurt, sondern in einem Hotel in den Bergen waren und dazu dauernd an der frischen Luft. Eingebettet in einen größeren familiären Kreis, in Unternehmungen und eine andere Umgebung, erwies sich, dass wir tatsächlich eine Familie waren. Es zeigte sich an Kleinigkeiten. Ich merkte es daran, dass die Kinder statt zu ihrer heißgeliebten Tante plötzlich zu mir kamen, wenn sie sich weh getan oder gezankt hatten oder wenn sie sonst etwas brauchten – Geld, eine kurze Streicheleinheit oder den Zimmerschlüssel. Und ich spürte es an dem Respekt, mit dem mich ihre Cousinen und Cousins behandelten. Sie nahmen mich ernst und respektierten mich als gleichberechtigte Elternfigur neben ihrem Onkel. Es war klar, dass sie mich nicht als vorübergehendes Phänomen oder als bloße Begleiterscheinung betrachteten, sondern als dazugehörig. So wurde dieses zum großartigsten Ostern meines Lebens – jedenfalls bis zum Eier- und Geschenkesuchen am Sonntagmorgen, als ich das eilig zusammengeklebte Bastelpräsent der Kinder so enthusiastisch wie unschuldig ihrer dreijährigen Cousine zuschrieb und lange Gesichter erntete. So ein Fauxpas würde echten Eltern nie unterlaufen!

Natürlich haben die Kinder ihre Mutter vermisst – in diesen ersten wie in allen weiteren Ferien, die wir zusammen verbracht haben. Wann immer sie länger von ihr getrennt waren als die gewohnten zweieinhalb Tage an Wochenenden, hatten sie Heimweh und akute Mami-Sehnsucht. Am Anfang fürchtete ich, es hätte etwas mit mir zu tun, wenn ich hörte, wie sie ein ums andere Mal am Telefon sagten: »Mami, ich vermisse dich so!« oder wenn sie abends im Bett leise weinten, doch mit der Zeit habe ich verstanden, dass das Vermissen des abwesenden Elternteils keine Kritik an den Anwesenden bedeutet, sondern zur Natur der Situation gehört – und dass es wichtig ist, sie spüren zu lassen, dass man ihre Gefühle versteht und respektiert. Kinder, die ihre beiden Eltern nie gleichzeitig um sich haben, fehlt immer jemand, und je erfüllter sie von den Tagen sind, umso mehr wird ihnen bewusst, dass sie dieses Glück oder die Erlebnisse mit dem jeweils Abwesenden nur eingeschränkt teilen können. Auch darf man nicht das schlechte Gewissen unterschätzen, das sie unwillkürlich haben, wenn sie sich fern des anderen Elternteils amusieren, besonders, wenn es mit jemandem ist, den Mutter oder Vater womöglich auch als Konkurrenz wahrnehmen. Sobald ihnen dann Mami oder Papi wieder einfallen, suchen sie durch Liebesbekundungen die Ungerechtigkeit der Situation und den Eindruck der eigenen Illoyalität auszubalancieren. Das ist ein ganz natürlicher Vorgang, und es wäre fatal, das Schuldgefühl der Kinder noch zu verstärken, indem man ihnen seinerseits signalisiert, dass man über ihr Verhalten enttäuscht ist, oder sie gereizt zu fragen, ob ihnen der Tag denn nicht gefallen habe.

Auch, wenn es manchmal hart mit anzusehen war, weil ich nichts dagegen tun konnte, war ich letztlich immer froh, dass die Kinder keinen Hehl daraus gemacht haben, dass sie ihre Mutter vermissen, auch wenn die ein oder andere Träne sicher schnell weggewischt wurde, um ihren Vater und mich nicht traurig zu stimmen. Es gab aber auch den umgekehrten Fall, dass sie ihren Vater akut vermissten, wenn sie mit ihrer Mutter unterwegs waren, und spätabends mit kleiner Stimme anriefen. Hautnah spürt man in solchen Momenten, dass Scheidungskinder sich immer nach etwas sehnen, was es nicht mehr geben kann, nämlich die selbstverständliche körperliche Anwesenheit beider Eltern. Das kann keine neue Bezugsperson, so lieb und verständnisvoll sie auch sein mag, ersetzen.

Unmögliche Fragen, unmögliche Sätze:
Die Waffen der Kinder
2. Folge: »Meine Mutter macht das aber nicht so!«

Just wenn man glaubt, den Patchwork-Dreh einigermaßen rauszuhaben, bringt einen die Lieblingsbemerkung aller Stiefkinder aus der Fassung. Sie lautet: »Meine Mutter macht das ganz anders!«, und sie wird bei allen passenden und unpassenden Gelegenheiten eingesetzt, vom Anziehen übers Vorlesen bis zum Kochen, aber auch bei Themen, die gar nichts mit Kindern zu tun haben, wie Frisur (»Also meine Mama ist ja *natur*-blond«), Make-up, Garderobe oder aber, bei Männern, von Sport (»Mein Papa fährt praktisch *nur* schwarze Pisten«) über Rasenmähen oder Grillen bis hin zum Einparken. Was ihren Hang zu Vergleichen angeht, sind Kinder die geborenen Kritiker, mit dem Unterschied, dass man beim Vergleich mit der richtigen Mutter von vorneherein eigentlich nur verlieren kann. Alle Sätze, die mit »meine Mama« beginnen, enden mit einem K.-o.-Schlag. Mit der Zeit sieht man manche von ihnen schon kommen, in einem bestimmten Blick, einer angewidert gekräuselten Nase oder einer gerunzelten Kinderstirn, aber man glaube bloß nicht, dass man dem Unvermeidlichen mit einem vorauseilenden »Ich weiß, deine Mami schmiert die Pausenbrote ganz anders« oder »Ich weiß, deine Mama ist viel geschickter darin, dir das Shampoo aus den Haaren zu spülen« den Wind aus den Segeln nehmen kann, ebenso wenig wie mit einem brutalen Konter à la: »Tja, aber wenn ich alles so machen würde wie deine Mutter, wären dein Papi und ich bald geschiedene Leute!« Die Momente, in denen Patchwork sich anfühlt wie ein Mama-Wettbewerb, bei dem der Verlierer bereits feststeht, sind quälend und nervenaufreibend. Insofern kann man nichts Besseres tun, als den Kindern (und sich selbst) immer wieder klarzumachen, dass man es von vorneherein gar nicht so machen will wie ihre Mutter, sondern so wie man selbst.

Was das bedeutet, muss man aber erst einmal herausfinden, und zwar möglichst unauffällig, und obwohl einen mitunter das Gefühl beschleicht, ständig im Fokus einer unsichtbaren Überwachungskamera zu stehen. Gefilmt wird durch die Augen der Kinder; Regisseurin, Cutterin, Produzentin und Publikum des Streifens aber ist die Mutter. Und die Hauptfigur ist niemand anderes als die ungeübte, vorurteilsbeladene Stiefmutter, je nach Perspektive und Tagesform eine Mischung aus zauberhaftem Kindermädchen wie Nanny McPhee oder Mary Poppins und der welpengefährdenden Cruella DeVill aus Disneys »101 Dalmatiner«.

Nun ist Patchwork ja gleichbedeutend mit Elternschaft ohne Bauch, Dehnungsstreifen und Wehen, also eigentlich etwas Wunderbares. Doch gerade aufgrund dieser mühelosen Akquisition von Nachwuchs haben Stiefmütter mit vielen Vorurteilen zu kämpfen, nicht zuletzt ihren eigenen. Am offensichtlichsten aber ist die Voreingenommenheit von »echten« Müttern, und denen begegnet man als Teilzeitmutter am ehesten auf Spielplätzen, in Kinderarztpraxen oder bei Elternabenden. Eine Freundin begleitete ihren Stiefsohn einmal zum Fußball und feuerte ihn vom Spielfeldrand an. Eine andere Mutter sprach sie an: »Ich habe Sie hier noch nie gesehen. Welcher ist denn Ihrer?« Enthusiastisch deutete meine Freundin auf ihren matschverschmierten Stiefsohn. »Conrad? Aber ich dachte …« »Ja, natürlich, er ist Tinas Sohn. Ich bin seine Stiefmutter.« Damit war das Gespräch beendet. Meine Freundin tröstete sich damit, dass sie es nach jahrelangem Üben endlich geschafft hatte, bei dem Satz »Ich bin seine Stiefmutter« immerhin das beschwichtigende »nur« wegzulassen.

Als Stiefmutter neigt man dazu, sein Licht unter den Scheffel zu stellen, weil man meint, keinen Anspruch auf elterlichen Stolz zu haben, ebenso wenig wie auf elterliche Erschöpfung, Frustration und Stress. Schließlich ist man ja vermeintlich »bloß« Mutter zweiten Grades, Ersatzbezugsperson, Hilfssheriff. Aber so fühlt es sich nicht an, wenn man Tag und Nacht mit einem Kind zusammen ist, es füttert, es tröstet, wenn es weint, es badet und ihm vorliest, wenn man zum x-ten Mal sein Lieblingsspiel mit ihm spielt, obwohl man eigentlich keine Lust und außerdem anderes zu tun hat, oder wenn man eigene Pflichten bis zum späten Abend aufschiebt, wenn das Kind schläft, und für seine Seligkeit ohne zu zögern eigenen Schlaf, eigene Freizeit und jede andere Form eigener Bequemlichkeit hingibt.

Umso frustrierender ist es, immer wieder festzustellen, dass man als Stiefmutter offenbar etwas ausstrahlt, das anderen Müttern extrem suspekt ist – und wenn es nur das Quentchen Ausgeschlafenheit oder die Verliebtheit in den Partner ist. Während Mütter sich bei Klassenfesten, Kindergeburtstagen oder anderen sozialen Gelegenheiten mit der Schnelligkeit und Entschiedenheit von Sekundenkleber zusammenschließen, ist man als Stiefmutter immer ein misstrauisch beäugter und betuschelter Außenseiter.

Im Mama-Club werden eben nur biologische, keine sozialen Mütter aufgenommen – vielleicht mit Ausnahme jener, die die Geduld und das Engagement einer Adoption auf sich genommen haben. Aber wer sonst weder eine Spontangeburt noch wenigstens ein Kaiserschnittkind vorweisen kann, ist als Mutter disqualifiziert. Das hat schlicht damit zu tun, dass die frischgebackene Stiefmutter in den Jahren, in denen die anderen Mütter Windeln gewechselt, Mahlzeiten zubereitet und verfüttert und Nächte durchwacht haben, typischerweise ein herrlich freies Es-dreht-sich-alles-um-mich-Dasein genossen haben und sich zwar fließend über Belange ihres Jobs, aktuelle Fernsehserien, ausgezeichnete Romane oder neuste Mode unterhalten können, aber keine Ahnung haben von Kinderkrankheiten, den Aufnahmebedingungen von Schulen oder von der Schwierigkeit, Kinder und Beruf miteinander zu vereinbaren. In den Augen echter Mütter sind Stiefmütter nichts weiter als Hobbyeltern, die das Wohlfühlmoment einer Familie ohne die Verantwortung genießen. Kerstin Gier hat diese einschüchternden Super-Mütter, die zum Schulfest vierzehn Bleche Müsli-Muffins backen, aus dem Stand druckreife Vorträge über frühkindliche Förderung und kindgerechten Fremdsprachenunterricht halten können und deren wichtigstes Ziel es ist, dass ihr Kind früher als jedes andere keinen Schnuller und keine Windel mehr braucht, in ihrem Bestseller »Die Mütter-Mafia«, eine Art deutscher »Desperate Housewives«, hinreißend karikiert. Da wird

aus der Heldin Constanze erst unfreiwillig eine alleinerziehende Mutter und dann eine doppelte Patchworkerin, nachdem sie sich in einen Mann mit Anhang verliebt und ihr
Ex-Mann sich mit einem Model zusammentut, das mit viel
Charme, goldener American Express Card und Sätzen wie
»Och, Lorenz, lass uns bitte bleiben. Wir sind doch jetzt eine
Patchwork-Familie – also, ich finde das einfach herrlich, du
nicht? Es hat so etwas Kosmopolitisches, Modernes« die Familie im Sturm erobert.

Aber natürlich ist das überzogene Romanmodell nicht realistisch – beziehungsweise: die überschwängliche Stiefmutter in spe
würde sich wundern, wie schnell ihr der selbstbewusste Familien-
enthusiasmus im Zusammensein mit echten Müttern abhanden-
käme. Denn davon abgesehen, das Stiefmütter strenggenommen
weder sorgerechtspflichtig noch erziehungsberechtigt sind, liegt
ein anderer Grund für die Distanz tiefer. Mütter fühlen sich von
Stiefmüttern instinktiv bedroht. Die Vorstellung, dass auch sie
eines Tages in eine Situation kommen könnten, in der sie ihre
Kinder wochenendweise so einer Mamafälschung überlassen
müssen, die dann mit ihnen auf den Spielplatz, ins Kino oder
zum Rodeln gehen darf, eine kleine warme Hand vertrauensvoll in der ihren, versetzt wohl jeder noch so glücklich gebundenen Mutter einen Stich. Insofern steckt in jeder Stiefmutter
unausgesprochen eine Verräterin, ein Störenfried der natürlichen Ordnung, selbst wenn sie ihre neue Familie erst deutlich
nach der Trennung der Eltern kennengelernt hat, also keine
Mitschuld an dem Urtrauma trägt.

Diesen unsichtbaren, aber entscheidenden Unterschied spüren auch Kinder. Das beweist ein Satz wie »Theresa, du bist
echt nett und ich mag dich total, aber du bist von niemandem
die Mutter«, wie er einer Freundin einmal von ihrem sechsjäh-
rigen Stiefsohn an den Kopf geworfen wurde. Der Vorwurf saß,
denn er traf den Nagel auf den Kopf. In der Welt von Kindern
haben Menschen klare Funktionen und Bedeutungen. Da gibt

es Mütter, Väter, andere Kinder, vielleicht noch Betreuer in Kita, Kindergarten und Schule. Wie passte sie da hinein? Sie war Tochter, Schwester, Partnerin, Freundin, Geliebte, Angestellte, Mieterin, aber eben nicht Mutter – oder wenn, dann nur ein klitzekleines bisschen. Aber wenn Stiefmütter und Stiefväter keine Eltern sind, was sind sie dann?

Bevor ich mir selbst diese Frage beantworten konnte, musste ich erst mal herausfinden, was ich alles nicht sein wollte. Ich wollte nicht die ältere Schwester meiner Stiefkinder sein, nicht ihr Lieblingsbabysitter und nicht ihre gute Freundin, aber auch nicht einfach nur Papis zweite Frau. Es dauerte eine ganze Weile, das zu erkennen; Monate, in denen ich all diese Rollen der Reihe nach ausprobierte und feststellte, dass sie nicht zu mir passten. Seinen eigenen Platz und seine natürliche Berechtigung in einer bereits existierenden Familie zu finden, braucht Zeit. Nicht nur der Partner und die Kinder müssen sich daran gewöhnen und einen akzeptieren, sondern vor allem man selbst. Aber eines Tages wusste ich, wer und was ich in meiner neuen Familie sein wollte, nämlich keine Secondhand-Mutter und auch keine Mami light, sondern eine echte, richtige Stiefmutter. Eine, die nicht nur lieb und fürsorglich sein, sondern auch eigene Meinungen und Regeln vertreten würde. Mit anderen Worten: Als ich begriff, dass meine Aufgabe nicht nur im begeisterten Betrachten und Ertragen meiner neuen Familie bestehen konnte, sondern auch das Mit-Prägen und Erziehen der Stiefkinder einschloss, ich also nicht immer nur die gute, sondern eben manchmal auch die böse Stiefmutter würde sein müssen, löste sich ein Knoten.

Nachdem ich auf diese Weise Frieden geschlossen hatte mit dem belasteten Begriff der Stiefmutter, ging es mir besser. Es verschaffte mir Selbstbewusstsein, und Selbstsicherheit trägt einen mit Kindern sehr weit. Auf einen Vorwurf wie den, den meine Freundin einst abbekommen hatte, hätte meine Antwort nun sinngemäß lauten können: »Du hast recht, technisch gesehen bin ich niemandes Mutter – zum Glück, denn so habe ich mehr Zeit, dir eine böse Stiefmutter zu sein!« Raus aus der Defensive, rein ins Patchwork-Chaos, lautet seither meine Devise – und dabei möglichst nicht die gute Laune verlieren.

Doppelte Haushaltsführung:
Patchwork und Finanzen

»Geld ist nicht alles,
aber es sorgt für guten Kontakt mit den Kindern.«
John Paul Getty

Wo regulär mindestens zwei Mal Weihnachten gefeiert wird, es bis zu vier Großmütter und Großväter gibt und an mindestens zwei Standorten Schränke mit Klamotten und Spielzeug, boomt das Geschäft mit dem schlechten Gewissen. Patchwork ist gut für die Wirtschaft, gut für die Touristik und für Lufthansa und Deutsche Bahn sowieso. In unserer mobilen Gesellschaft sind Kinder, deren Mutter in Hamburg und deren Vater in München lebt, schon lange keine Exoten mehr, und die Zahl der Minderjährigen, die am Freitag nach dem Ausfüllen vieler Formulare mit einem UM-Schild (Unaccompanied Minor) und in Begleitung einer betreuenden Stewardess zum Flieger entschwindet und am Zielort vom anderen Elternteil schon sehnsüchtig erwartet wird, ist Legion. Dass man UM-Flüge grundsätzlich nie zum günstigsten Tarif buchen kann und obendrein ein Betreuungs-Aufschlag von derzeit vierzig Euro pro Kind und Strecke fällig ist, sei nur am Rande vermerkt; ebenso, dass inzwischen fast alle Fluglinien ihr Vielfliegerprogramm ab einem Alter von zwei Jahren anbieten. In den noch viel häufigeren Fällen, wo die Kinder nicht allein reisen können, wollen oder sollen und es daher die Väter oder Mütter tun müssen, fallen neben deren Reisekosten meist außerdem noch Hotelrechnungen oder aber die Miete für eine kleine, die meiste Zeit leerstehende Bleibe an. Keine Frage: Patchwork ist kostspielig.

Auch sonst spielt das liebe Geld bei dieser Familienform eine besondere Rolle – nicht zuletzt, weil kaum eine Trennung ohne den Streit darum auskommt. Die Kinder landen dabei nicht selten in der undankbaren Mitte und werden von beiden Seiten mit spitzen Kommentaren zur finanziellen Situation des jeweils anderen eingedeckt. Manche Mütter stiften ihre Kinder regelrecht dazu an, den Vater zu schröpfen, wo es nur geht – sich teure Sachen grundsätzlich von ihm zu wünschen und ihn wegen jeglicher Sonderausgaben für Schule oder Freizeit anzugehen. Es gipfelt in Ratschlägen wie dem, sich auf der Speisekarte auch nur ja immer das Teuerste auszusuchen, wenn Papi zahlt – ganz gleich, ob man es gerne isst oder nicht. Der rachsüchtige Gedanke dahinter liegt meist auf der Hand: Geld, das ein Vater für seinen Nachwuchs ausgibt, kann er schon mal nicht mehr mit der neuen Partnerin auf den Kopf hauen oder den Kindern aus der neuen Beziehung zugutekommen lassen.

Wenn Kinder Münzen aus den Portemonnaies ihrer Eltern stibitzen, erklären Psychologen einem gern, dass sie zwar Geld nehmen, aber eigentlich etwas ganz anderes wollen: Liebe. Geld ist in unserer Gesellschaft gleichbedeutend mit Anerkennung, Zuneigung und Fürsorge. Aber da sich all diese Formen der Zuwendungen im Gegensatz zu Euros schlecht zählen oder messen lassen, ist die harte Währung in zersplitterten Familien irgendwann doch wieder die, auf die es ankommt. Das belegen praktisch alle Berichte von der Patchwork-Front. Ulrike Winkelmann etwa hat die Familie Engel aus Paderborn porträtiert. Hier wechseln die drei Kinder wöchentlich zwischen Mutter und Vater. Beide haben Mietshäuser, in denen für alle genug Auslauf ist – auch wenn sie den ganzen Platz die Hälfte der Zeit über nicht brauchen. Sie ist Juristin, er arbeitet für eine Software-Firma. Da sie sich die Betreuung fifty-fifty teilen, gab es zwar nie Streit um Unterhalt, »doch sind zwei Haushalte in zwei Häusern voller Kinderzimmer eben teurer als einer«. Beide fahren große Autos, damit alle Kinder darin Platz haben. Die Mutter und ihr neuer Mann legen Wert auf Markenkleidung, Bio-Lebensmittel und in den Ferien schöne Hotels; der Vater hält all diese Dinge für nicht so wichtig, doch auch er gibt zu: »Mit einem Drittel weniger Gehalt wäre all das unvorstellbar.« Der Stiefvater drückt es brutaler aus: »Natürlich ginge das alles nicht, wenn Dorothea Kassiererin wäre und ich Automechaniker.«

Aber Patchwork ist kein Phänomen der oberen Mittelschicht. Der Band »Die Wahrheit über Patchwork« enthält neben der Paderborner Luxusvariante auch die beklemmende Schilderung des Alltags einer alleinerziehenden Mutter, die von Hartz IV leben und sich und ihre drei Kinder mit 450 Euro im Monat durchbringen muss: Miete, Lebensmittel, Kleidung und Schulsachen muss sie davon bestreiten. Ohne die Unterstützung eines nahen christlichen Kinder- und Jugendwerks, wo sie Mittagessen bekommt und die Kinder auch zur Betreuung abgeben kann, ginge es nicht. Als sie sich von dem Vater ihrer beiden älteren Töchter trennte, war sie neunzehn und mit Nummer zwei schwanger, er einundzwanzig. Der Vater sieht die Kinder zwar regelmäßig, doch tragen er und seine neue Partnerin im Alltag nichts zur Entlastung der Mutter bei. Zwar hat die einen neuen Freund, doch die Aussicht auf so etwas wie heile Familie scheint hier gering – die Belastungen wiegen zu schwer für Unbekümmertheit.

Auch Fin Reichert, der seit der Trennung von seiner Frau seine drei Kinder von zu Hause aus versorgt, hat vieles aufgegeben, unter anderem seine Ausbildung zum Hubschrauberpiloten. Er leitet von daheim aus einen Kindergarten und arbeitet nebenher als Tennistrainer, eigentlich aber ist er vollauf damit beschäftigt, für seine Familie zu putzen und zu kochen. Die

Mädchen, fünf und sieben Jahre alt, kommen schon ganz gut alleine klar, aber sein Sohn ist blind und braucht bei allem Hilfe. Die Mutter der Kinder hat in Berlin eine neue Familie gegründet; einmal im Monat kommt sie und verbringt ein Wochenende mit ihren ersten drei Sprösslingen in einer Ferienwohnung in Flensburg. Für ihn selbst bleibt in seiner jetzigen Situation zu wenig Zeit, sagt Fin in dem Band »Väterland«, auch fehle ihm die Anerkennung. »Früher war ich viel mit Freunden unterwegs. Wer sich heute mit mir treffen will, muss zu uns nach Hause kommen, es gibt mich nicht mehr alleine.«

Natürlich wird kaum jemand zugeben, der für eigene und für Stiefkinder sorgen muss und finanziell kaum über die Runden kommt, dass er die eigenen Kinder bevorzugt. Doch viele Berichte belegen, dass das, was Studien zufolge schon vor Jahrhunderten galt, nämlich dass das Wohl von Stiefkindern vom Wohlstand der Familien abhing, an Aktualität nichts eingebüßt zu haben: Funktionierendes Patchwork ist nicht nur eine Frage des Zusammenhalts und des Familiengefühls, sondern leider meistens auch eine des Geldes.

Es kann natürlich viele Gründe dafür geben, weshalb ein Elternteil die Kinder nur selten sieht und auch sonst in ihrem Leben nicht sehr präsent ist: Weit auseinanderliegende Wohnsitze von Mutter und Vater, womöglich noch gepaart mit Jobengagements im Ausland oder einem Beruf wie Schauspieler oder Koch, wo die Wochenenden nie frei sind, und der Besuch unter der Woche, wenn die Kinder Schule haben, sich praktisch nicht lohnt. Geteiltes Sorgerecht mag dann zwar juristisch vereinbart worden sein, aber in der Realität wird hier fast nichts gerecht geteilt, sondern alles ruht auf den Schultern eines Elternteils. Das vermag keine Unterhaltszahlung auszugleichen, selbst wenn sie die bescheidenen Tarife der sogenannten Düsseldorfer Tabelle bei weitem übersteigt.

Hinzu kommt, dass Kinder früh ein Bewusstsein dafür entwickeln, was Geld respektive sein Fehlen bedeuten. Nicht nur kaufen alle Kinder für ihr Leben gern ein, weil ihre Wünsche sich schneller multiplizieren, als sich ein Kaufhausregal befüllen lässt, sondern auch ihr Hang zu Vergleichen macht sich hier oft grausam bemerkbar. In Sätzen wie »Ach, das ist ja noch das *alte* iPhone« oder »Das sind ja gar keine echten Uggs« oder »Ich hätte aber lieber ein Häagen-Dazs-Eis« steckt mitunter der kaum verhohlene Vorwurf: Können wir uns mehr nicht leisten? Hans Magnus Enzensbergers berühmtes Diktum, dass Geld allein auch nicht unglücklich macht, würde jedes Kind bedingungslos unterschreiben. Bitter sind darum gerade jene Fälle, wo die neue Patchwork-Familie für die Kinder wie ein Erster-Klasse-Ticket in eine andere Welt anmutet, in die der andere Elternteil nicht hinterherreisen kann. Da ist dann die Mutter, die plötzlich einen blendend verdienenden Mann hat, der sie und ihre Kinder nach Strich und Faden verwöhnt, während der leibliche Vater seine bescheideneren Geschenke und Urlaube überhaupt nur durch permanenten eigenen Verzicht finanzieren kann. Schwer zu verkraften kann es auch sein, wenn auf die erste Ehe, in der beide Berufsanfänger waren und die Kinder dementsprechend sparsam aufwuchsen, eine zweite folgt, in welcher der Vater plötzlich in ganz andere Einkommensdimensionen vorgestoßen ist und so eine schier unüberbrückbare Kluft zwischen den Lebensverhältnissen der Kindern aus erster und aus zweiter Ehe klafft. Ebenso gibt es den umgekehrten Fall, nämlich dass die erste Beziehung und damit die älteren Kinder finanziell deutlich besser ausgestattet sind, zum Beispiel weil die Frau gut verdiente oder substantiell geerbt hatte. Das sind die Familien, wo die älteren Geschwister ihren jüngeren Halbbrüdern und -schwestern Markenklamotten und abgelegte technische Gadgets vermachen, damit diese nicht ganz ohne die Freuden des Luxus und der Moden aufwachsen müssen. Diese privilegierten Kinder sind teurer angezogen als ihre ganze Zweitfamilie zusammen, machen deutlich häufiger und komfortabler Ferien und gucken verschämt zur

Seite, wenn sie merken, dass in ihrer Wochenendfamilie die Angebotslisten des Supermarkts studiert und die Preise an den Zapfsäulen verglichen werden.

Nun sprechen die meisten Menschen nicht gern über Geld, erst recht nicht, wenn es darum geht, herauszufinden, ob der neue Partner bereit ist, Kinder, die nicht die seinen sind, mit zu ernähren. Das ist besonders heikel in jenen Fällen, da der angehende Stiefelternteil selbst noch keine Kinder hat – und darum keine Vorstellung davon, welche sprungfixen Kosten auf ihn zukommen. Wer heiratet, erklärt sich dazu bereit, Freuden wie Lasten zu teilen – theoretisch. Was es aber praktisch bedeutet, für vier statt für zwei einzukaufen, zu viert statt zu zweit essen zu gehen oder wegzufahren, davon haben die meisten keine Ahnung. Neu-Stiefeltern wissen nicht, wie schnell Kinder aus Kleidung und Schuhen herauswachsen, wie oft sie nach neuem Spielzeug verlangen, was Klavier- oder Tennisunterricht und Nachhilfestunden kosten und wie oft Fahrräder gestohlen werden und Handys kaputtgehen.

Aus all diesen und vielen weiteren Gründen tut man gut daran, sich früh und ehrlich über das Thema Geld zu unterhalten. Ein neuer Partner, der diesbezüglich eigene Ansprüche und Erwartungen über die mindestens gleichberechtigten der Kinder stellt, wird die Grenzen der Beziehung damit früh austesten. Zugleich sind die finanziellen Fronten zwischen den leiblichen Eltern oft auch Jahre nach der Trennung nicht endgültig geklärt. Die Versuchung, sich auf dieser Ebene für vergangene Verletzungen zu rächen, ist groß, zumal wenn einer der Partner seither allein geblieben ist. Das kann dann in einen Wettlauf darin ausarten, wer es länger aushält, dem Kind die längst nötigen Sportschuhe zu kaufen, oder in die Weigerung, dem Nachwuchs zu besonderen Anlässen entsprechende Kleidung einzupacken – nach dem Motto: Kauft ihnen halt was Neues, wenn ihr etwas vorhabt!

Jetzt bin ich Stiefmutter:
Von der schwierigen Freundschaft mit einem Begriff

»Kinder sind toll. Man kann ihnen beibringen,
die Sachen zu hassen, die man selbst hasst,
und außerdem erziehen sie sich ja heutzutage praktisch selbst,
ich meine, mit dem ganzen Internet und so.«
Homer Simpson

Der Definition nach sind Stiefmütter jene herzlosen Frauen, die die eigenen Kinder besser behandeln als jene, die der Vater mit in die Ehe gebracht hat, und die, auch wenn sie selbst kinderlos sind, die Nachkommen des Mannes mit Eifersucht verfolgen. Stiefmütter hatten noch nie einen guten Ruf. Schon Euripides seufzte mit der ganzen Melodramatik des Tragödiendichters, eine Schlange sei ihm lieber. Sprichwörtlich ist jede Stiefmutter des Teufels Unterfutter, und das Adjektiv stiefmütterlich bedeutet, jemanden zu vernachlässigen, auch wenn schon bei den Germanen das Präfix Stief- einfach ein Verwandtschaftsverhältnis meinte. Um aus der seit Jahrhunderten als böse verschrienen Kindsquälerin eine Lichtgestalt zu machen, bräuchte es im einundzwanzigsten Jahrhundert entweder eine ausgeklügelte Marketing-Kampagne – oder aber die normative Kraft des Faktischen, sprich: die immer häufiger anzutreffende Patchwork-Realität besiegt eines nahen Tages endlich den miserablen Eindruck aus der Vergangenheit. Immerhin sind viele der bekanntesten Frauen der Welt Stiefmütter, von Angela Merkel über Carla Bruni bis hin zu Camilla Mountbatten-Windsor, vormals Parker-Bowles und eines Tages vielleicht britische Königsgemahlin. Falls diese drei noch keinen Imagewandel bewirken, dürfte das damit zu tun haben, dass die Bundeskanzlerin zwar zu den beiden Söhnen ihres Mannes herzensgut sein mag, mit ihren politischen Genossen aber eher stiefmütterlich umzugehen scheint, während für die beiden anderen Damen gilt, dass eine erwiesene Begabung zur Mätresse der anschließenden Berufung zur Stiefmutter öffentlich noch nie zuträglich war.

Aber da die Wiederheirat längst kein männliches Privileg mehr ist und Stiefväter inzwischen so zahlreich sind wie ihr weibliches Pendant, wird das unheilvolle Präfix »Stief-« zusehends aus dem Sprachgebrauch verbannt. Es gibt inzwischen viele Namen für das, was sich unter dem Namen »Patchwork-Familie« eingebürgert hat: Bonusfamilie, Zweitfamilie, binukleare Familien und Secondhand-Familie; wahlweise ist auch die Rede von Kängurueltern, Wochenendzuhause oder »Hotel Papa«. Aber hauptsächlich spricht man von Patchwork-Familien – ein Begriff, den, ähnlich wie das Handy, im angelsächsischen Sprachraum übrigens kaum jemand versteht, wo man eher von »blended« oder »step families« redet. Der deutsche Begriff geht auf das Buch »Yours, Mine, Ours« (1990) der amerikanischen Familientherapeutin Anne Bernstein zurück. Auf der Suche nach einem griffigen Titel verfiel die Übersetzerin Margaret Minker auf »Patchwork-Familien«. Als Patchwork-Familie gelten alle, in denen zumindest ein Partner ein Kind aus einer früheren Beziehung in die neue Lebensgemeinschaft mitbringt – sei es Tag für Tag oder nur jedes zweite Wochenende. Der Musiker Herbert Grönemeyer ist ein Patchworker, der Maler Gerhard Richter, der Fußballer Rafael van der Vaart, der norwegische Kronprinz Haakon und gefühlte drei Viertel Hollywoods sind es. Und mit Christian Wulff hat sogar ein ehemaliges Staatsoberhaupt zu beweisen versucht, dass Frauen mit Vergangenheit und Männer mit Zukunft auch mit Anhang eine ideale Mischung ergeben.

Wahrscheinlich hätte die Stiefmutter heute gar keinen so schlechten Ruf, gäbe es nicht die »Kinder- und Hausmärchen« von Wilhelm und Jacob Grimm, die jedem jungen Gemüt ein heilloses Misstrauen gegen zweite Frauen einimpfen. Dabei werden Hänsel und Gretel in der Urfassung keineswegs von einer bösen Stiefmutter, sondern von der eigenen Mutter zum Verhungern in den Wald geschickt, weil die Familie nicht genug zu essen hat. Aber Aschenputtel ist von Anfang an ein armes Stiefkind, nachdem der Vater sich eine zweite Frau und ihre beiden Töchter ins Haus holt, und auch dem süßen Schneewittchen trachtet die neidische und eifersüchtige Stiefmutter-Königin nach dem Leben. Goldmarie hat in »Frau Holle« ebenfalls nichts als Elend mit ihrer Stiefmutter, die ihr leibliches Kind bevorzugt. Aber es gibt im Märchen abseits der Trampelpfade noch viel mehr garstige Stiefmütter, die gerne zusammen mit eigenen, zuverlässig hässlichen und missgünstigen Töchtern auftreten, zum Beispiel »Die drei Männlein im Walde«.

Die Geschichte beginnt in heiterem Tonfall: »Es war ein Mann, dem starb seine Frau, und eine Frau, der starb ihr Mann; und der Mann hatte eine Tochter und die Frau hatte auch eine Tochter.« Obwohl die Mädchen sich kennen und mögen, ruht auf der Ehe kein Segen, denn »die Frau ward ihrer Stieftochter spinnefeind. Auch war sie neidisch, weil ihre Stieftochter schön und lieblich, ihre rechte Tochter aber hässlich und widerlich war.« Auch »Brüderlein und Schwesterlein« haben Grund zu Kummer: »Seit die Mutter todt ist, haben wir keine gute Stunde mehr; die Stiefmutter schlägt uns alle Tage und wenn wir zu ihr kommen, stößt sie uns mit den Füßen fort.« So fliehen die Geschwister, doch die Stiefmutter, die eine böse Hexe ist, hat alle Brunnen im Wald verzaubert, und so wird der durstige Bruder in ein Reh verwandelt. Weil es immer dabei sein will, wenn der König im Wald jagt, führt das Reh mit dem goldenen Halsband diesen an das einsame Haus der Schwester, und der König macht das Mädchen zu seiner Frau. Doch kaum, dass sie ihm ein Kind geboren hat, will die böse Hexe sie töten und ihre einäugige Tochter an die Stelle ihres Stiefkindes befördern. Doch das Gute siegt, und die Hexe »ward ins Feuer gelegt und musste jammervoll verbrennen«, während ihre Tochter im Wald von wilden Tieren zerrissen wird.

Zu den bekanntesten Studien zum Thema Stiefeltern zählen jene des Forscherehepaars Martin Daly und Margo Wilson von der McMaster University im kanadischen Hamilton. In den achtziger Jahren hatten sie anhand von Kriminalstatistiken untersucht, ob Kinder mit Patchwork-Hintergrund ein höheres Sterberisiko haben als Kinder in konventionellen Familien. In Kanada wurden damals von einer Million Kinder unter drei Jahren 640 pro Jahr von einem Elternteil getötet – siebzigmal mehr als unter Altersgenossen, die mit beiden leiblichen Eltern lebten. Weitere Untersuchungen von Todesfällen ergaben sogar ein hundertmal höheres Risiko für Stiefkinder, von einem Elternteil getötet zu werden. Bei Teenagern war das Risiko immerhin noch fünfzehnfach erhöht. Daly und Wilson zufolge wurden solche Unterschiede für leibliche und Stiefkinder auch andernorts beobachtet. In England und Wales wurden grauenerregende 32 Prozent der Kinder, die mit einem Stiefelternteil aufwuchsen, Opfer von Misshandlung – zehnmal so oft wie jene Kinder, die bei ihren leiblichen Eltern aufwuchsen. In Finnland gaben Mitte der Neunziger vier Prozent der befragten Teenager-Mädchen an, vom Stiefvater missbraucht worden zu sein, während in Asien Studien belegten, dass Schüler häufiger über Züchtigungen berichteten, wenn sie mit einem Stiefvater oder einer Stiefmutter lebten. Überall auf der Welt verlassen Stiefkinder außerdem das Heim früher als leibliche Kinder. Auch in ganz anderen Gesellschaftssystemen haben es Stiefkinder schwerer als andere: bei den Aché, einem Stamm in Paraguay, wurde eine deutlich erhöhte Sterblichkeitsrate unter Kindern beobachtet, die mit einem Stiefvater aufwuchsen.

In Deutschland fanden Wissenschaftler ebenfalls Nachweise für die Benachteiligung von Stiefkindern. Eckart Voland von der Universität Gießen, der gemeinsam mit Peter Stephan historische Kirchenbücher durchforstete, stellte fest, dass die Lebenserwartung von Kindern sank, wenn sie bei einer Stiefmutter lebten. Von tausend Kindern, deren Vater nach dem Tod der

Mutter nicht wieder heiratete, starb etwa ein Zehntel vor dem fünfzehnten Geburtstag. Kam eine Stiefmutter ins Haus, stieg die Zahl sogar von zehn auf dreizehn Prozent.

Aber auch hier gilt: Keine Studie ohne Gegenstudie. Daly und Wilson wurde vorgeworfen, dass in den von ihnen benutzten Kriminalstatistiken von vornherein mehr Verbrecher unter den Stiefeltern auftauchten als im gesellschaftlichen Durchschnitt. Der amerikanische Philosoph Terry Wilson äußerte die Vermutung, dass Stiefeltern von vornherein eher verdächtigt werden, ihren Stiefkindern Böses zu wollen, und eine schwedische Studie kam zu dem Ergebnis, dass Kinder mit Stiefeltern nicht häufiger getötet werden als Kinder, die mit ihren leiblichen Eltern leben. Hingegen würden Kinder, die mit nur einem Elternteil aufwüchsen, deutlich öfter Opfer von Gewalt. Dies konnten sie zumindest für den Untersuchungszeitraum 1975 bis 1995 belegen. Die schwedischen Forscher vermuteten indes, dass in Schweden, wo die Haltung gegenüber Abtreibungen liberaler sei, weniger unerwünschte Kinder zur Welt kämen als in Nordamerika. Unerwünschte Geburten könnten das Risiko der Kinder, misshandelt zu werden, signifikant erhöhen, erklärte Hans Temrin. Daly und Wilson konterten mit einer Gegenstudie, die ein erhöhtes Risiko für Leib und Leben auch bei schwedischen Kleinkindern belegte, wenn sie mit einem Stiefelternteil lebten. Das Paar erklärt seine Ergebnisse evolutionsbiologisch: Eltern, so argumentieren sie, investieren lieber in den eigenen Nachwuchs, um ihren Fortpflanzungserfolg zu maximieren, während die Bedürfnisse und Ansprüche von Kindern neuer Lebenspartner nur widerwillig erfüllt werden. Psychologen bezeichnen dieses Verhalten als »Aschenputtel-Effekt«. Es beinhaltet auch ablehnendes und kaltes Verhalten von Stiefeltern.

Wer in den zahlreichen Internetforen zum Thema seine eigenen Studien betreibt, stellt vor allem fest, dass es wesentlich mehr Beschwerden von Stiefmüttern gibt als über sie – dass also, anders als im Märchen, die neuen Partnerinnen heute diejenigen zu sein scheinen, die bei der Neuaufstellung einer Familie am meisten leiden. Die meisten Hilferufe im Netz gelten ohnehin nicht Stiefmüttern, sondern Stiefvätern. Eine Schilderung wie die folgende ist leider kein Einzelfall: »Ich bin siebzehn Jahre alt und wohnte bis vor fünf Monaten glücklich zusammen mit meiner Mama. Dann hat sie ihren Freund geheiratet, er ist bei uns eingezogen, und nun weiß ich nicht mehr aus noch ein. Zuerst war ich glücklich und habe mich für meine Mutter gefreut, aber jetzt zeigt er sein wahres Ich. Mein Stiefvater ist ein Tyrann. Er hänselt mich ständig mit meinem Gewicht und meiner Figur. Wenn ich auf dem Sofa sitze, dann sagt er: ›Mach dich nicht so breit, Fetti, andere wollen auch noch sitzen!‹ Ich weiß, dass ich nicht übergewichtig bin. Aber seit er angefangen hat, mein Gewicht zu kommentieren, bin ich total verunsichert. Meine Mutter bittet ihn zwar immer, aufzuhören, aber dann macht er einfach weiter, wenn sie nicht da ist. Meine Mama ist auch schon total verunsichert und achtet extrem auf ihr Gewicht, damit er so etwas nicht zu ihr sagt. Bevor er eingezogen ist, sind meine Mama und ich öfter gemeinsam shoppen oder Rad fahren gegangen oder einfach nur mal zusammen Eis essen. Jetzt machen wir gar nichts mehr zusammen. Mein Stiefvater will nicht, dass wir unnötig Geld ausgeben. Früher ist meine Mama von der Arbeit nach Hause gekommen und hat ein Bad genommen, dann saß ich auf dem Klodeckel und wir haben stundenlang gequatscht. Jetzt verbietet mir mein Stiefvater so etwas. Er meint, es sei unmoralisch, seiner Mutter beim Baden zuzusehen. Ist es nicht normal in einer Mutter-Tochter-Beziehung, dass man so etwas macht? Wieso versucht er die Beziehung zwischen meiner Mama und mir kaputtzumachen??? Nach nur fünf Monaten bei uns hat er unser Leben umgekrempelt. Ich mag schon gar nicht mehr nach Hause kommen. Wenn ich dann mal zu Hause bin, dann verkrieche ich mich in mein Zimmer, um seinen Launen aus dem Weg zu gehen. So sieht doch keine glückliche Familie aus, oder?«

Es gibt aber auch Fälle, in denen die Kinder zu dem Schluss kommen, dass ihre Stiefmutter oder Stiefvater das Beste sind, was ihnen passieren konnte. So haben sich sowohl Michael Haneke, der österreichische Regisseur, wie auch sein Stiefbruder, der Schauspieler Christoph Waltz, lobend über ihren Stiefvater geäußert, den Wiener Komponisten Alexander Steinbrecher. Dieser war viele Jahre mit Hanekes Mutter, der Burgschauspielerin Beatrix Degenschild, verheiratet. Nach deren Tod heiratete er die Kostüm- und Bühnenbildnerin Elisabeth Urbancic, die Mutter von Waltz. Und der englische Romancier Martin Amis, normalerweise bekannt für seine ätzende Feder, widmete seiner Stiefmutter, der Schriftstellerin Elizabeth Jane Howard, anlässlich ihres Todes einen berührenden Nachruf: »›So, jetzt bin ich deine schlimme Stiefmutter‹, sagte Jane zu mir, nachdem sie und Kingsley 1965 geheiratet hatten. Und es stimmte: sie war schlimm, im Sinne von: außergewöhnlich gut.« Amis schildert den großen Einfluss, den die zweite Frau seines Vaters auch noch nach der Scheidung 1980 auf ihn gehabt habe – verhehlt aber nicht, dass das Verhältnis auch seine Schwierigkeiten hatte: »Sie wollte mehr von mir – mehr, als ich geben konnte … Ich fürchte, die ›andere Frau‹ des Vaters ist immer dazu verurteilt, ihren Stiefsohn mehr zu lieben als er sie. Die Loyalität des Blutes zur leiblichen Mutter ist einfach zu tief und zu mächtig.« Das mag stimmen, ist aber kein Grund zu verzweifeln. Selbst Camilla Parker-Bowles, die als ehemals unbeliebteste Frau Großbritanniens den denkbar schwierigsten Start als Stiefmutter von William und Harry hatte, soll heute ein ebenso enges Verhältnis zu den Söhnen von Prinzessin Diana wie zu ihrer Stiefschwiegertochter Kate haben. Selbst wer seine Patchwork-Karriere als verteufelter »Rottweiler« begann, kann also Streicheleinheiten ernten.

Die Wirkung, die Märchen und andere kraftvolle Schilderungen böser Stiefeltern auf Kinder hat, lässt sich wissenschaftlich schwer messen. Sicher aber wecken sie die unbewusste Erwartung, von einem Stiefelternteil eher benachteiligt statt liebevoll behandelt zu werden. Und wie es mit selbsterfüllenden Prophezeiungen nun einmal geht: Wer sich die Welt in Schauerfarben ausmalt, wird immer eine Bestätigung für seine Sicht finden. Kein Wunder, dass Stiefkinder gegenüber Dritten schnell bereit sind, den nicht leiblichen Elternteil zu kritisieren und sein Verhalten in Frage zu stellen. Wenn in Patchwork-Clans etwas falsch läuft, wird die Schuld dafür jedenfalls am liebsten bei dem nichtorganischen Familienmitglied gesucht, das sich dann häufig als Eindringling abgestempelt sieht.

Aufgrund dieser jahrhundertealten Vorurteile müssen Stiefeltern oft Über-Performer sein, bessere Eltern, die sich besonders bemühen, alles richtig zu machen, weil ihre Umgebung ohnehin davon ausgeht, dass sie geringere Fähigkeiten oder weniger emotionales Engagement mitbringen als »echte« Eltern. Diese unausgesprochene Erwartung, die man als Stiefmutter nicht zuletzt an sich selbst stellt, macht die Sache so anstrengend, und die Anstrengung verhindert bisweilen jene lässige Selbstverständlichkeit, die leibliche Familien an den Tag legen.

Erschwerend kommt hinzu, dass man den Erfolg nicht messen kann. Es gibt keinen Stiefmuttertag, keine Tassen mit der Aufschrift »Für die beste Stiefmutter der Welt«, keine Gratulationskarten »Hurra, endlich Stiefmutter!« und kein Kochbuch zum Thema »So gewinnen Sie die Herzen Ihrer Stiefkinder«. Aber von dem schläfrigen Gute-Nacht-Anruf bis zu den liebevoll selbstgemachten Geburtstagsgeschenken lassen sich durchaus handfeste Zeichen dafür finden, dass man seine Sache nicht ganz schlecht macht, auch wenn sie oft im Schatten der Herausforderungen bleiben, die die Situation mit sich bringt. Ohne formulierbare Erwartungen, ohne eine Art Arbeitsplatzbeschreibung und ohne Navigationshilfen kann Stiefmutterschaft sich anfühlen wie eine wackelige Reise im Dunkeln.

Rückschläge gehören dazu. Im Moment, da ich dies schreibe,

sieht es nicht so aus, als ob meine jahrelangen Miterziehungs-bemühungen viel gefruchtet hätten. Die Umgangsformen meiner Stiefkinder lassen mitunter zu wünschen übrig, und ohne vorherige schriftliche Einladung betritt man besser nicht ihr Zimmer. Mein charmanter Teenager-Stiefsohn ist in seinem gegenwärtigen Metamorphosestadium halb Mann, halb Matratze, und noch öfter als in den Spiegel schaut seine bild-hübsche Schwester nur auf ihr Handy. Oft schon habe ich mich gefragt, ob ich damit auch so gelassen umgehen würde, wenn es meine Kinder wären – und ob sie wiederum meine gelegentlichen Wutausbrüche über ihr Verhalten ernster nehmen würden, wenn ich ihre Mutter wäre. Viele Frauen, mit denen ich gesprochen habe, sagen, so zornig wie auf ihre Stiefkinder könnten sie nie auf ihren eigenen Nachwuchs sein, weil man damit ja sich selbst angreife. Ich glaube, beides kommt vor und ist normal: dass man mit der Stieffamilie emotional etwas weniger hochtourig fährt, weil man nicht von allem, was die Kinder tun oder sagen (oder nicht tun oder sagen) so betroffen ist, wie auch die Überreaktion in die andere Richtung. Welche Methode auch immer einem mehr entspricht: Erziehung besteht nun einmal vor allem in zwischen Leitplanken platzierten Angeboten, die angenommen werden können, aber nicht müssen. Und manches davon wird womöglich zunächst ausgeschlagen, aber dann mit jahre- oder sogar jahrzehntelanger Verspätung doch noch beherzigt werden.

Zu Beginn einer Patchwork-Situation sagt man sich gern, dass man nicht das Recht hat, die Kinder anderer Leute zu erziehen. Es fällt auch viel schwerer, ein Kind zurechtzuweisen, das man noch nicht lange kennt, und das gerade erst entstehende Vertrauen mit Ermahnungen und Verboten zu stören. In diesem Sinne schreibt auch Jesper Juul, dass Kinder und Jugendliche seiner Erfahrung nach nichts Schlimmeres kennen »als Stiefeltern, die ihre ›Elternmuskeln‹ spielen lassen und in die Rolle des Erziehers schlüpfen«. Ohnehin, so Juul, finde neunzig

Prozent aller Erziehung »zwischen den Zeilen« statt, geschehe also durch die Art und Weise, wie Eltern ihre Kinder behandeln, wie sie mit Freunden und Bekannten, den eigenen Eltern und Geschwistern und anderen Menschen umgehen. »Durch die Art und Weise, wie sie gegenseitige Konflikte lösen. Wie sie essen, sich kleiden, über andere Menschen reden und arbeiten.« Der dänische Familientherapeut zieht daraus den Schluss, dass sich Patchworker gar keine großen Gedanken um die Erziehung machen müssen, sondern lediglich für Situationen, in denen die Kinder über die Stränge schlagen, den richtigen freundlichen Ton finden müssen, um Grenzen zu setzen.

Hier macht es sich Juul zu einfach, finde ich. In einer Patchwork-Familie geht es nicht darum, die Zeit mit den Kindern lediglich zu überbrücken und Konflikten möglichst aus dem Weg zu gehen, in der Hoffnung, dass der andere Elternteil sie abbekommt und lösen muss, notfalls auch einmal mit drakonischer Strenge. Davon abgesehen ist es naiv zu erwarten, dass der leibliche Elternteil seinen neuen Partner immerzu vor den Launen und dem anstrengenden Verhalten der Kinder schützen kann. Das ist unrealistisch, zumal viele Stiefmütter mehr Zeit mit den Kindern ihrer Männer verbringen als diese selbst. Besonders in der verliebten Frühphase ist es verlockend, sich mit kleinen Nachgiebigkeiten Frieden und Sympathie zu erkaufen, also die Kinder länger aufbleiben zu lassen, ihnen den Nachtisch vor ihrer Lieblings-DVD zu servieren und sie zum Frühstück Schokocroissants statt Müsli essen zu lassen. Aber auf Dauer rächt es sich, jeder ihrer Launen nachzugeben. Man muss ja nicht gleich zum rigorosen, ständig die Stimmpeitsche schwingenden Disziplinator werden, davon abgesehen, dass man dazu als dritter oder vierter Elternteil tatsächlich kein Recht hat. Aber wer von seinen Stiefkindern respektiert und ernst genommen werden will, wird unweigerlich, und lieber früher als später, lernen müssen, nein zu sagen oder klare Grenzen aufzuzeigen. Wenn keiner der leiblichen Eltern anwesend ist, ist man eben auch als Stiefmutter oder Stiefvater der Boss – vorausgesetzt, man nimmt die Rolle dann auch an.

Bevor man sich in die Manege begibt, lohnt es sich allerdings, Tonfall und Strafandrohungen mit dem Partner abzustimmen. Nichts ist fataler, als wenn der eine die Erziehungsmaßnahme des anderen konterkariert oder ihm gar vor den Kindern energisch widerspricht. Die Kinder schließen daraus sofort, dass nur gilt, was der eigene Elternteil sagt, und dass sie womöglich sogar Differenzen zwischen den Erwachsenen schüren können, wenn sie sich einer Aufforderung des neuen Partners widersetzen. Unterschiedliche Auffassungen über Erziehung haben schon manches glückliche Paar auseinandergebracht. Wenn sich über solche grundlegenden Werte in einer Patchwork-Situation keine Einigkeit erzielen lässt, hat man als Neuzugang im Grunde keine Chance – denn die anderen sind in der Mehrzahl, und im Härtefall bestätigt sich eben doch der grässliche alte Satz, dass Blut dicker ist als Wasser, also Eltern zu ihren Kindern halten und nicht zum neuen Partner. Väter oder Mütter, die ihren Kindern aus falsch verstandener Liebe und vor allem schlechtem Scheidungsgewissen heraus alles durchgehen lassen, sich von ihrem neuen Partner aber insgeheim erhoffen, dass dieser bereitwillig den Bad Cop spielen und den Kindern resolut sagen wird, wo es langgeht, tun niemandem einen Gefallen, vor allem ihrem Nachwuchs nicht.

Dennoch ist das alles leichter gesagt als getan, und es gibt Tage, an denen versteht man die Welt nicht mehr. Viele Tage. Da hat man sich ganz ohne Zwangsandrohungen in einen Mann mit Anhang verliebt und enthusiastisch eingewilligt, mit ihm seine Kinder großzuziehen, sie zu lieben und zu unterstützen. Und dann erlebt man, dass die Kinder im Gegenzug nicht etwa rund um die Uhr entzückend und lieb sind, sondern ab und an auch mal richtig boshaft, verletzend und gemein. Die amerikanische Autorin Sally Bjornsen hat ausgerechnet, dass Stiefkinder einem statistisch gesehen zehneinhalbmal im Monat das Herz brechen – wenn man sie nur jedes zweite Wochenende sieht. In den Sommerferien sollte man darauf gefasst sein, alle paar Minuten emotional eine gewischt zu kriegen. Ihr Rat: Man solle sich auf dem Herzen eine Hornhaut wachsen lassen und alle nicht ganz geschmackssicheren Bemerkungen an sich abprallen lassen.

Angebrüllt, beleidigt oder einfach ignoriert zu werden ist kein Privileg allein von Stiefmüttern, ebenso wenig wie als Antwort auf Aufforderungen wie »Bitte räum dein Zimmer auf«, »Kannst du den Teller in die Spülmaschine tun« oder »Lass doch bitte nicht überall dein Zeug herumliegen« zu hören zu bekommen: »Du hast mir gar nichts zu sagen!« Aber sie nehmen es besonders schwer. Denn obwohl sie sich solche Mühe geben, kommt es irgendwann fast unweigerlich zu Szenen, in denen ein Kind fragt: »Papa, wann lasst ihr euch wieder scheiden?« oder »Papa, kannst du nicht wieder bei Mami einziehen?«

Als Stiefmutter muss man lernen, dass Kinder nicht immer meinen, was sie sagen (und man selbst auch nicht). Sich daran zu erinnern, ist deutlich schwieriger, wenn das, was aus ihren süßen kleinen Mündern purzelt, hinterhältig und gemein ist, als wenn sie niedliche oder witzige Sachen sagen. Ebenfalls erst lernen muss man, es ihnen in solchen Situationen nicht mit gleicher Münze heimzuzahlen und ihnen beispielsweise an den Kopf zu werfen, was für verwöhnte, verzogene und egoistische kleine Biester sie sind. Wer kann, hole tief Luft, zähle bis zehn (drei tut es auch) und versuche, sich daran zu erinnern, dass die Stiefkinder mindestens so unsicher und verwirrt sind von der neuen Situation wie man selbst – und lässt erst dann seinen Frust raus. Ich habe die Erfahrung gemacht, dass es nichts bringt, sich in eine Auseinandersetzung zu verstricken, zumal man selbst davon möglicherweise emotional überfordert ist und sich von einem heftigen, mit harten Bandagen ausgefochtenen Streit vielleicht wochenlang nicht richtig erholt. Natürlich sollte man deutlich machen, dass absichtsvoll verletzendes Benehmen nicht toleriert wird – wird damit aber nicht immer den gewünschten Effekt erzielen.

Die englische Erzählerin Joanna Trollope schildert gleich mehrere solcher aufwühlenden Szenen in ihrem Roman »Anderer Leute Kinder«. Josie, die neue Stiefmutter von Becky, Clare und Rory, fühlt sich von den Kindern, vor allem von Becky, der Ältesten, regelrecht schikaniert – sie isst nichts, was Josie gekocht hat, redet nur das Nötigste, und bringt die jüngeren Geschwister dazu, es ihr gleich zu tun. Was Josie nur ahnen kann, ist, dass sie gar nichts falsch, sondern viel zu viel richtig macht – und es den Kindern damit nur noch schwerer macht, sie zu mögen, wie Clare einmal feststellt: »Sie weigerte sich nicht zu essen, was Josie gekocht hatte, um Josie zu ärgern; sie weigerte sich, weil sie sich bei diesen gesunden, sorgfältig zubereiteten Mahlzeiten ihrer Mütter gegenüber schuldig und illoyal fühlte.« Josie hingegen klagt ihrer Schwägerin ihr Leid: »Ich gebe ihnen zu essen und wasche ihre Kleider, aber sie sprechen nicht richtig mit mir. Ganz bestimmt nicht darüber, wie sie sich fühlen. (…) Kinder können grausam sein. Es gehört zu den vielen Märchen unserer Gesellschaft, dass Stiefmütter grausam sind, aber ist es dir jemals in den Sinn gekommen, dass Stiefkinder genauso grausam sein können?«

Trollope schildert diese heillos verfahrene Situation aus der Sicht aller Beteiligten fair und feinfühlig, so dass der Leser begreift: niemand ist im Recht, und niemand im Unrecht. Dennoch oder gerade darum scheint die Lage ausweglos – bis eine Notsituation aus den bisherigen Kontrahenten unverhoffte Verbündete macht. Den Rest heilt die Zeit, diese große Verbündete aller Patchworker.

Wenn eine rote Linie überschritten ist, hilft das alles indes wenig. Wenn die Stiefkinder einen offensichtlich überhaupt nicht respektieren, mit Schimpfnamen titulieren oder anders beleidigen, ist es an der Zeit, sie ihren biologischen Eltern zu überlassen, professionelle Hilfe zu suchen oder sich zu fragen, ob es das wirklich wert ist.

Immerhin sprang Ende 2013 die Forschung den Optimisten bei. Anhand des Vergleichs der Sterblichkeit von Kindern in historischen Patchwork-Familien des siebzehnten bis neunzehnten Jahrhunderts konnten Wissenschaftler am Max-Planck-Institut für demographische Forschung (MPIDR) in Rostock belegen, dass Eltern nicht zwangsläufig mit ihren Stiefkindern schlechter umgehen als mit ihren eigenen, auch wenn jene nicht ihre Gene verbreiten. Der »Aschenputtel-Effekt«, der Fürsorge an genetische Verwandtschaft koppelt, ist also kein evolutionärer Automatismus – vorausgesetzt, es geht den Eltern wirtschaftlich gut. Solange sie für sich selbst und ihren Nachwuchs keine Einbußen fürchten müssen, kümmern sich Stiefeltern genauso gut um angeheiratete Kinder wie um ihre eigenen.

Und was die weitverbreitete Annahme angeht, Scheidungskinder seien beziehungsunfähig, so gibt der angesehene Schweizer Kinderarzt Remo Largo Entwarnung: »Wer herausfinden will, ob Scheidungskinder als Erwachsene beziehungsunfähig werden, muss fragen: wie waren ihre Beziehungserfahrungen? Und nicht: in welchem Familienmodell sind sie aufgewachsen?« Anders ausgedrückt: Das Vorbild einer stabilen Patchwork-Familie kann deutlich prägender sein als die Erfahrung ständig streitender leiblicher Eltern.

Patchwork – ein eingespieltes Team?
Chancen und Risiken des Alltags

Verfolgt von blinden Passagieren:
Vom Stiefmuttersein gibt es keine Auszeit

»Ich wollte schon immer lieber glücklich sein als würdevoll.«
Charlotte Brontë

Mein Mann sitzt neben mir im Taxi. Er trägt einen Leihfrack, ich ein Abendkleid. Während er an seiner Fliege nestelt, versuche ich, Handy, Geld, Schlüssel und die großformatigen geknickten Einlasskarten so im Abendtäschchen unterzubringen, dass es noch einigermaßen elegant aussieht und nicht wie eine schlecht kostümierte Aktentasche im neunten Monat.

Wir sind herausgeputzt wie zum Besuch bei Hofe, und tatsächlich werden die Nobelpreise ja durch den schwedischen König verliehen. Es ist der Vorabend der Zeremonie. Wir fahren durch das vorweihnachtlich angestrahlte Stockholm zum Rathaus, wo im Blauen Saal gleich das große Bankett zu Ehren der diesjährigen Preisträger stattfinden wird. Gerade als wir ankommen und unser Taxi sich einreiht in die lange Schlange von Wagen, aus denen vornehm gekleidete Menschen steigen, klingelt das Handy meines Mannes. Er schaut aufs Display, auf dem die vertraute Kennung »My Kids´ Home« aufleuchtet, und geht gutgelaunt dran. Ich beobachte das Defilee eleganter Menschen und werde erst hellhörig, weil er wenig sagt, und wenn, dann nur, um kurze Fragen einzuwerfen wie »Wann hast du das herausgefunden?« und »Beide Kinder?« und »Hast du schon ein Mittel besorgt?«. Dazwischen schaut er besorgt zu mir herüber.

Ich kenne diesen Blick. Er sagt mir, dass die Mutter seiner Kinder am anderen Ende der Leitung ist und dass sie nicht angerufen hat, um freudige Nachrichten zu verkünden.

Mein Mann legt auf, steckt das Handy in die Innentasche seines Fracks und sagt so beiläufig wie möglich. »Die Kinder haben Läuse. Offenbar geht es gerade in der Schule um. Ihre Mutter wäscht ihnen jetzt die Haare mit dem Shampoo, tut all ihre Kuscheltiere in Müllsäcke in den Keller und kocht die Wäsche, aber sie meint, wir sollten doch auch einmal bei uns nachschauen. Es kann nämlich sein, dass sie sie schon ein paar Tage haben, und die Kinder waren ja erst letztes Wochenende bei uns.« Mit dieser frohen Kunde, die ihn nicht sonderlich zu beunruhigen scheint, steigt er aus dem Auto und öffnet mir den Schlag. Während mir zumute ist, als habe besagter mich gerade getroffen.

Es sind meine ersten Läuse seit Kindergartentagen. Bereits auf dem Weg zur Garderobe glaube ich, kleine Wesen über meine Kopfhaut spazieren zu fühlen und spüre einen unbändigen Juckreiz, sehe aber ein, dass wir uns schlecht hier und jetzt gegenseitig auf Läuse absuchen können. Mein Mann lacht über meine Panik und hält es für gänzlich unwahrscheinlich, dass sich am zurückliegenden Wochenende eine Kinderlaus zu uns verirrt hat, aber ich erwische ihn trotzdem dabei, wie er sich verstohlen am Kopf kratzt.

So geht es den ganzen Abend über. Während mir mein Tischnachbar von der hochansteckenden Grippe erzählt, die derzeit in Stockholm grassiere, denke ich nur: Du alter Schwede, wenn du wüsstest! Und stelle mir dabei unwillkürlich vor, wie eine Frankfurter Laus während des Essens vergnügt von Kopf zu Kopf springt, und als es ans Tanzen geht, sehe ich meine neuen Mitbewohner einen Boogie-Woogie hinlegen. Nachgerade sportlichen Ehrgeiz entwickle ich bei der Überlegung, ob und über wie viele Zwischenstationen es eine Laus vielleicht sogar bis aufs gekrönte Haupt von Carl XVI. Gustaf schaffen könnte.

Vom Ärger darüber, dass die Mutter der Kinder uns mit dem Zeitpunkt ihres Anrufs bewusst oder unbewusst einen sehr besonderen Abend verdirbt, über Genervtheit hin zu Amüsement über die Absurdität der Situation, erlebe ich während des Nobelpreisbanketts ein Gefühlsmedley, an das ich mich auch in meinem dritten Patchwork-Jahr noch nicht gewöhnt habe und wahrscheinlich nie gewöhnen werde. In solchen Situationen wird mir immer wieder klar, dass ich das Stiefmutterdasein nicht abstreifen und wieder anziehen kann wie einen Handschuh. Sondern dass der unbegrenzte Zugriff, den die Kinder und die Ex-Frau meines Mannes auf mein Leben haben, im Ernstfall vor nichts haltmacht, auch nicht vor beruflichen Terminen oder Reisen. Es gibt kein Privatleben, das nur uns beiden gehört. Am Anfang hatte ich geglaubt, von nun an gäbe es nur noch meinen Mann und mich und ab und zu seine Kinder. Inzwischen weiß ich, dass es 365 Tage im Jahr und rund um die Uhr seine Kinder und deren Mutter gibt und ab und zu, wenn zufälligerweise sonst nichts ist, noch ihn und mich.

Patchwork bedeutet in einem hohen Maße Fremdbestimmung – und zwar weniger durch den Partner (da empfindet man es nicht als Fremdbestimmung), sondern durch die Kinder und den oder die Ex. Nicht zum ersten Mal frage ich mich, ob es mir mit eigenen Kindern wohl ebenso gehen würde, ob ich innerlich ähnlich aus der Haut fahren würde, wenn ich ihretwegen eine Einladung absagen müsste, oder ob mich die Läuse meines eigenen Nachwuchses beim Nobelpreis auch so aus der Fassung bringen würden wie die meiner Stiefkinder. Das halte ich aber eher für unwahrscheinlich und tröste mich mit dem Gedanken, dass jegliche Form von Familie unkontrollierbar ist und es nun einmal für keine Katastrophe, ob in Größe XS wie diese oder XXL, den richtigen Zeitpunkt gibt.

Als mein Mann und ich nach einer rauschenden Party zurück im Hotel sind, inspizieren wir uns gegenseitig und stellen erleichtert fest, dass wir gänzlich läusefrei sind und nicht noch vor der Nobelpreisverleihung am nächsten Tag eine schwedische Apotheke aufsuchen müssen. Im Nachhinein bin ich fast beleidigt, dass die Läuse auf den Kinderköpfen geblieben sind, wo wir doch am Wochenende wie so oft eng aneinandergeschmiegt auf dem Sofa einen Film angeschaut haben, und es auch sonst, vom Plätzchenbacken am Samstagnachmittag bis zum Herumtollen im Bett am Sonntagmorgen, reichlich Gelegenheit zur Migration gegeben hätte. Also sind die Läuse den Kindern offenbar erst am Montag oder Dienstag aufs Haupt gestiegen, und weder das Akademiemitglied noch der schwedische König müssen sich meinetwegen mit Anti-Läuse-Shampoo behandeln lassen.

Wohltuend und gefährlich:
Wenn die Routine Einzug hält

»Als Stiefmutter verhält man sich am besten
wie ein Anthropologe, der bei einem fremden
Stamm zu Gast ist. Da gibt es vieles zu studieren
und interessant zu finden, aber selbst beim
gemeinsamen Stampfen im Kreis oder beim
Weiterreichen von Piri-Piris darf man sich nicht
der Illusion hingeben, man sei zu einem
unverzichtbaren Teil des Ganzen geworden.
Oder könnte es je werden.«
Renate Dorrestein

Nach geschätzten achtzig gemeinsamen Wochenenden, mehreren Ferien im Sommer wie im Winter und diversen Weihnachts-, Oster- und Geburtstagsfesten fühle ich mich mit meiner angeheirateten Komplettfamilie so verwachsen, als habe sie immer schon existiert. Freunde und Kollegen erkundigen sich mittlerweile nach meinen Stiefkindern, ohne die sondierende Frage voranzuschicken: »Na, wie läuft es denn bei euch?«, die Hunde meiner Mutter kennen meinen Mann und seine Kinder so gut wie mich, und wenn wir beim samstäglichen Stadtbummel der Mutter oder der Großmutter der Kinder über den Weg laufen, fühlt es sich nicht mehr seltsam oder unnatürlich an, dass die Kinder nach einer herzlichen Begrüßung und kurzen Unterhaltung mit uns weitergehen – oder eben, je nach Wochenende, mit ihrer Mutter oder Großmutter. Am meisten staune ich selbst über diese gewachsenen Strukturen, die nach außen hin so modern und lässig anmuten und in Wahrheit archaischen Instinkten eher zuwiderlaufen.

Mit der Zeit habe ich aber auch gelernt, was mich als Stiefmutter von echten Eltern unterscheidet, und manche dieser Lektionen waren ernüchternd. Denn obwohl ich glaube, keine schlechte und erst recht keine böse Stiefmutter zu sein, habe ich mittlerweile auch herausgefunden, wo meine Grenzen liegen. Die heftige und überwältigende erste Verliebtheit ist abgeflaut, und ehrlicherweise muss ich zugeben, dass mir die Kinder nicht fehlen, wenn sie nicht bei uns sind – anders als meinem Mann, dem es immer schwerfällt, sich von seinen Kindern verabschieden zu müssen, und der wann immer möglich versucht, sie auch unter der Woche einmal zu sehen. Ich freue mich zwar stets auf die gemeinsamen Wochenenden, aber wenn einmal etwas dazwischenkommt und die Kinder ausnahmsweise erst am Samstag statt am Freitag zu uns kommen oder ihr Besuch um eine Woche verschoben wird, finde ich das schade, aber es macht mir nicht viel aus – anders als ihrem Vater. Und wenn wir unsere Pläne umwerfen müssen, weil ein Kinderwochenende kurzfristig getauscht wird, ärgert mich das mitunter – anders als meinen Mann, der eigene Vorhaben bereitwillig umlegt, wenn es um seine Zeit mit den Kindern geht. Ich kann ihn verstehen und er mich – aber wir können nicht die Rollen tauschen.

Doch nicht immer sticht die Karte des stärkeren Gefühls. Mein Mann kann sich beispielsweise ziemlich aufregen, wenn er von Klassenlehrern hört, dass eines der Kinder sich in der Schule danebenbenommen oder eine Faulheits-Fünf geschrieben hat. Er ist ins Mark getroffen, wenn das Verhalten seiner Kinder charakterlich nicht einwandfrei ist, wenn er von ihnen angeschwindelt oder für dumm verkauft wird. In solchen Situationen kommt uns allen zugute, dass mich solche Debakel etwas weniger tangieren. Gerade was Leistungsbereiche wie Schule, Musik oder Sport angeht, bin ich geradezu immun gegen Enttäuschung. Mir können meine Stiefkinder beichten, dass sie die Nachhilfe geschwänzt, eine Strafarbeit aufgebrummt bekommen oder Krach mit der besten Freundin haben, und ich werde es für mich behalten. Was umso leichter fällt, da es mich nicht aufregt. Als Stiefmutter habe ich keine genetischen Erwartungen an die Kinder, denn anders als ihre Eltern erkenne ich mich in ihnen nicht selbst wieder. Ihre vielen guten Eigenschaften, ihr Aussehen und ihre Begabungen haben sie ebenso wenig mir zu verdanken wie ihre kleinen Marotten. Zu den erfreulichen Paradoxien unseres Patchworks gehört, dass ich zwar kaum je von den Kindern enttäuscht, aber oft ungeheuer stolz auf sie bin – und zwar nicht aufgrund einer guten Note oder eines sportlichen Erfolgs, sondern auf ihr Wesen. Sei es ihre Hilfsbereitschaft, ihr Humor oder ihre Art, offen auf andere zuzugehen: all das erfüllt mich mit einer Freude, die sich durchaus elterlich und nicht neutral anfühlt.

Was hingegen Benehmen und Umgangsformen angeht, also jene Bereiche, die nichts mit genetischer Veranlagung und alles mit Erziehung zu tun haben, kann ich mich nicht darauf zurückziehen, dass ich dafür nicht zuständig bin. Da mische ich mich ein, habe es fast von Anfang an getan – auch wenn man davon mitunter wenig merkt. Andererseits sehe ich meine Arbeitsplatzbeschreibung auch nicht darin, jedes zweite Wochenende unentwegt an den Kindern herumzunörgeln oder alle zehn Tage aufs Neue Selbstverständlichkeiten zu predigen wie die, dass jeder seinen Teller selbst in die Spülmaschine räumen soll, Handtücher nicht nass auf den Boden geworfen gehören und man mit dem Essen bitte wartet, bis alle am Tisch sitzen. Zwar finde ich, dass solche Bemerkungen, wenn sie nottun, absolut gerechtfertigt und angebracht sind, aber eben nicht andauernd. Denn wenn ich mich in solchen Situationen selbst von außen betrachte, gefalle ich mir überhaupt nicht. Wer möchte schon gern eine strenge, pingelige und angesäuerte Stiefmutter haben? Steter Tropfen mag manchen Stein höhlen, aber er macht einen eben auch wahnsinnig. Also bemühe ich mich, mindestens jede zweite Ermahnung, die mir auf der Zunge liegt, herunterzuschlucken. Oder sie wenigstens in eine Bitte umzuformulieren: Könntet ihr bitte den Tisch decken, die Zimmertür zumachen, die Unterhose aufheben etc.

Überhaupt, wenn es ein einziges Verhaltensmuster gibt, das glückliche von unglücklichen Patchwork-Familien, ja sogar Patchwork von normalen Familien unterscheidet, dann ist es meines Erachtens genau in diesem scheinbar unspektakulären Akt des Respekts und der weniger besitzergreifenden Liebe zu finden: im Herunterschlucken von Kritik, Kommentaren und Bewertungen. Und zwar nicht nur auf Seiten des Stiefelternteils, sondern von allen Beteiligten gleichermaßen. Sich Kommentare oder Entgegnungen auf Kommentare zu verkneifen, mag wie eine Kleinigkeit klingen, aber das ist es nicht. Nicht nur ist es gar nicht so leicht, auf einen pampigen Satz nicht im gleichen Modus zu antworten, sondern oft sind es gerade die beiläufigen, kleinen Spitzen, die am meisten verletzen. Mütter sind unbeabsichtigt oft Meisterinnen im Fallenlassen von solchen gutgemeinten, aber in der Wirkung verheerenden Bemerkungen, die noch Jahre später im Gedächtnis ihrer Kinder nachhallen. »Zieh keine Röcke an, dafür hast du zu dicke Beine«; »Bitte sing nicht, du triffst keinen einzigen Ton«, »Wie, du hast eine Fünf geschrieben? Du bist wirklich ein Trottel!«.

Der Patchworker hingegen lernt rasch, nicht alles, was ihm durch den Kopf geht, auch gleich zu äußern. Wo eine Mutter ihrer Tochter vielleicht unumwunden sagt, dass sie in ihrer neuen Jeans dick aussieht, dass sie ihre neue Freundin nicht mag oder sie wegen ihres unaufgeräumten Zimmers als Schlampe beschimpft, sagt der Patchworker gar nichts. Denn wer schon Mutter und Vater hat, die einem die Meinung geigen, braucht nicht obendrein noch die Einschätzung der Stiefmutter in Kleidungs-, Freundes- oder Geschmacksfragen.

Natürlich muss man nicht alles gutheißen oder sich alles gefallen lassen, sondern kann den eigenen Bereich selbst gestalten, etwa mit Forderungen wie: Bei uns trägst du bitte nicht die Jeans mit mehr Löchern als Stoff, oder: Wenn nicht gegessen wird, was wir kochen, gibt es auch nichts anderes, oder: Diesen Freund kannst du treffen, aber wir möchten nicht, dass er hier übernachtet. So weit, so gut – solange man sich nicht der Illusion hingibt, dass die Regeln, die jedes zweite Wochenende gelten, auch sonst eingehalten werden. Denn so, wie es in Patchwork-Familien von Weihnachten bis Geburtstag alles doppelt gibt, gibt es auch zwei Erziehungsstile, zwei Arten von Kommunikation und meistens auch mindestens zwei Meinungen zu allem. Kinder, die zwischen zwei Haushalten pendeln, unternehmen jedes Mal eine mentale Weltreise von einem Pol zum anderen. Und sie entwickeln sich zu wahren Meistern im Umschiffen von etwaigen Untiefen in unmittelbarer Nähe dieser Gravitations-Zentren.

Wie alles in der Patchwork-Familie muss auch das Gebot, nicht jede Bemerkung gleich rauszulassen, von beiden Seiten anerkannt werden, damit der Friede gewahrt bleibt. Zum Glück weiß ich nicht, wie oft meine Stiefkinder mir gegenüber schon bissige Äußerungen unterdrücken mussten, wie oft sie bewusst auf gereiztes oder schlechtgelauntes Benehmen meinerseits nicht mit derselben Münze reagiert haben, um die Stimmung nicht weiter anzuheizen. Selbst wenn ich es mehr ahne, als dass ich es weiß, genügt diese Ahnung, um mir zu sagen, was für ein Glück ich habe, zwei so einfühlsame, kluge und umsichtige Stiefkinder zu haben. Mit dem, was in unserer Familie ungesagt bleibt, könnte man ganze Bücher füllen.

Streitereien, bei denen ein Wort das andere gibt und in deren Verlauf irgendwann jeder etwas sagt, was er später bereut, kommen bei uns kaum vor. Das liegt nicht etwa daran, dass wir eine Horde sanfter Lämmer wären, sondern es ist eine Form von Rücksichtnahme und Respekt. Und wenn doch einmal ein größerer Krach droht, hält sich mindestens einer zurück. Ist der Teufelskreis auf diese Weise unterbrochen, dauert es in der Regel nicht lange, bevor auch die anderen sich wieder beruhigen.

Viele Stiefeltern, mit denen ich mich unterhalten habe, begreifen sich als das ausgleichende Element ihrer Familie, und sind stolz darauf, eine Art Ventilfunktion zu haben. Eine Freundin sagt, sie sei der »Blitzableiter« – ihr Mann würde oft erst mit ihr sprechen, bevor er seinen Söhnen die Leviten lese, und sei dann schon milder gestimmt, während ihre Stiefsöhne umgekehrt häufig zunächst zu ihr kämen mit Problemchen und Kümmernissen, so dass sie ihnen raten könne, wie und wann sie ihrem Vater schlechte Neuigkeiten am besten mitteilen. Hinter dieser Filterfunktion, die auch deswegen so gern angenommen wird, weil sie einem das Gefühl gibt, wichtig, ja unentbehrlich fürs Funktionieren des großen Familienganzen zu sein, steckt meiner Erfahrung nach häufig der Wunsch, es allen recht machen zu wollen.

Eine Mischung aus Nähe und Distanz ist auch hier das entscheidende Regulativ. Stiefkinder und Stiefeltern bilden eine Form von Wahlverwandtschaft, die auch bei größter Vertrautheit und Zuneigung noch Grenzen der Intimität, ja Tabus kennt. Wo diese liegen und wie sie sich äußern, hängt stark mit dem Alter der Kinder zusammen. Jemand, der Stiefmutter oder Stiefvater eines Babys wird, also eines Wesens, für das man nur totale und keine eingeschränkte Verantwortung übernehmen kann, wird die Trennungslinien viel weniger empfinden als jemand, der die Elternrolle im Leben eines Teenagers zu besetzen sucht. Ebenso auschlaggebend ist, ob man die Alltags- oder die Wochenendrolle innehat. Jemand, der jeden Tag mit seinen Stiefkindern zusammen ist, wird vieles als Selbstverständlichkeit erleben, was sein Teilzeitgegenüber als Ausnahme einordnet, vom Verabreichen von Medizin über Diskussionen zu Kleidung bis hin zum Schmieren von Pausenbroten – Letzteres übrigens eine Disziplin mit besonderen Tücken.

Da meine zwei schon halbfertig, nämlich sechs und acht Jahre alt waren, als wir uns trafen, waren sie dem Alter der völligen Hilflosigkeit und Abhängigkeit bereits entwachsen. Weder musste ich sie füttern, noch ihnen Lesen, Schwimmen oder Radfahren beibringen. Wenn ich gebeten wurde, mit aufs Klo zu kommen, dann nur, um das Unheimliche eines fremden Ortes durch meine Anwesenheit zu vertreiben, und nicht, um beim Vorgang an sich zu assistieren.

Abhängigkeit erzeugt starke Bindung auf beiden Seiten, ohne dass diese noch viel dazutun müssen. Ganz so einfach war es bei uns nicht. Sondern in dem Maße, wie die Kinder mich ins Herz schlossen und das auch zeigten, traute ich mich, sie zu umarmen, zu knuddeln, mit ihnen herumzualbern und sie hier und da auch einmal zu ermahnen. Ich war geehrt, gerührt und ergriffen von ihrer Zutraulichkeit und fühlte mich dadurch in meiner Fürsorge für sie bestärkt. Aber es gab und gibt keinen Automatismus in unserer Beziehung, und bis heute ist unsere Liebe zueinander Schwankungen und Stimmungen unterworfen, so wie die Bindung zwischen Partnern, aber eben nicht die zwischen Eltern und ihren Kindern.

Ich liebe meine Stiefkinder – aber ich liebe sie nicht bedingungslos. Diesen Satz sagt man in der Regel nicht, aber ich sehe darin keine unangenehme Wahrheit oder gar eine Abwertung unserer

Beziehung, sondern ein ehrliches Bekenntnis, das praktisch alle Stiefeltern teilen, die ich kenne. Und das im Übrigen für die Kinderseite genauso gilt, wenn nicht noch mehr, denn Kinder sind extrem kritische Beobachter der Erwachsenen und überdies oft moralistische. Meine Stiefkinder sehen mich durchaus nüchtern – denn als Stiefmutter genieße ich, was meine Beurteilung angeht, nicht denselben Schutz wie ihre leiblichen Eltern, über die man sich als Kind noch so sehr aufregen mag, deren Status aber dennoch sakrosankt ist.

Anders als das unauflösliche Band Eltern-Kind ist die Beziehung Stiefeltern-Kind kündbar. Das muss sich nicht zwangsläufig in einer Trennung äußern. Mindestens so schlimm, wenn nicht noch schlimmer ist die innere Kündigung, wenn ein Kind und ein Stiefelternteil nicht miteinander klarkommen, aber gleichwohl Teil derselben Familie bleiben. Das klingt dann auf Kinderseite häufig so ähnlich wie dieser Eintrag beim Psychologieforum hilferuf.de: »Ich lebe jetzt seit circa acht Jahren mit meinem Stiefvater, meiner Mutter, meiner Schwester und einer Halbschwester zusammen. Im Laufe der Zeit habe ich aber immer mehr Hass gegenüber meinem Stiefvater entwickelt, und in letzter Zeit ist es extrem schlimm. Ich hasse es, ihn anzusehen, ihm in die Augen zu schauen, mit ihm in einem Raum zu sein oder mit ihm zu reden. Körperlicher Kontakt macht mich noch wütender, wenn er mich umarmen will oder so … Ich will einfach nicht mehr mit ihm in einem Haus wohnen, aber das Problem ist, dass ich meine Mutter auch nicht verletzen will, wenn ich mich abwende.« Auf die Frage nach dem Grund für ihre Abneigung schreibt die Jugendliche: »Ich glaube, der Grund dafür ist, dass ich bei allem, was er tut, immer im Hinterkopf habe, dass er mir meinen Vater weggenommen hat und alles nur macht, um meiner Mutter einen Gefallen zu tun oder sich bei ihr einzuschleimen. Er macht nie etwas NUR für mich oder für meine Schwester. Außerdem hat er mir nicht nur meinen Vater weggenommen, sondern auch meine Mutter. Ich hab

kaum noch Zeit, mit ihr ein Mutter-Tochter-Gespräch zu führen, weil er ständig alles mitkriegen will. Schlimmer ist ja noch,
dass meine Mutter ihm hinterher sowieso alles sagt, weil sie es
anscheinend ›nicht für sich behalten‹ kann.«

Aus einer solchen, ohnehin schon angespannten Situation
wird ein Schlachtfeld, sobald eine Seite ihre Abneigung nicht
länger verhehlt und damit den Pakt bricht, nicht alles zu sagen,
was man denkt. Am häufigsten scheint dies in der Pubertät zu
geschehen, und die dann aufgefahrenen Geschütze können verheerende Wirkung entfachen. Im Internet finden sich zahlreiche
verzweifelte Postings von Stiefeltern, die am Ende ihres Lateins
sind – und ihrer Nerven. Sie berichten von Stiefkindern, die sie
ignorieren, sich an keine Regeln halten, sie bewusst mit unauf-
geräumtem Zimmer oder stehengelassenem Essen zu provo-
zieren suchen. Diese Akte der Aggressivität führen dann
manchmal zu nicht mehr zu überbrückenden oder gesundzu-
redenden Zerwürfnissen, und damit zu Krisen auch zwischen
dem leiblichen und dem Stiefelternteil. Denn hinter solchen
Reizungen steckt, bewusst oder unbewusst, meist auch der Versuch, die Mutter oder den Vater vor eine unmögliche Entscheidung zu stellen – entweder dein neuer Partner oder ich.
Egal, wie es ausgeht: Die Wunden, die in solchen Situationen
entstehen, sind tief. Und fügen dem Patchwork-Muster keine
schönen bunten Flicken hinzu, sondern sind wie Löcher, die
mit einem Pflaster gestopft werden sollen.

In ihrem schon erwähnten Patchwork-Roman »Anderer
Leute Kinder« schildert Joanna Trollope so eine Situation.
Matthew, der seit kurzem mit Josie verheiratet ist, lebt mit
deren Sohn Rufus und seinen eigenen drei Kindern aus erster
Ehe unter einem Dach. Becky, mit fünfzehn die Älteste, macht
seiner neuen Frau das Leben schwer, wo und wie sie nur kann.
Gerade ist sie ausgerissen und war mehrere Tage lang unauf-
findbar; von der Polizei schließlich entkräftet nach Hause
zurückgebracht, liegt sie nun im Bett und weigert sich, die

Mahlzeiten, die Josie ihr bringt, anzurühren. Nach einer kurzen Diskussion mit ihrem Vater über das Essen hebt er an: »›Ich muss dir etwas sagen. Ich liebe Josie.‹ Becky erstarrte. ›Ich möchte, dass du das sehr genau weißt. Ich liebe sie. Und du sollst auch noch etwas anderes wissen: Ich liebe dich. Das ist eine Tatsache, was immer auch geschieht, was auch aus uns werden mag. Du bist meine Tochter, und ich liebe dich.‹ Becky verzog das Gesicht. ›Aber?‹, erkundigte sie sich zuckersüß. ›Kein richtiges Aber.‹ ›Was dann?‹ ›Du scheinst zu glauben‹, sagte Matthew und drehte sich wieder zu ihr um, um sie anzusehen, ›dass ich wählen muss zwischen dir und ihr. Aber das muss ich nicht. Ich möchte, dass dir das ebenso klar ist wie die Tatsache, dass ich dich liebe. Ich muss nicht wählen. Ich kann mit euch beiden gleichzeitig eine Beziehung haben. Mit dir und ihr.‹ Sie starrte ihn an. ›Kannst du nicht‹, sagte sie grob. ›Ich kann‹, sagte er. Er stand auf. Er wirkte plötzlich ungeheuer groß, wie er so nahe bei ihrem Bett stand. ›Du bist diejenige, die das nicht kann.‹«

Sobald die Honeymoon-Phase vorbei ist, die in unserem Fall einige Jahre währte, versteht man allmählich, dass die Beziehung zwischen Kindern und Stiefeltern nur so innig und vertrauensvoll sein kann, wie es beide Seiten zulassen. Und dass sie niemals ein Selbstläufer ist und auch nach vielen Jahren keiner sein wird. Als Stiefelternteil muss man sich um diese Beziehung bemühen wie um die zu seinem Partner und darf nicht davon ausgehen, dass sie, einmal etabliert, gleichbleibend bestehen wird. Und auch die Kinder müssen lernen, dass ab einem gewissen Zeitpunkt ihre bloße Existenz kein Garant mehr ist für die Zuneigung ihrer Stiefmutter oder ihres Stiefvaters, sondern dass sie sich diese wenn schon nicht verdienen, so doch wenigstens ihrer würdig erweisen müssen. Anders ausgedrückt: Stiefbeziehungen kann man verwirken – Eltern ebenso wie Kinder.

Endlich Freitag:
Wochenendfamilien und ihre Rituale

Bekanntlich hat jede Familie ihren eigenen Mief – aber was, wenn man zwei Familien hat und damit zwei verschiedene Arten von Stallgeruch? Wie bei den Tieren, die einander an der Duftmarke erkennen, tun sich auch viele Patchworker schwer, wenn die Kinder aus dem jeweils anderen Stall angereist kommen. Mit jemandem, der fremd riecht, kuschelt es sich nicht so gern. Da man aber Kinder nicht nach Art der Katzenmütter zur Begrüßung einmal komplett abschlecken kann, steckt man sie am besten einfach in die Badewanne.

Mir war mein Bedürfnis, die Kinder beim Wiedersehen alle zwei Wochen als Erstes einzuseifen, zu Beginn peinlich, doch zum Glück baden die meisten Kinder erstens sehr gern und zweitens ist es ein sehr selbstverständlicher Weg, die Unsicherheit und die kleine Fremdheit, die sich über die zurückliegenden zehn Tage ganz von allein anstaut, abzubauen. Immer wieder habe ich erlebt, dass die Kinder nach einem schüchternen Hallo und einem etwas verlegenen ersten Smalltalk wie verwandelt aus dem Schaumbad stiegen, nicht nur appetitlicher und hungriger, sondern ganz so, als hätten sie mit dem Dreck des Tages auch die Scheu abgespült. Lange vermutete ich, dass wir in dieser Hinsicht ein Einzelfall seien, doch aus vielen Gesprächen weiß ich inzwischen, dass eigentlich jeder den Impuls kennt, sein Kind von allem, was war, als man nicht zusammen war, zu reinigen. Natürlich kann man einen Teenager nicht mehr so in die Badewanne schicken wie ein Kind, aber glücklicherweise hat die Natur es so eingerichtet, dass sich mit dem Älterwerden und der damit einhergehenden Selbständigkeit der Kinder auch die Bereiche der eingreifenden elterlichen Fürsorge von allein regulieren.

Trotzdem gibt es natürlich Unterschiede zwischen Eltern und Stellvertreter-Eltern, gerade was den Grad der körperlichen

Intimität angeht. Sei es eine gewisse natürliche Hemmung davor, die Kinder auf den Mund zu küssen, oder der Umstand, dass die meisten Menschen völlig selbstverständlich Dinge essen, die das eigene Kind bereits auf dem Teller, dem Löffel oder auch im Mund hatte, dies aber bei den Kindern ihres Partners unwillkürlich eher vermeiden werden. Gerade in diesen fast unsichtbaren, instinktiven Alltagsgesten verraten wir viel von uns. Das gilt natürlich umgekehrt auch für die Kinder, die erst volles Vertrauen gefasst haben müssen, bevor sie nicht nur an der Seite ihres Vaters oder ihrer Mutter ins Bett zum Kuscheln gekrochen kommen.

Wie alles hat sich natürlich auch das Baderitual mit den Jahren verändert. Heutzutage lassen sich meine zwei Teenager-Stiefkinder nicht mehr in die Badewanne stecken, sondern bestenfalls zum Duschen schicken.

Ebenfalls verflüchtigt, zu unser aller Bedauern, hat sich das Ritual des Vorlesens, das über Jahre einen Fixpunkt der gemeinsamen Abende bildete. Bei der Titelauswahl durfte vor allem ich mich ausleben. Nach vielen Favoriten meiner Kindheit, von »Pu der Bär« bis »Mio, mein Mio«, avancierte Roald Dahl zum absoluten Lieblingsautor, von dessen Büchern die Kinder über Jahre nicht genug bekommen konnten. Im Anschluss votierte der jugendliche Familienrat gern für Bücher, die auch als Film von sich reden machten. Dazu gehörten die »Chroniken von Narnia« ebenso wie »Percy Jackson«. Das Gesetz, dass die Verfilmung nie vor der gemeinsamen Lektüre des Buches angeschaut werden sollte, erwies sich als so wirkungsvoll, dass die Kinder sich einmal sogar weigerten, mit ihrer Mutter im Kino den neuesten »Harry Potter« anzuschauen, weil wir mit dem Roman noch nicht fertig waren. Wenngleich die Zeit des allabendlichen Vorlesens inzwischen vorüber ist, genießen wir es alle nach wie vor, auf Reisen gemeinsam Hörbücher zu hören. So kann ich die Kinder ab und zu immer noch für Bücher gewinnen, die ihnen nicht von vorneherein geheuer sind. Atemlos lauschten sie Janne Tellers »Nichts«, und beim Schluss von John Greens »Das Schicksal ist ein mieser Verräter« flossen uns allen die Tränen. Das gemeinsame Erleben von Literatur mag seltener geworden sein, aber in unser aller Erinnerung spielt es eine große Rolle.

Zu den Ritualen, an die wir weniger gern zurückdenken, gehört der sonntägliche Abschied. Zu jener Zeit, da die Kinder mit ihrer Mutter in einer anderen Stadt lebten, war es besonders schlimm. Die emotionale Kurve des Wochenendes verlief meist so: Am Freitagabend waren alle froh, endlich wieder zusammen zu sein, aber auch etwas müde – die Kinder von der Woche und der Reise nach Frankfurt, mein Mann und ich von unseren Jobs. Der Samstag war unser aller Glückstag, vom Frühstück bis zum Abendessen waren wir ausgelassen und unternehmungslustig. Doch oft schlich sich schon beim Gutenachtkuss die Traurigkeit an – mit dem Bewusstsein, dass wir die Kinder bereits am nächsten Tag nicht mehr ins Bett bringen würden. Am Sonntag legte sich der nahende Abschied schon am Vormittag auf die Stimmung, die immer gedrückter wurde, bis es schließlich zum Flughafen oder Bahnhof ging. Seitdem wir alle wieder in einer Stadt wohnen, ist es besser geworden. Das Wissen, dass wir nur zehn Autominuten voneinander entfernt sind, hat unsere Abschiede wieder leichter gemacht.

Schweigen ist Silber, Reden ist Gold:
Die Kunst des Tischgesprächs

Familie ist für die meisten etwas so Selbstverständliches, dass man selten über sie nachdenkt. Bei Patchwork ist das anders. Wenn man nur jedes zweite Wochenende miteinander am Tisch sitzt, gibt es zwar theoretisch mehr als genug Gesprächsstoff – praktisch aber nicht. Anders als Familien, die dauernd zusammen sind, fühlt sich Patchwork manchmal an wie ein Treffen mit guten Freunden, von denen man vieles, aber nicht alles weiß, und über deren Leben man sich bei jedem Treffen erst mal auf den neusten Stand bringen muss. Insofern ist die Versuchung groß, am Freitagabend erst einmal all die bekannten Stationen abzuklappern: Wie läuft es in der Schule, was machen die Lieblingsfreunde, wie geht es beim Fußball/Tennis/Hockey/Klavierunterricht/Karate (Nichtzutreffendes bitte streichen, Mehrfachnennungen sind möglich). Davon abgesehen, dass eigentlich alle Kinder Weltmeister in der Kunst der nichtssagenden Kurzantwort sind (»Ja«, »Nein«, »Geht so«; »Nichts besonderes«, »Weiß nicht«), wird man dadurch, wie schnell diese Gespräche in einer Sackgasse enden, immer wieder daran erinnert, dass man zwar vertraut miteinander ist, aber eben nicht so vertraut, dass man sich all jene Anekdoten und Details erzählt, die den Kitt im alltäglichen Konversationgebäude ausmachen. Auf manche Fragen winken die Kinder lässig ab mit Bemerkungen wie: »Den kennst du eh nicht« oder »Nicht so wichtig«. Später merkt man dann an harmlosen Sätzen wie: »Leonie? Die ist doch schon vor Monaten weggezogen!« oder »Musik hatten wir nur im ersten Halbjahr« oder »Aber mein Fahrrad ist doch geklaut worden«, wie wenig man mitunter über das tägliche Leben der Kinder weiß. Natürlich kann man unverdrossen weiterfragen und ihnen alles aus der Nase ziehen, aber bei dieser Familienvariante der spanischen Inquisition fühlt sich letztlich keine Seite wohl.

Es mag seltsam klingen, doch meiner Erfahrung nach gelingt die Unterhaltung oft am besten, wenn man sich auf die Mahlzeiten *en famille* gedanklich vorbereitet und Fragen stellt, die nicht aufdringlich oder neugierig sind, sich aber auch nicht mit einem genuschelten »Weiß nicht« – »Geht so« – »Eher nicht« abfertigen lassen. Wenn eine gute Beziehung, wie Gregory Peck einmal meinte, einem Interview ähnelt, das nie zu Ende geht, besteht ein intaktes Familienleben in einem Gespräch, in dem keine Seite glaubt, die Antworten der jeweils anderen bereits zu kennen, sondern sich aufrichtig dafür interessiert. Was hast du in der letzten Woche Schönes erlebt, worüber habt ihr euch geärgert, welches Buch, welche Serie oder welcher Kinofilm lohnt sich – solche und ähnliche Fragen führen in die Mitte der Leben, an denen man selbst oft genug nur am Rand vorkommt.

Überhaupt: Mahlzeiten. Erst durch meinen Mann und seine Kinder ist mir die ganze Bedeutung gemeinsam eingenommener Speisen bewusst geworden. Als Einzelkind, das sein Mittagessen nach der Schule meist alleine und lesend verspeiste und dessen Vater oft so spät heimkam, dass auch er alleine aß, bin ich in einer Familie aufgewachsen, in der wir oft nur an den Wochenenden zusammen am Tisch saßen. Das fühlte sich jedes Mal wie etwas Besonderes an, nicht wie eine Selbstverständlichkeit. Als ich meinen Mann kennenlernte und erlebte, wie oft an einem Kinderwochenende bei ihm der Tisch gedeckt und anschließend wieder abgeräumt wurde, war ich zunächst verblüfft: so viel Aufwand für Mahlzeiten, die oft nur kurz dauern, wo sich doch auch jeder in der Küche etwas auf den Teller tun könnte. Und mitunter für die Kinder, die schon seit Stunden auf sind, eine lange Wartezeit, bis auch die Erwachsenen geschniegelt und gestriegelt auftauchen und endlich das Frühstück zubereiten. Inzwischen möchte ich das Ritual, gemeinsam zu frühstücken und zu Abend zu essen, auf keinen Fall mehr missen – davon abgesehen, dass es neben Ausflügen die beste Gelegenheit zum Austausch bietet. Gemeinsam einen Film anzuschauen oder ein Spiel zu spielen mag Spaß machen (meistens jedenfalls), ist aber nicht halb so kommunikativ.

Am schönsten finde ich es, wenn das Essen nicht einfach auf den Tisch gestellt wird, sondern alle zusammen kochen – oder zumindest alle dabei sind, wenn gekocht wird. Fast jeden zweiten Freitag gibt es bei uns Wohlfühlgerichte, die die Kinder besonders gern mögen, und die so etwas wie »Papi-Food« dar-stellen. Auch, wenn sie etwa die *Tagliatelle al papa*, also mit ihrer unverwechselbaren Lieblingssauce, schon Dutzende Male gegessen haben, freuen sie sich immer noch darüber, so wie wir inzwischen immer mal wieder mit Gerichten beschenkt wer-den, die die Kinder für uns zubereiten. Und während wir kochen, tummeln sich alle in der Küche, es wird herumgealbert und erzählt. Diese Zeit zwischen Ankunft der Kinder und dem Moment, da sich alle zum Essen setzen, ist so etwas wie die Aufwärmphase fürs Wochenende und dient für sie dazu, run-terzukommen, den Alltag, die Woche und ihr anderes Zuhause hinter sich zu lassen und da anzukommen, wo sie jetzt sind. Von jeher sind die Freitagabende auch die, an denen die Kinder freiwillig relativ früh zu Bett gehen. Von Anfang an hatte ich den Eindruck, dass sie sich an den Wochenenden bei ihrem Vater fallen lassen, geradezu erholen können. Denn genau wie ihr Vater und ich an ihren Wochenenden nur ganz selten Ein-ladungen annehmen, die die Kinder nicht mit einschließen, ver-abreden auch sie sich nicht pausenlos mit Freunden, wenn sie bei uns sind. Diese Häuslichkeit mag für die Kinder gelegent-lich langweilig sein, aber sie ist auf jeden Fall entspannend. Und dem Familiengefühl vielleicht dienlicher als ein sportliches, kulturelles oder gesellschaftliches Marathonprogramm, bei dem man zwar zusammen etwas unternimmt, aber letztlich nicht gemeinsam.

Sollbruchstellen:
Von Streitereien, Konflikten und alten Wunden

»Ich komme allmählich in das Alter, da man
daran denkt, sich eigene Stiefkinder zuzulegen.
Vielleicht eine dreizehnjährige Tochter,
zu der ich eine Beziehung aufbauen kann.
Mit ihr ausgehen, ihr ein Tattoo verpassen
lassen oder so. Mir kann es ja egal sein,
sie ist schließlich nicht mein Kind.«
Tracy Smith

Selbst wenn sich jedes Familienmitglied Mühe gibt, damit das
Modell Patchwork zum Wohle aller funktioniert (und ohne
eine gewisse Anstrengung tut es das nun einmal nicht), lernt
man mit den Stärken der anderen auch ihre Schwächen kennen,
oder sagen wir: ihre neuralgischen Punkte. Wenn man darauf
drückt, wird erst aufgejault und dann möglicherweise zum
Gegenschlag ausgeholt. Natürlich sind diese Punkte je nach
Familienkonstellationen und beteiligten Persönlichkeiten sehr
verschieden. Dennoch lassen sich einige besonders häufige
Konfliktfelder benennen.

1. Unterschiedliche Erziehungsvorstellungen

Zu einem Streit gehören immer zwei, bei Patchworkern noch
lieber drei bis vier: die leiblichen Eltern und ein oder zwei
Stiefelternteile. Dass jeder seine eigene Meinung in Erziehungsfragen hat, ist ohnehin schon stressig genug – aber jetzt hat das
Kind eine dritte Fünf geschrieben und das Halbjahreszeugnis
droht besorgniserregend auszufallen. Die Mutter arrangiert
einen Nachhilfelehrer und hält den Fall damit bis zum Beweis
des Gegenteils, also weiterer schlechter Noten, für erledigt. Der

Vater findet, allein mit zusätzlichem Pauken sei es nicht getan; um die Fleißzellen erfolgreich zu aktivieren, müsste noch eine Strafmaßnahme getroffen werden. Er schlägt vor, bis auf weiteres das Handy einzuziehen. Dagegen argumentiert der Stiefvater, das Kind brauche das Handy, zum Beispiel, um zu verabreden, wann er es vom Sport oder von der Schule abhole. Die Stiefmutter stimmt dem Vater grundsätzlich zu, findet aber wie der Stiefvater das Handyverbot auch nicht sinnvoll, und schlägt ihrerseits als Drohkulisse vor, das Taschengeld zu kürzen. Da das die Mutter zahlt, ist diese einverstanden, doch Vater und Stiefvater halten diese Idee nicht für zielführend, da das Kind sonst nie lerne, mit Geld umzugehen. Die Überlegung, ein mehrwöchiges Fernsehverbot auszusprechen, wird von der Mutter boykottiert unter Verweis darauf, dass sie die ganze Übellaunigkeit abbekommen würde, die eine solche Sanktion erfahrungsgemäß auslöse. Sie fordert eine Maßnahme, die alle gleichermaßen in die Pflicht nimmt: regelmäßiges Abfragen der Hausarbeiten, und zwar nicht nur in den Problemfächern. Sie argumentiert, dass das Kind, wenn alle vier Eltern ihre unterschiedlichen Begabungen in die Waagschale werfen, nicht nur in Mathe und Latein, sondern auch in Deutsch, Musik und Politik und Wirtschaft gute Noten haben könnte.

Da nie alle gleichzeitig zugegen sind und alle die Kinder betreffende Kommunikation meist zwischen den leiblichen Eltern abläuft, wird es aber sehr wahrscheinlich eine Weile dauern, bis alle Meinungen ausgetauscht sind. Ob es dann je zu einem gemeinsamen Beschluss kommt, der auch tatsächlich hüben wie drüben konsequent umgesetzt wird, sei dahingestellt.

Natürlich ist das ein eher harmloses Beispiel. Denn wer der Auffassung ist, dass zu jeglicher Erziehung vor allem Konsequenz gehört, wird Patchwork extrem aufreibend finden. Sogar in Fällen, wo die Eltern eine gute Arbeitsbeziehung etabliert haben und stets am selben Strang ziehen wollen, was den Nachwuchs angeht, sorgen Erziehungsfragen für Stress.

Selbst, wenn mehr oder minder drakonische Maßnahmen einmal beschlossen sind, wird man mitunter feststellen, dass sich nicht alle daran halten – und zwar vor allem nicht die Eltern, denen es schwerfällt, Verärgerung über ihre Kinder längerfristig an den Tag zu legen. Stiefeltern hingegen können eher rigoros sein im Festhalten an einmal gefassten Vorsätzen. Da sie emotional weniger beteiligt sind, fällt ihnen Strenge leichter, und dann sind sie irritiert, wenn der eigene Partner, der noch vor wenigen Tagen Regeln aufgestellt hat, plötzlich wieder ganz ausgesöhnt ist und so tut, als sei nichts gewesen. Die alles verzeihende Liebe von Eltern geht dem Stiefelternteil ab, und so sind Stiefväter und Stiefmütter nicht selten die strengere Partei – was sie bei ihren Stiefkindern natürlich weniger beliebt macht.

In allen Familien funktioniert das Prinzip *good cop, bad cop* – es ist immer ein Elternteil autoritärer als der andere, und wird darum gern als Drohkulisse benutzt. Welches Kind hätte noch nie den Satz gehört: »Warte nur, wenn ich das deinem Vater erzähle!«? In Patchwork-Situationen ist die Rolle des *bad cop* allerdings besonders undankbar, zumal wenn sie der Wochenendelternteil innehat. Das geht nur dann gut, wenn derjenige akzeptiert, dass es wichtiger ist, seinen Kindern Werte und Prinzipien zu vermitteln, solange dies noch geht, als den Wohlfühl-Papi oder die Schmuse-Mami zu geben.

2. Geheimnisse

Geheimnisse gehören zu Familien wie Monde zu Planeten. Doch während klassische Familiengeheimnisse meist gewahrt werden, um die Fassade aufrechtzuerhalten, handelt es sich bei Geheimnissen in Patchwork-Familien in der Regel um solche Geschehnisse, Abmachungen und Vereinbarungen, die auf der einen Seite gelten und von denen die jeweils andere nichts erfahren soll. Der Vater will nicht, dass die Mutter sofort von seiner neuen Freundin erfährt, die Mutter möchte vermeiden, dass ihr Ex von der kleinen Erbschaft ihrer Tante hört, beide hoffen, dass dem anderen nicht zu Ohren kommt, wie die eigene Familie nach der Trennung über sie oder ihn hergezogen ist. Und dann, wenn sie sich neu gebunden haben, möchten sie die Privatsphäre des Partners wahren.

Zum regelmäßigen und gesunden Lüften solcher größeren und kleineren Geheimnisse gibt es in Patchwork-Situationen die Kinder. Wenn sie in aller Unschuld oder mit einem gewissen Kalkül von dem Ärger, den der Stiefvater gerade im Job hat, von dem Streit der Stiefmutter mit ihrer besten Freundin oder vom Skisturz ihres Vaters erzählen, dann sind es noch die harmlosesten Varianten. Spätestens dann, wenn die vierjährige Tochter beim Abendessen davon berichtet, dass die Mami sich nachmittags öfter mit dem netten Familienfreund im Café oder zu Hause trifft, während ihr Neuvermählter im Büro oder auf Geschäftsreisen weilt, weiß auch der naivste Zuhörer, dass sich hier Komplexeres anbahnt und Zündstoff für jede Patchwork-Situation anhäuft. Eine solche Lage führt einem erneut vor Augen, dass in Patchwork-Familien das Wohl der anderen Seite für die Beziehungsbalance mindestens so wichtig ist wie das eigene. Darum gönnen in dieser Familienform auch Ex-Partner, die sich sonst vielleicht nicht mehr sonderlich grün sind, einander stabile neue Lieben, gute Jobs und robuste Gesundheit.

Für Kinder sind Informationen zunächst einmal etwas Neutrales, Unschuldiges, das sie nachplappern wie Papageien – doch sobald sie erleben, dass sie im Besitz einer Sache sind, mit der sie die Erwachsenen in irgendeiner Form beeindrucken und sogar beeinflussen können, bekommt ihr Sammeln etwas Reizvolles. Die Unschuld geht spätestens dann verloren, wenn sie erstmals erleben, dass die Eltern die ausgeplauderten Details gegeneinander als Munition einsetzen. Ein Kind, das hört, wie die Mutter den Vater am Telefon anfaucht: »So, so, einen Kurzurlaub mit deiner Freundin kannst du dir leisten, aber die

Zahnspange unserer Sohnes ist dir zu teuer« oder wie der Vater die Mutter rügt: »Wie konntest du unser Kind diesen gewalttätigen Film anschauen lassen, nur weil du abends ausgehen musstest?«, wird rasch begreifen, dass das Erzählen vermeintlich geringfügiger Begebenheiten zwischen getrennten Eltern ungeahnte Folgen haben kann.

Wenn sich die Familie dann noch vergrößert, weitet sich auch das Informationsfeld. Gerade Stiefeltern, die selbst keinen Nachwuchs haben, müssen erst lernen, dass Kinder eher zum Whistleblowertum neigen denn zur Geheimhaltung, zumal sie den Grund, weshalb eine Sache nicht unbedingt für jedermann gedacht ist, oft nicht kennen. Warum sollten sie denn nicht erzählen, dass ihr Vater seinen Boss für einen Vollidioten hält, dass ihre Mutter neulich zu einer Freundin am Telefon gesagt hat, ihre Schwiegermutter sei allein schon ein triftiger Scheidungsgrund gewesen, oder dass ihre Stiefmutter wegen zu schnellen Fahrens neulich den Führerschein abgeben musste? Das peinliche Potential von Informationen begreifen Kinder erst, wenn es schon zu spät ist. Oft hat das aber auch etwas Entwaffnendes. Einmal fragte die Stieftochter einer Freundin sie nach der genauen Adresse von deren Mutter. In der Vermutung, das Mädchen wolle ihr schreiben, um sich für ein Geschenk zu bedanken, schrieb sie ihr die Anschrift auf. Zufrieden steckte das Kind den Zettel in die Tasche. »Super, meine Mama will sich dein Elternhaus nämlich mal bei Google Earth angucken!«

Neben sachdienlichen oder einfach interessanten Tatsachen gibt es aber auch den Fall, wo man durch die Kinder etwas über die andere Seite erfährt, das man keinesfalls wissen wollte. »Too much information« nennt man im Angelsächsischen das Phänomen, wenn man über Dritte Dinge hört, die einen nicht nur nichts angehen, sondern von denen man ohnedies lieber keine Kenntnis bekommen hätte. Eine Freundin berichtete konsterniert, dass ihr Stiefsohn neulich aufgeregt erzählt habe, morgens um sechs hätte bei seiner Mutter die Steuerfahndung vor der Tür gestanden, während ein Bekannter, der seiner Stieftochter kurz sein Handy überlassen hatte, sich am selben Abend bei Tisch mit der Frage konfrontiert sah, wer denn eigentlich jene »Maus« sei, mit der er dauernd SMS austausche.

Nicht alle Kinder sind Plaudertaschen. Einige sind sogar solche Geheimniskrämer, dass die Trennung zwischen ihren Welten geradezu vakuumversiegelt anmutet. Meine beiden zum Beispiel erzählen kaum je etwas von daheim, und wenn, dann achten sie darauf, dass es Harmlosigkeiten sind. Allerdings bemühen wir uns auch, sie nicht auszufragen, weil wir aus Erfahrung wissen, wie unangenehm es sich anfühlt, bohrenden Fragen der Liebsten und Nächsten auszuweichen. Ob sie bei ihrer Mutter ähnlich zurückhaltend sind in ihrer Mitteilungspolitik, weiß ich nicht. Sicher ist, dass der Satz »Bitte erzähl das nicht Mama/ Papa« ins klassische Patchwork-Repertoire gehört, weil eine Trennung von Tisch und Bett, Konto- und Telefonnummer eben auch den Sichtschutz der Privatsphäre mit einschließen soll.

3. Loyalitätskonflikte

Damit wären wir auch schon bei der dritten großen Problemzone. Kinder in Patchwork-Familien stehen ständig vor der Frage, zu wem sie im Streitfall halten sollen oder dürfen. Und als wäre es nicht schwer genug, sich gelegentlich gegen die eigene Mutter oder den eigenen Vater stellen zu müssen, kommt mit Stiefeltern eine weitere Komplikation hinzu. Dass Mütter von ihren Kindern eine grundsätzliche Skepsis bis hin zur Opposition gegen die Stiefmutter erwarten, geschieht häufig, auch wenn es niemand gerne zugibt. Den meisten Frauen ist die neue Partnerin ihres Mannes ein Dorn im Auge, erst recht, wenn sie in ihr den Grund für die Trennung sehen, und sie möchten, dass die Kinder den Vater und die neue Frau dafür emotional bestrafen, da ihnen selbst diese Möglichkeit nicht mehr gegeben ist. Aber auch viele Männer sind nicht eben erpicht auf ihren Nachfolger. Daraus ergibt sich die paradoxe Situation, dass Eltern, die sich rein rational betrachtet natürlich wünschen müssten, dass ihre Kinder auch dann in guter Obhut sind, wenn sie nicht bei ihnen sind, kaum ertragen können, dass ihr Nachwuchs die neue Person in ihrem Leben mögen. Für kleine Kinder ist es praktisch unmöglich, sich den Erwartungen zu entziehen. So dauerte es mehr als zehn Jahre, bis die Söhne einer Freundin es über sich brachten, ihre Mutter darum zu bitten, die zweite Frau ihres Vaters zu Hause nicht ausschließlich als »das Biest« zu titulieren. Sie sei nämlich wirklich sehr nett, und auch, wenn die Mutter ihr nicht verzeihen könne, dass sie die Familie zerstört habe, sei es doch an der Zeit, die neue Realität auch verbal anzuerkennen. Meine Freundin, die den Spitznamen schon lange nicht mehr in böser Absicht, sondern einfach aus alter Gewohnheit verwendet hatte, war zerknirscht. Seither heißt das Biest auch bei ihr einfach Tanja. An diesem harmlosen Beispiel sieht man, wie sehr Loyalitätsfragen die Kinder belasten können – und wie unendlich schwer es ihnen fällt, sie von sich aus zu thematisieren.

Nicht genug damit, dass es für Kinder in Patchwork-Familien oft schon schwer genug ist, eine Gefühlsbalance zwischen den leiblichen Eltern zu bewahren, haben sie mit zusätzlichen Konflikten zu kämpfen – entweder, weil sie ihre Stiefmutter oder ihren Stiefvater mögen und sich das auf der anderen Seite nicht zu zeigen trauen, oder aber, weil sie mit dem Stiefelternteil nicht klarkommen und auch das nicht thematisieren aus Furcht, mit dieser Ablehnung des neuen Partners Mutter oder Vater zu brüskieren. Und wenn dann noch Halbgeschwister dazukommen, gilt es auch noch, auf deren Gefühle Rücksicht zu nehmen: über die Stiefmutter zu pesten ist eine Sache, eine andere, damit die Mama des geliebten kleinen Bruders oder des Nesthäkchens schlechtzumachen. Oder aber – denn in Patchwork-Familien hat jedes Problem mindestens zwei mögliche Konstellationen –, die Halbgeschwister sind das Hauptproblem, und das wiederum kann man Vater oder Mutter erst recht nicht gestehen, weil sie eben auch die Eltern der Geschwister sind. In solchen Situationen ist immer der andere Elternteil besonders gefragt, was dann wiederum zu der Frage führt, inwieweit man das, was er einem sagt oder rät, bei der anderen Fraktion zitieren sollte – womit wir wieder bei Punkt 2 wären.

Diese Loyalitätskonflikte sind nicht lösbar. Im besten Fall wachsen sie sich mit der Zeit aus, werden immer kleiner und verlieren schließlich an Bedeutung. Insofern bringt es nichts, sich deswegen zu zermartern. Es kann schon helfen, sich bewusst zu machen, dass die Kinder fast immer stärker unter diesen Situationen zu leiden haben als die Eltern. Sie haben keine andere Wahl, als sich auf die neuen Lebensumstände ihrer Erziehungsberechtigten einzustellen, mit allen Schwierigkeiten, die das mit sich bringt.

Natürlich haben auch die Erwachsenen mit Ungesagtem und Unsagbarem zu kämpfen, etwa wenn der neue Partner mit dem angeheirateten Nachwuchs nicht gut klarkommt und nicht wagt, seine negativen Gefühle anzusprechen.

Für Harmoniesüchtige und Popularitätsfanatiker gleich welchen Alters sind solche und andere schwelende Krisenherde extrem belastend, und sie verschwinden nicht dadurch, dass man sie negiert oder ignoriert. Wahrscheinlich habe ich leicht reden, da ich solche Gefühlsextreme eigentlich nur aus den Erzählungen von anderen Patchworkern kenne. Diejenigen, mit denen ich darüber geredet habe, konnten auch keine Patentrezepte geben. Nicht selten führen sie zur Trennung, oder zu einer derart schwierigen Phase innerhalb der Familie, dass einer in die Arbeit oder/und in die Arme eines anderen flüchtet und somit die Trennung vordergründig andere Ursachen hat. Diejenigen, die auch in harten Phasen geblieben sind und sie überstanden haben, scheinen darin nichts Besonderes zu sehen. Eine

Bekannte sagt schulterzuckend, sie habe immer damit gerechnet, dass es schwierig werden würde, aber Familie sei für sie nun einmal etwas Unkündbares. Da müsse man auch und gerade dann zusammenhalten, wenn einzelne Kräfte dagegen arbeiten. Menschen ließen sich sowieso nicht ändern, fügte sie hinzu, und wer es versuche, ende meistens unglücklich oder einsam oder beides. Vielleicht ist diese Mischung aus Fatalismus und Stoizismus das Geheimnis. Damit Patchwork gelingt, muss man lernen, Missstimmungen und Gefühlsschwankungen auszuhalten, und akzeptieren, dass die Zuneigung zwischen den unterschiedlichen Familienmitgliedern zugleich immer eine Sollbruchstelle markiert.

Wechselnde Partner, Eifersucht, Erziehungsfragen:
Die leiblichen Eltern im Stresstest

»Es gibt leider nicht sehr viele Eltern,
deren Umgang für ihre Kinder wirklich ein Segen ist.«
Marie von Ebner-Eschenbach

»Früher war die Familie eine Tankstelle,
jetzt ist sie eine Werkstatt.«
Graham Greene

In der französischen Filmkomödie »LOL (Laughing out Loud)«, eine Art »La Boum« fünfundzwanzig Jahre später, hat die sechzehnjährige Lola mit dem ersten Liebeskummer zu kämpfen, aber auch mit dem befremdlichen Umstand, dass ihre Eltern, die sich vor Jahren getrennt haben, gerade eine Affäre miteinander haben, die der Vater vor seiner neuen Partnerin geheim halten muss. Zu einer wunderbar komischen und absurden Situation kommt es, als der Vater entdeckt, dass seine Ex sich trotz seiner regelmäßigen Besuche in ihrem Bett in einen anderen Mann verliebt hat – und dass der ausgerechnet Polizist ist und (vielbeschäftigter) Drogenberater an Lolas Schule.

Irgendwann nach der Trennung hängt das Verhältnis der leiblichen Eltern entschieden von ein bis zwei weiteren Menschen ab, die nicht ihre Kinder sind: ihren neuen Partnern. Nicht jeder hat die souveräne Lässigkeit einer Stephanie Gräfin Pfuel, die dreimal verheiratet war und von zwei Ehemännern sechs Kinder hat. Ihr jetziger Partner, der Verleger Henrik TeNeues, hat seinerseits zwei Scheidungen hinter sich und einen Sohn mit in die Beziehung gebracht. Für die große Patchwork-Familie ist auf Pfuels Schloss in Bayern genug Auslauf, so dass sich niemand auf der Pelle hängen muss. Zu den Grundsätzen der Gräfin gehört, nachzulesen im Porträt-Band »Die Wahrheit über Patchwork«, dass sich die Ex-Partner niemals vor den Kindern schlechtmachen dürfen – was wohl jedem unmittelbar einleuchtet, für viele aber in der Praxis trotzdem nicht leicht umzusetzen ist. Stephanie Pfuel dürfte es auch deswegen relativ leichtfallen, da sie selbst wohlhabend ist und mit den Vätern der Kinder keine Unterhaltskriege führen musste. Damit blieb allen Parteien ein Großthema getrennter Eltern erspart. Doch zwischen geschiedenen Müttern und Vätern kann praktisch alles in einen Machtkampf ausarten, nicht nur die Frage, wer was für sie bezahlen muss, sondern auch, wer die Kinder wann, wie lange und unter welchen Bedingungen sieht und welche Grundsätze für den Nachwuchs bei Papa wie bei Mama gelten sollen.

Stabile neue Partnerschaften können sehr zur Entspannung der Elternbeziehung beitragen – aber fast immer erst dann, wenn beide Seiten glücklich gebunden sind. In dem Maße, in dem jeder stärker sein eigenes Leben lebt, schwindet die Fixierung auf die Fehler und Schwächen des anderen, und in den Vordergrund rücken jene, die einen über alle Differenzen hinweg ein Leben lang verbinden werden: die Kinder.

Stiefmütter oder Stiefväter hingegen, die es auf der anderen Seite mit einem Single zu tun bekommen, finden die Situation ausnahmslos härter als jene, die wie ich in ein Familiengefüge kommen, in dem die Mutter bereits wieder in festen Händen ist. Neue feste Partner bedeuten auch einen neuen Fokus, und damit weniger Zeit und Energie, um den Neuankömmling an der Seite des oder der Ex zu begutachten, einzusortieren und gegebenenfalls über die Kinder zu torpedieren.

Selbstredend können neue Partner die Verhältnisse aber nicht nur vereinfachen, sondern ebenso verkomplizieren. Denn sobald sie sich in Fragen der Kindererziehung mit eigenen Meinungen und Erfahrungen einmischen, was bei einer funktionierenden Beziehung ja richtig und wichtig ist, kommt es möglicherweise zwischen den leiblichen Eltern zu mehr statt zu weniger Konflikten. Wenn der Stiefvater sich zur Instanz erklärt, was die Manieren der Kinder angeht, und sich die leibliche Mutter hinter seinem breiten Rücken verschanzt, kann das für ebensolchen Konfliktstoff sorgen wie eine Stiefmutter, die die Kinder zu Vegetariern oder gar Veganern umzuziehen sucht. Gutgemeinte, aber ungebetene Ratschläge von Stiefelternteil zu Mutter oder Vater, die mit den Worten »Also wenn ich du wäre« anheben oder mit »Also ich finde ja sowieso, dass« sind jedenfalls meistens weit davon entfernt, Schneisen durch den Erziehungsdschungel zu schlagen, sondern hinterlassen eher tiefe Kerben in der Laune des Gegenübers. Auch die Neigung, den anderen vorzuschicken, weil er vermeintlich objektiver ist in seiner Beurteilung der Kinder, sorgt zuverlässig für miese Stimmung. Mein Mann und ich schätzen den Stiefvater der Kinder sehr, aber als der uns einmal aufsuchte, um uns von seiner Warte (er hat selbst Kinder aus einer früheren Beziehung) Ratschläge für unseren Umgang mit den beiden zu geben, lief er zwar thematisch offene Türen ein, aber die Art und Weise hatte etwas leicht Belehrendes. Auch wenn ich naturgemäß manches anders sehe oder in bestimmten Situationen anders handeln würde als die Mutter der Kinder, käme ich doch nie auf die Idee, ihr Tipps zu geben: Letztlich soll jeder vor seiner eigenen Tür kehren.

Wir haben nie konkret zu viert über Belange, die die Kinder angehen, diskutiert – auch wenn der Stiefvater und ich bei vielen Gesprächen insofern zugegen waren, als unsere Partner unsere Ansichten kannten und diese je nach eigenem Zustimmungsgrad in ihre Aussagen einfließen ließen. Selbst, wenn man von beiden Eltern eingeladen wird, beim Gespräch dabei zu sein und seine Meinung zu sagen, ist es meiner Erfahrung nach schwierig, den richtigen Ton zu treffen. Man hat die Wahl, entweder als wohlfeiler Besserwisser zu erscheinen, der kluge Sprüche klopft, deren Umsetzung er nicht beaufsichtigen muss, oder als Musterpsychologe, der den leiblichen Eltern das Verhalten ihrer Kinder verständlich zu machen sucht, oder aber als Erziehungsberater, der mit oder ohne eigene Erfahrung Tipps gibt. Nichts von alldem fühlt sich gut oder richtig an. Ich finde, in wichtigen Dingen sollen die Eltern miteinander reden und sich vor allem bemühen, zu einer Lösung zu kommen, bei der sie an einem Strang ziehen. Dass jeder von ihnen sich überdies auch noch mit dem Partner beratschlagt, versteht sich von selbst.

Manchmal rücken die Eltern einander wieder näher, wenn mit den Kindern auch die Probleme größer werden (siehe nächstes Unterkapitel), und sie merken, dass sich vieles gemeinsam besser bewältigen lässt. Oder aber ihre unterschiedlichen Auffassungen treiben sie noch weiter auseinander.

Besonders reiche und subtile Komplikationen auf der Elternebene ergeben sich auch aus den modernen Lebensformen. Der folgende Fall ist authentisch: Ein Mann mit zwei Kindern verlässt seine Ehefrau für eine neue Partnerin, die zuvor mit einer Frau verpartnert war und deren Sohn von einem Samenspender stammt. Dieser Samenspender entdeckt nach zehn Jahren der Absenz plötzlich sein Interesse an dem leiblichen Kind und klagt vor Gericht Erziehungsrechte ein. Ebenso fordert die

Ex-Co-Mutter, sie müsse den Jungen durch die Pubertät begleiten und erzieherisch auf ihn einwirken dürfen. – Man male sich die Falten aus, die die Patchwork-Decke in einem solchen Fall werfen kann!

Patchwork und Pubertät:
Kinder werden älter

»If it weren't for my mood swings I wouldn't get
any exercise at all.«
Schild an der Zimmertür eines Teenagers

»Die Freiheit des Menschen liegt nicht darin,
dass er tun kann, was er will, sondern darin,
dass er nicht tun muss, was er nicht will.«
Jean-Jacques Rousseau

Während glückliche Patchwork-Familien am liebsten mit einer fröhlichen Schar kleinerer Kinder abgebildet werden, führen praktisch alle Bücher und Filme, welche die Probleme von Stieffamilien beleuchten, mindestens einen Teenager in ihrem Personal. Die Pubertät ist in der Tat, wie die Schriftstellerin Eva Menasse es nennt, ein »Marianengraben«: man kann vorher nicht genau sagen, wer hinterher daraus auftaucht. Für Stiefkinder scheint das in besonderem Maß zu gelten. Die Metamorphose, die dieser Entwicklungsschub mit sich bringt, wirkt darum gerade im fragilen Patchwork-Gefüge bedrohlich. Spurlos jedenfalls geht dieses Kapitel an keiner Familie vorbei – erst recht nicht in einer Zeit, da die Facebook-Bekanntschaften der Kinder oft besser über deren Leben Bescheid wissen als viele Eltern.

Dass die Kinder groß werden, merkt man, wenn sie aufhören zu fragen, woher sie kommen, und sich weigern zu sagen, wo sie hingehen. Pubertät, das ist jene Phase, in der man von den

Junioren selbst auf simple Fragen kaum eine Antwort mehr bekommt, es sei denn, man stellt sie per SMS oder WhatsApp. Das Paralleluniversum, in dem sie sich befinden, kommuniziert am liebsten mit Daumen und Zeigefinger. Insofern lässt sich die Pubertätsintensität zwar vielleicht nicht mehr am dauerbelegten Heimtelefon ablesen, aber dafür umso deutlicher an der Handyrechnung, die sich mit einem normalen Monatstaschengeld nicht mehr bezahlen lässt.

Mit dem unabweisbaren Eintritt ins Teenageralter werden mehr Rechte eingefordert: das Recht darauf, ungeachtet von Schicklichkeit und gutem Geschmack Klamotten zu kaufen und zu tragen, auch mal ein Glas Wein mittrinken zu dürfen, abends lange auszugehen und ohne Rücksprache Verabredungen zu treffen. Im Gegenzug dieser neuen Selbständigkeit auf Pflichten stärker zu pochen, ist allemal einen Versuch wert, doch nicht sehr vielversprechend. Das hat Folgen für die Erziehung, die manche Eltern in diesem Stadium mehr oder minder einfach aufzugeben scheinen, weil die Aussicht auf Erfolg gen Null tendiert. Die amerikanische Filmemacherin Nora Ephron rät dazu, sich einen Hund anzuschaffen, wenn die Kinder in die Pubertät kommen. »Dann freut sich wenigstens einer, wenn er Sie sieht.«

Neben allem anderen, was in der Pubertät sonst noch anschwillt, wächst nun auch die Selbstgerechtigkeit, das Bedürfnis, seinen Empfindungen Ausdruck zu verleihen, gerade auch den Eltern gegenüber. Spätestens jetzt fallen Sätze wie »Du hast mir gar nichts zu sagen!«, auf die man als Stiefmutter noch weniger entgegnen kann denn als Eltern.

Wenn die erzählende Literatur, was immer noch erstaunlich selten vorkommt, sich dem Thema Patchwork nähert, dann ist es vor allem das uralte Beziehungsdrama zwischen Stiefmutter und Kind, das beleuchtet wird, zum Beispiel von der irischen Autorin Anne Enright in ihrem Roman »Anatomie einer Affäre«. Gina ist mit Sean zusammen, seitdem die beiden, die eigentlich mit anderen Leuten verheiratet waren, in flagranti erwischt wurden. Sean hat eine Tochter, Evie. Wenn diese bei ihnen ist, herrscht eine Art unheiliger Waffenstillstand zwischen den beiden weiblichen Wesen: »Wir begegnen uns im Vorübergehen. Ich weiche ihrer Wut aus. Ich fasse mich immer kurz. Ich bin immer nett. Ich schlafe mit ihrem Vater, während sie im Zimmer gegenüber schläft. Morgens komme ich aus dem Zimmer und stelle fest, dass sie bereits im Bad ist, oder sie poltert in irgendeinem zerschlissenen Pyjama in Babypink an mir vorbei. Wann immer ich sie sehe, ist sie gewachsen – und zwar gewaltig. Es ist, als würde man jede Woche einem anderen Fremdling begegnen. ... Evie war schon immer eine kleine Walze, ein Trampeltier. Ihre Ellbogen befinden sich dicht an ihrem Unterbewusstsein. In diesem Haus beschränkt sich ihre Tollpatschigkeit allerdings auf Gegenstände, die mir gehören.«

Die holländische Autorin Renate Dorrestein schildert in ihrem Roman »Stiefmuttertag« eine Frau, die es satt hat, zu allen unausgesprochenen Konflikten und Provokationen ihrer Teenager-Stieftochter Josefien gute Miene zu machen. Rückblickend lässt sie ihre Heldin, die auch sonst einige ungeschminkte Einsichten in die Psyche einer genervten Stiefmutter zu bieten hat, konstatieren: »Vermutlich sind sich alle Stiefmütter dessen bewusst, dass das Kind der Vorgängerin eine wandelnde Zeitbombe ist, eine Quelle heimlicher Kungeleien und latenter Loyalitätsprobleme, aber wer es einmal am Hals hat, entwickelt rasch die Gabe der Verdrängung.«

Der gute Vorsatz, nicht alles zu sagen, was man denkt, wird in der Pubertät auf harte Proben gestellt. Für viele Stiefeltern markiert die Pubertät mit all ihren Risiken und Nebenwirkungen aber auch einen wichtigen und erfreulichen Übergang: Plötzlich sind sie nicht mehr allein die Meckerer. Denn nun glauben die leiblichen Eltern einem endlich, was sie vorher als unmöglich von sich gewiesen haben: nämlich dass ihr Nachwuchs auch die ein oder andere schlechte Eigenschaft besitzt.

Wer selbst erlebt, dass seine Tochter bissige Bemerkungen schneller zückt als einst John Wayne den Colt, oder dass ihm der Sohn ohne die leiseste Verlegenheit ausgefeilte Lügen auftischt, kann sich nun auch vorstellen, dass die Kinder auch früher schon nicht ausschließlich süß und nett waren. Fast alle Stiefeltern können ein Lied davon singen, dass sich ihre Stiefkinder ihnen gegenüber ganz anders verhalten können, wenn der leibliche Elternteil nicht zugegen ist. Vor allem von Töchtern sind mir zahlreiche kleine Gemeinheiten überliefert worden, spitze Bemerkungen, kleine Provokationen und Manipulationen, ausgeführt mit verstörender Treffsicherheit, während Söhne offenbar eher an Ungestüm oder Unordnung über die Stränge schlagen, sobald keiner zugegen ist, dessen Ermahnung Gewicht hat. Wer früher ungläubige Blicke und Kopfschütteln erntete, wenn er von diesen Episoden erzählte, die sich immer nur dann abspielen, wenn der leibliche Elternteil es nicht direkt mitbekommt, dem wird nun Gehör geschenkt. Was die unschönen Eigenschaften des Nachwuchses angeht, so müssen Eltern sie eben selbst erleben, um an deren Existenz zu glauben.

Allerdings ist die Hoffnung, die Stiefeltern sich jetzt machen könnten, womöglich verfrüht. Denn wenngleich die Pubertät Abnabelung für beide Seiten und eine gewisse Ernüchterung bedeutet, kann sie auch für die eigene Beziehung zum Lackmustest werden. Bei den Konflikten, die jetzt auftauchen, geht es um mehr als die Frage, ob die Kinder im Haushalt mitzuhelfen haben oder wie viel Fernsehen erlaubt ist. Bemerkungen wie »Siehst du, ich hab doch immer gewusst, dass deine Tochter eine Zicke ist« oder die Feststellung, dass die fragwürdigeren Charakteristika des Nachwuchses nur vom anderen Elternteil stammen können, fallen nun vielleicht leichter als früher, kommen aber deswegen nicht besser an. Zumal solche saloppen Zusammenfassungen einen bei konkreten Problemen ähnlich wenig weiterbringen wie die Kommentare der Reporter ein Fußballspiel.

Der Sohn einer Bekannten etwa hat sich mit fünfzehn das Auto seines Stiefvaters »ausgeborgt« und ist damit zur Tankstelle gefahren, um »mal eben« Zigaretten zu kaufen. Über die Frage, was das Schlimmste an diesem Vorfall war – dass er das Auto genommen hat, selbstredend ohne Führerschein, und damit sich und andere massiv gefährdete, dass das Ganze mitten in der Nacht geschah und er sich heimlich aus dem Haus gestohlen hatte, der ebenfalls nicht legale Zigarettenkauf oder die hartnäckigen Lügen, die er ihnen anschließend auftischte –, ließ sich lange streiten. Ebenfalls viel zu bereden gab es bei den Patchworkern, die ihre Tochter in Abwesenheit von Mutter und Stiefvater bei einer Freundin wähnten, bei der sie übernachten wollte, und am Abend einen Anruf von der Polizei bekamen, weil sich zu der Überraschungsparty der jungen Dame durch einen Facebook Flash-Mob (»Susi hat sturmfrei!«) knapp hundert Jugendliche eingefunden hatten und der Lärm bereits die Nachbarn aus dem Bett geholt hatte. Sei es das heimlich gestochene Tattoo (»das ist doch so klein, das sieht doch eh keiner!«), das Ausprobieren des Drogenangebots an den Schulen (»ich habe nur einmal daran gezogen, mir schmeckt das sowieso nicht«) oder kleinere oder größere Diebstähle (»war doch nur ein T-Shirt, die anderen haben zwei Jeans eingesteckt«) – irgendwelche Hardcore-Fälle erlebt in den Großstädten fast jede Familie. Wenn sie herauskommen, schlägt die große Stunde der Vergleiche, und selbst sonst eher informationsscheue Teenies entwickeln plötzlich einen auffälligen Rededrang. Die immergleiche Botschaft, die man zur Rechtfertigung von Fehltritten in diesem Stadium zu hören bekommt, lautet: Aber der X oder die Y ist viel schlimmer, und was Z macht, wollt ihr euch gar nicht erst vorstellen!

Die krassesten Geschichten über Patchwork und Pubertät verdanke ich meinen Stiefkindern, die mit zig Beispielen aufwarten können, bei denen mir die Haare zu Berge stehen. Da ist zum Beispiel die Schulkameradin, deren Eltern seit der Trennung kein Wort mehr miteinander wechseln. So war es für sie einfach, der Mutter weiszumachen, dass sie am Wochenende wie gewohnt bei ihrem Vater sei, während der glaubte, sie sei auf Klassenfahrt, und das Mädchen in Wahrheit mit Freunden nach Amsterdam fuhr. Dass Eltern heute dank Handy nicht mehr den Umweg über den oder die Ex nehmen müssen, um mit ihren Kindern zu sprechen, macht das erfolgreiche Lügen in Patchwork-Situationen besonders leicht: Früher wusste man dadurch, dass ein Erwachsener ihnen den Hörer reichen musste, immerhin, wo sie waren. Ausgebufft reagierte auch jener Vierzehnjährige, der von seiner Mutter anhand seiner unzweideutigen Facebook-Einträge des unerlaubten Alkoholkonsums überführt wurde und prompt behauptete, die Postings stammten von seinen Freunden, die kein internetfähiges Handy hätten und daher in der Schule immer sein Telefon ausborgten. Da es auf dem Handy zu mühsam sei, sich immer neu einzuloggen, benutzten sie der Einfachheit halber seine Facebook-ID. Er habe rein gar nichts mit den Verabredungen zum Saufen zu tun, habe nicht einmal davon gewusst. Erst als die Mutter sich anschickte, seine Story zu überprüfen und besagte Freunde anzurufen, gestand er, die Einträge doch selbst verfasst zu haben.

Falls das Patchwork-Gefüge bisher eher angespannt und schwierig war, lautet die gute Nachricht, dass die Familie jetzt nicht mehr oberste Priorität hat. Eine Freundin besteht sogar darauf, dass die Teenie-Zeit des Stiefsohns ihre Ehe und Familie gerettet hat. Zum einen ließ er sich mit wachsender Unabhängigkeit von seiner Mutter nicht mehr so stark gegen sie aufhetzen, so dass sich ihr Verhältnis entspannte, wodurch sie die Chance bekam, mit ihm eine eigene Verbindung aufzubauen. Die wiederum bewährte sich, als er einmal mit einem Joint auf dem Schulhof erwischt wurde, und sich wegen des drohenden Schulverweises nicht traute, Vater oder Mutter davon zu erzählen. Der Junge wählte den Mittelweg: er beichtete alles seiner Stiefmutter. Die ging mit ihm zum Direktor und konnte verhindern, dass er von der Schule flog. Die Eltern erfuhren erst einige

Zeit später davon, aber seitdem sind meine Freundin und ihr Stiefsohn ein gutes Team. Ähnliche Eisbrecher-Erfahrungen, bei denen der Stiefelternteil zur Vertrauensperson wird, dem man von Liebeskummer bis Geldnöten alles beichten kann, und der mit Hilfsbereitschaft, Mitgefühl und Aufmunterung zur Stelle ist statt mit elterlichen Ermahnungen, gibt es häufig.

Das Verständnis und die Loyalität, die man als Stiefelternteil den Kindern des Partners in dieser Phase vergleichsweise leicht entgegenbringt, stößt bei diesem allerdings nicht zwangsläufig auf Begeisterung. Ein Freund hat sich von seiner zweiten Frau getrennt, weil er ihre an Gleichgültigkeit grenzende Toleranz gegenüber den Eskapaden seiner Kinder auf Dauer nicht aushalten konnte. Er habe in den dauernden Diskussionen darüber, ob es wirklich in Ordnung ist, wenn seine Tochter mit vierzehn die Pille nimmt, Marihuana raucht und bis Mitternacht aus ist, zu viel Respekt vor ihr verloren, sagt er. Wenn seine frühere Frau das so sehen wolle, sei das eine Sache – aber von seiner Partnerin erwarte er mehr Solidarität und Konsequenz. Diskrepanzen treten jetzt massiv zutage. Die alleinerziehende Mutter etwa hat gegen die täglich wechselnde Nagellackfarbe ihrer Tochter so wenig einzuwenden wie gegen deren Hot Pants oder das weit ausgeschnittene Top, über die sich der Wochenendvater und seine zweite Frau alle zehn Tage beim Abendessen aufs Neue echauffieren. Immerhin bleibt ihnen weitgehend jene klassische Situation erspart, die in der Pubertät erstmals und danach noch häufig auftritt und die von Al Bundy in der Fernsehserie »Eine schrecklich nette Familie« einmal treffend charakterisiert wurde: »Zuzusehen, wie die eigene Tochter von ihrem Date abgeholt wird, fühlt sich an, als würde man einem Gorilla eine millionenteure Stradivari überreichen.«

Dass die Pubertät die Eltern in eine Krise stürzt, weil sie unvereinbare Wertvorstellungen ans Licht bringt, kommt in Patchwork-Familien schon deshalb häufiger vor, weil es eben nicht dasselbe ist, ob das eigene Kind oder das Stiefkind sich betrinkt oder im Bett einer Schulkameradin erwischt wird. Insofern hat ein Patchworker-Paar, das diese Phase zusammen durchsteht, wahrscheinlich das Schlimmste hinter sich – zumindest, was die Kinder angeht, und zumindest so lange, bis diese selbst Familien gründen und es abermals ums Ganze geht.

Vieles wird jetzt auf Jahre festgeschrieben. Wer die ganze Pubertät über ein angespanntes Verhältnis zu seinen Stiefkindern hatte oder in dieser Zeit eines entwickelt, wird darüber auch in späteren Jahren vermutlich nicht mehr ganz hinwegkommen. Denn die alte Entschuldigung, dass man es mit Kindern zu tun habe, die noch nicht realisieren, welche Folgen ihr Tun und Sagen haben kann, gilt nun nicht mehr. Wer von seinen (Stief-)Kindern nicht respektiert wird, bekommt dies jetzt besonders bitter zu spüren, und wenn die Beziehung zuvor distanziert war, kann man froh sein, wenn sie nun in einen stillschweigenden Nichtangriffspakt übergeht anstatt in einen Dauerstreit.

Am kompliziertesten wird es in Familien, in denen beide Partner Kinder aus früheren Beziehungen haben, die womöglich auch noch gleichzeitig oder dicht aufeinanderfolgend pubertieren. Wohnen alle unter einem Dach, gelten wahrscheinlich auch für alle die gleichen Regeln. Aber häufig ist eine Kinderfraktion nur wochenendweise da und die andere ständig, so dass sich unterschiedliche Erziehungsstile extrem bemerkbar machen und jede kleinste Inkonsequenz sofort geahndet wird. Denn natürlich werden die Kinder nun ständig miteinander verglichen, und wenn ein Teil mit seinem Nachwuchs das Glück einer milden Pubertät hat, während der Partner mit seinen Kindern das andere Extrem erlebt, ist es nicht leicht, das eine nicht als Erfolg einer guten und das andere als Rache einer schlechten Erziehung zu interpretieren. Wehe, der Mann, dessen Kinder sich in der Pubertät vergleichsweise harmlos austoben, wagt es, seiner Frau, deren Kinder dauernd über die Stränge schlagen, einen Rat zu geben oder gar Kritik zu üben!

Überhaupt: Wohlfeile Besserwissereien aus einer Position eigener Unangreifbarkeit heraus kommen jetzt noch schlechter an als sonst. Denn dass manches Verhalten nicht den Standards entspricht, die man als Elternteil gern gesetzt hätte, ist an sich schon schwer genug auszuhalten, ohne dass ein anderer auch noch vorwurfsvolle Sätze mit »wenn du nicht« und »hättest du bloß« bildet. Die Schuldgefühle der Eltern sind außer direkt nach der Trennung wahrscheinlich nie wieder so groß wie während der Pubertät. Denn mit dieser Phase geht auch die Zeit der regelmäßigen gemeinsamen Wochenenden und der gemeinsamen Ferien ihrem Ende entgegen. Das ist nicht nur bitter aufgrund der uralten Erkenntnis, dass was Hänschen nicht lernt, auch Hans nimmermehr begreift, sondern weil die Kinder nun ihre Kindlichkeit verlieren und damit ein wichtiger eigener Lebensabschnitt endet.

Altersangaben drücken nur milde aus, was Pubertät bedeutet. Das habe ich zunächst vor allem den spontanen Beileidsbekundungen entnommen, mit denen ich etwa ab dem Zeitpunkt, da meine Stiefkinder zwölf und vierzehn waren, bedacht wurde. Offenbar sind die meisten Menschen der Meinung, dass Pubertät an sich schon schlimm genug ist, aber dass es noch eine Spur heftiger ist, wenn man sie mit Kindern durchmacht, die nicht die eigenen sind. Dabei erleben wir als Wochenendeltern definitiv nur eine Light-Variante von dem, mit dem die Mutter der Kinder täglich konfrontiert ist. Vieles bekommen wir gar nicht mit oder erst dann, wenn sich die Gemüter bereits wieder beruhigt haben.

Andererseits haben die kleinen und mittleren Krisen auch ihr Gutes. Denn wo es früher auch deshalb wenig Kontakt zwischen Mutter und Vater und darum auch zwischen der Mutter der Kinder und mir gab, weil kein Bedarf war, hat sich das Gesprächsvolumen in den letzten Jahren deutlich erhöht. Das führt zu einer neuen Normalität und Transparenz, die den Kindern nicht unbedingt geheuer und auch nicht immer lieb ist.

Denn während sie sich früher mehr oder minder auf den Grundsatz verlassen konnten, dass das, was am einen Ende gedacht und gesagt wird, dort bleibt – und vice versa –, tauschen wir uns nun detaillierter aus. Früher war es irrelevant, ob das, was sie uns erzählten, konsistent war mit dem, was sie ihrer Mutter sagten – sei es über Schule, Freunde oder Vorhaben. Das hat sich geändert. Inzwischen fliegen Ungereimtheiten schneller auf, sei das geflissentliche Nichtmitteilen einer zurückbekommenen Klassenarbeit oder eine faustdicke Lüge wie die, dass Omi während der Geschäftsreise ihrer Mutter auf sie aufpassen werde – und in Wahrheit eine Party geplant ist. Zwar mag die Einordnung, Bewertung und Reaktion auf solche Vorfälle zwischen den Haushalten nach wie vor unterschiedlich ausfallen, aber das gemeinsame Kopfschütteln verbindet dennoch.

Auch weil unter Teenagern altersbedingt verstärkt schlechte Laune, Frust und allgemeine Unausgegorenheit regieren, werden die Diskussionen und Streits unangenehmer. Da ist es oft nicht leicht, sich mitten in einer Auseinandersetzung daran zu erinnern, dass das Stiefkind eine verletzte Seele ist, die nun auch einmal anderen weh tun will. Das Bewusstsein, dass man auf die Wunden der Vergangenheit Rücksicht nehmen sollte, verschwindet mitunter, wenn man sich gerade selbst lauter Vorwürfe anhören muss oder unverdient mal wieder eine geballte Ladung miesepetriger Stimmung abbekommt. Doch die Regel, nicht alles zu sagen, was man denkt, wird von der Pubertät nicht außer Kraft gesetzt, sondern lediglich auf eine harte Probe gestellt. Zugleich treten in dieser Zeit oft schwerwiegende Probleme wie zum Beispiel Essstörungen auf, die Eltern, aber auch Stiefeltern vor die zermarternde Frage nach dem Auslöser stellen. Warum ist ein Kind so unglücklich mit sich und seiner Welt, dass es seinem Körper Nahrung verweigert? Wenn solche Sorgen in Patchwork-Kontexten auftreten, ist ihre verheerende Wirkung besonders groß, weil es dort viel schwerer ist, sich auf einen Lösungsansatz zu einigen, zumal wenn jede Partei die Schuld lieber bei der anderen sähe als bei sich.

Wie auch immer sie vorübergeht, auf die Pubertät folgt in jedem Fall ein neues Kapitel: spätestens ab jetzt müssen die Kinder ihr Verhältnis zu den Eltern und Stiefeltern auch selbst aktiv gestalten. Wer den Kontakt nicht sucht, wird ihn jetzt zu einem gewissen Grad verlieren. Denn nun ist die Beziehung eine unter Gleichen oder jedenfalls Gleichberechtigten. So wenig, wie die Kinder sich noch einen Wochenendfahrplan oktroyieren lassen, so wenig können sie im Gegenzug erwarten, dass ihre Eltern sich dauernd nach ihnen ausrichten. Die Ära der Babysitter ist vorbei; jetzt können die Teenies wenn schon nicht immer auf sich selbst, so doch auf kleinere Leute aufpassen.

Und noch etwas wird spürbar: dass die Nöte und Konflikte dieser Zeit neben Sorge, Pein und Frust auch eine neue Normalität mit sich bringen, eine Art Gelassenheit. Dazu trägt die Einsicht bei, dass Differenzen und Konflikte sich manchmal nur ertragen, aber nicht lösen lassen. Keine Familie ist perfekt: das weiß man zwar abstrakt, aber es sich einzugestehen, kann überraschend schwer sein. Vor der Pubertät meiner Stiefkinder war meine Patchwork-Familie in meinen Augen einfach großartig – Außenstehende würden sagen: zu gut, um wahr zu sein. Oder, wie Eva Menasse in ihrem Roman »Quasikristalle« bemerkt: »Nur wer keine Kinder hatte, konnte dermaßen übertreiben.« Wenn ich von den Problemen anderer Patchworker hörte, dachte ich früher insgeheim, dass sie uns nicht beträfen, oder jedenfalls nicht in dem Maße. Was natürlich nicht stimmt. Aber ich musste erst begreifen, dass Harmonie nicht alles und Glück keine Frage von Perfektion und Organisation ist. Vor allem aber, dass das Wohl und Weh unseres Patchworks nicht allein von meinem Bemühen darum abhängt.

Ich bin lässiger geworden. Dass meine Stiefkinder und ich unterschiedliche Vorstellungen von Zuverlässigkeit, Ordnung oder lohnenden Freizeitbeschäftigungen haben, regt mich nicht länger auf, und ich versuche auch nicht mehr, literarische Missionarsarbeit zu leisten oder mich sonstwie um jeden Preis »einzubringen«. Ich lege nicht mehr jede Bemerkung auf die Goldwaage, sondern gehe über manches einfach hinweg, so wie ich auch gelernt habe, nicht jeder Stimmung meiner Stiefkinder auf den Grund gehen zu wollen. Das meiste hat nämlich viel weniger mit unserer familiären Situation und noch weniger mit mir zu tun, als ich früher geglaubt habe.

Aber ich bin nicht die Einzige, die entspannter geworden ist. In den letzten Jahren haben wir uns alle ein dickeres Fell zugelegt. Wir haben uns aneinander gewöhnt und fragen uns nicht mehr dauernd, wie es um unser Zusammensein bestellt ist. Auch das macht Familie aus.

Was nicht zusammen gedacht war, sich aber gefunden hat: Eine Familie mit gemeinsamer Geschichte

»Erfolgreich sind Eltern, die ein Kind großziehen, das dann selbst für seine Psychoanalyse zahlen kann.«
Nora Ephron

Wenn man sie einmal überstanden hat, ist das Beste an schönen wie an schrecklichen Ereignissen, dass man gemeinsam auf sie zurückblicken kann. Patchworker schätzen an solchen Erinnerungen nicht nur, dass man sie miteinander teilt, sondern dass auch ihre Entstehung Gemeinschaftsarbeit ist.

Neulich haben wir alle zusammen darüber nachgedacht, was uns eigentlich von »normalen« Familien unterscheidet. (Ungeachtet des sofortigen Einwands der Kinder, dass getrennte Eltern und Stiefeltern in ihrem Freundeskreis doch längst »total normal« seien.)

Patchwork bedeute, sagte meine Stieftochter, ein dauerndes Entweder-oder-Gefühl. Das sei auch das, was sie am schlimmsten fände: dass man eben nie alle, die man liebt, auf einmal um sich habe, sondern immer hin und her pendeln müsse. Ihre beste Freundin, deren Eltern ebenfalls getrennt sind, stimmte zu: Das Pendeln sei in jeder Hinsicht einfach wahnsinnig anstrengend. Jeden zweiten Donnerstag alle Sachen zusammensuchen, überlegen, was man für das Wochenende bei Papi wohl brauchen wird, jedes Mal etwas vergessen, meist die Hausaufgaben, die man dann am Sonntagabend noch erledigen muss. Und emotional das dauernde Wechselbad zwischen der Vorfreude auf den einen Elternteil und einem schlechten Gefühl dem anderen gegenüber, den man zurücklässt. Daran werde sie sich nie gewöhnen.

Patchwork ist ein Familienpuzzle, bei dem aus Sicht der Kinder immer mindestens ein Teil fehlt. Das gibt Konflikten ihre existentielle Bedrohlichkeit und Freuden ihren bitteren Nachgeschmack. Die leidvolle Einsicht, dass diese Situation nicht auflösbar und letztlich auch nicht zu kompensieren ist, ist der Preis, den die Eltern zahlen. Das ist das harte Schicksal von Kindern, Müttern und Vätern im Zeitalter der multiplen seriellen Monogamie.

Das Wort Zuhause gibt es nicht im Plural. In diesem Umstand steckt, in nuce, die Tragik von Patchwork. Der Schutzraum Familie ist beschädigt, und das Gefühl absoluter Geborgenheit und Sicherheit unwiederbringlich dahin. Andererseits, darüber waren wir uns auch rasch einig, herrscht in Patchwork-Familien nie eine solche Enge wie in klassischen Familien, über deren Köpfen Traditionen, Verpflichtungen und emotionale Erwartungen schweben wie der heilige apostolische Glaube. Das Pendeln zwischen zwei gültigen Familien mit gleichberechtigten Ritualen und Weltanschauungen bedeutet Auswahl und damit eine gewisse Freiheit. Für Patchworker gibt es immer mindestens zwei Arten, die Dinge zu betrachten, Feste zu feiern,

Bräuche zu wahren. Wer in so einem dualen System aufwächst, aus dem sollte zumindest kein Dogmatiker werden. Wobei uns die Wirklichkeit und die Literatur selbst da mitunter eines Besseren belehrt – man denke nur an tragische Überkompensierer wie Thomas Manns Mose und seine rigide Suche nach festen Regeln in der Erzählung »Das Gesetz«: »Seine Geburt war unordentlich, darum liebte er leidenschaftlich Ordnung, das Unverbrüchliche, Gebot und Verbot.«

Natürlich stehen auch Kinder in Patchwork-Familien unter Erwartungsdruck, und sie wollen die Hoffnungen ihrer Eltern so wenig enttäuschen wie alle anderen. Aber da sie nun einmal in einer Konstellation leben, in der nie alle gleichzeitig bedient und befriedet werden können, erwerben sie zwangsläufig eine Eigenständigkeit, die nicht nur darauf beruht, dass sie meist alle zehn Tage die Reise von Mama zu Papa antreten, sondern dass sie für sich selbst eine Position beziehen müssen. Junge Erwachsene, die in einer Patchwork-Familie groß geworden sind, nehmen meiner Erfahrung nach zwar kein Blatt vor den Mund, was die Nachteile dieser Familienform angeht. Aber sie haben auch eine überaus klare Vorstellung davon, was sie sich für ihr eigenes Leben wünschen – und was nicht. Niemand aus dieser Generation, mit dem ich gesprochen habe, möchte die Patchwork-Erfahrung noch einmal wiederholen, aber ausschließen, dass es so kommen könnte, tut auch keiner. »Dann weiß ich aber wenigstens, was ich meinen Kindern auf keinen Fall zumuten würde«, sagt die fünfundzwanzigjährige Tochter eines Bekannten. »Vor allem würde ich versuchen, mit meinem Ex ein gutes Verhältnis zu haben. Ich habe als Kind extrem darunter gelitten, dass meine Eltern sich auch nach der Trennung weiter angefeindet haben. Sie haben kein gutes Haar aneinander gelassen. Das ging so weit, dass unser Vater uns abholte und unsere Mutter nicht einmal begrüßte. So begann jedes Papi-Wochenende mit einem Kloß im Hals.«

Dass die Art, wie die Eltern und angeschlossene Familienmitglieder miteinander umgehen, über Wohl und Weh von Patchwork-Familien entscheidet, wird mir immer wieder dann besonders bewusst, wenn wir tatsächlich einmal alle zusammenkommen, etwa bei Festen wie den Konfirmationen der Kinder oder als im vergangenen Herbst ihre Großmutter eine Einladung zur Apfelernte erhielt, die auf eines unserer Wochenenden fiel. Die Kinder schlugen vor, dass wir doch alle zusammen hingehen könnten, und so standen wir dann einträchtig mit Körben auf der Leiter: Mutter, Vater, Kinder, Großmutter, Stiefmutter. Schöner als all das rotbackige Obst aber war das innere Strahlen der Kinder. Auch wenn es solche Gelegenheiten nicht oft gibt und sie insofern keine Normalität darstellen, war doch spürbar, wie froh die Kinder waren, ihre ganze Familie bei sich zu haben, zumal wir uns alle gut verstehen und offen und herzlich miteinander umgehen. Als sich mein Mann bei seiner früheren Schwiegermutter für die Einladung bedankte, lächelte sie und sagte: »Ihr seid doch alle noch meine Familie.« Und genauso fühlt es sich an, sogar für mich, die ich doch gar nicht zum ursprünglichen Kreis dazugehöre.

Wenn ich die Patchwork-Schicksale Revue passieren lasse, von denen ich gehört, die ich miterlebt oder über die ich gelesen habe, fällt mir auf, dass die gelungensten Beispiele alle eines gemeinsam haben: dass die Eltern respekt- und vertrauensvoll miteinander umgehen, wenn schon nicht gleich nach der Trennung, so doch wenigstens einige Zeit später. Nur so spüren die Kinder, dass sie Mutter und Vater auch weiterhin gleichermaßen lieben dürfen und dass nicht einer der Böse sein muss. Lange Zeit habe ich geglaubt, dass das Verhältnis innerhalb der neuen Beziehungen der Eltern entscheidend sei für die Stabilität des Patchwork-Konstrukts, doch heute weiß ich, dass meine nur eine Nebenrolle ist. Das hat auch die – sehr freundschaftliche – Trennung der Mutter der Kinder vom Stiefvater gezeigt. Die Kinder mochten ihren Stiefvater sehr und haben nach wie vor Kontakt zu ihm, aber sein Auszug hat sie nicht, wie wir befürchtet hatten, in ihren Grundfesten erschüttert. Sie waren traurig, und die angespannte Zeit vor der Entscheidung hat sie belastet, weil sie natürlich mitbekommen hatten, dass etwas im Argen war. Aber dann haben sie sich rasch wieder bekrabbelt. Und weder zur Zeit der Trennung noch je danach ein böses Wort über ihren Stiefvater verloren. Meines Wissens haben sie aber auch nicht versucht, sich in die Beziehung zwischen Mutter und Stiefvater einzumischen – etwas, das Kinder bei ihren Eltern durchaus probieren.

Als Erwachsener glaubt man, dass eine Entscheidung, die rational nachvollziehbar ist, für Kinder größeres Verständnis und darum weniger Schmerz berge, und neigt darum dazu, ihnen Beweggründe und Auslöser einer Scheidung detailliert aufzuzählen. Doch kein Kind, das neben der Trennung auch noch die Zerstörung des Idealbildes von Vater oder Mutter verkraften muss, leidet deshalb weniger, im Gegenteil.

Den Verlust der heilen Welt kann kein noch so liebevoller Stiefelternteil wettmachen. Nach mehreren Jahren Patchwork ist das für mich Bemerkenswerte daran, dass die Kinder das nie erwartet haben – bloß ich habe es nicht gleich gemerkt. »Du musst doch nicht etwas wiedergutmachen, das du nicht verbrochen hast«, hat mein Stiefsohn einmal zu mir gesagt, als ich ihn wegen einer harschen Zurechtweisung in den Arm genommen und mich dafür entschuldigt hatte, ihn nicht so trösten zu können wie seine Mutter.

Viel früher als für mich war der Ausnahmezustand Patchwork für sie Normalität geworden. Über den Begriff Normalität denken wir bei unserem Gespräch länger nach. »Ich weiß nicht, ob es das trifft«, sagt meine Stieftochter. »Zwar ist es für uns normal, jedes zweite Wochenende bei euch und sonst bei Mami zu sein. Aber normal finde ich das deshalb nicht.«

Wir ersetzen Normalität mit Gewöhnung, und kommen so auf den vielleicht wichtigsten Unterschied zwischen Patchworkern und normalen Familien. Patchwork ist immer eine bewusste Familienform, eine, die über sich selbst nachdenkt. Nicht nur, weil ihre Entstehung aus der Entscheidung rührt, das Sorgerecht künftig getrennt auszuüben, und auch nicht nur, weil man sie anderen so oft erklären muss (Das ist die zweite Frau unseres Vaters, das sind die Kinder meines Mannes aus erster Ehe etc.). Sondern weil funktionierende Patchwork-Familien ihre relative Stabilität dem konstruktiven Verhalten aller verdanken. Denn hier ist nun einmal nichts selbstverständlich, weder das gute Verhältnis von Kindern und Stiefeltern, noch das von Halb- und Stiefgeschwistern oder das der Eltern untereinander. Damit all die Beziehungen gut sind und gut bleiben, darf sich keiner verweigern, sondern jeder muss seinen Teil beitragen – und das freiwillig. Per Anordnung oder gar Zwang funktioniert Patchwork nicht. Das macht diese Familienform aus, das macht sie zur Herausforderung. Alleine kann man sie nicht meistern. Man kann sich auf sie verlassen, muss dafür aber auch selbst verlässlich sein. Man kann auf sie vertrauen, muss sich des Vertrauens aber auch selbst würdig erweisen.

Wir sind eine Familie, die nach getrennten Anfängen einen gemeinsamen Weg eingeschlagen hat, und je länger dieser Weg wird, desto leichter, unbeschwerter und zuversichtlicher geht er sich. Wir müssen nicht mehr an jeder Gabelung Karte und Kompass zücken, dafür reichen wir einander die Wasserflasche, noch bevor wir darum gebeten werden, und machen uns gegenseitig auf Besonderheiten, Markierungen und Gefahrenstellen aufmerksam. Wir sind keine heile, aber eine zufriedene, ja glückliche Familie. Das gilt nicht nur für uns Erwachsene, sondern auch für die Kinder. Ich liebe meine Stiefkinder nicht nur, weil sie zufällig die Kinder meines Mannes sind, sondern ich liebe sie ebenso als die, die sie sind. Und ich glaube, dass auch sie mich nicht nur mögen, weil ihr Vater sich mich ausgesucht hat, sondern um meiner selbst willen. Und der Mann, der uns alle zusammengebracht hat? Der sagt, dass er von uns allen von vorneherein am wenigsten Zweifel am Gelingen dieser Familienform gehegt habe.

Die Kinder kommen jetzt in ein Alter, da die Wochenenden bei uns bald kein Automatismus mehr sein werden, so wenig wie gemeinsame Ferien, Weihnachts- oder Osterfeste. Sie haben künftig die Wahl, wann sie wie viel und welche Familie wollen. Natürlich hoffen ihr Vater und ich, dass sich an der Frequenz und der Innigkeit unserer Treffen dadurch nichts ändern wird, sondern dass sie ebenso sehr unsere Nähe suchen wie wir die ihre. Eine Basis dafür haben wir in den letzten Jahren immerhin geschaffen, jeder Einzelne und alle zusammen. Von dem Wort Zuhause gibt es keinen Plural, aber von Familie – unbedingt.

Ein neues Familienmitglied:
Die Patchwork-Familie wächst

Wir müssen euch etwas sagen:
Vom Mitteilen einer unmöglichen Nachricht

Es war ein Freitagabend im Dezember, genauer gesagt: der letzte Schultag vor den Weihnachtsferien, die die Kinder in jenem Jahr mit uns verbringen würden. Voll beladen und ausgelassen kamen sie zur Tür hereingepoltert, und als sie hörten, dass es gleich Fondue geben würde, stieg die gute Laune noch mal an.

Ich stand in der Küche, schnippelte Gemüse und versuchte mich zu erinnern, ob ich damals, als wir die Kinder gefragt hatten, ob sie einverstanden wären, wenn wir heirateten, auch so nervös gewesen war. Wahrscheinlich nicht, zumal ich mir damals ihrer positiven Antwort relativ sicher hatte sein dürfen. Außerdem war es seinerzeit eine ehrliche und offene Frage gewesen; wir hatten weder ein Datum für die Hochzeit noch sonstige Pläne. Sie hätten also tatsächlich ihr Veto einlegen können. Diesmal war ich völlig unsicher, wie die Reaktion ausfallen würde. Rückgängig machen ließ sich das, was wir ihnen erzählen wollten, jedenfalls nicht.

Wir setzten uns nach dem Essen aufs Sofa. Mein Mann sagte in bewusst heiterem Ton: »Wir müssen euch etwas sagen.« Die Kinder, die zunächst nicht im Geringsten beunruhigt schienen, fingen das leichte Timbre in der Stimme ihres Vater und die Blicke, die er und ich uns zuwarfen, offensichtlich auf, denn ehe wir noch zu Wort kamen, galt ihre Sorge bereits Größerem: Ob vielleicht das weihnachtliche Familienidyll der nächsten Tage durch berufliche Verpflichtungen oder ungeliebte Gäste getrübt werden könnte? Oder ob gar der geplante Besuch bei ihrer

Lieblingstante in Wien zu Silvester abgesagt werden müsse? »Jetzt sagt doch endlich, was ist denn?« Mein Mann sah mich an, und mir wurde klar, dass es an mir war, die Bombe platzen zu lassen. Außer dem euphemistischen Ankündigungsspruch, den ich mir zurechtgelegt hatte, aber eigentlich nicht hatte benutzen wollen, fiel mir nichts ein. Also holte ich tief Luft und sagte: »Wir haben zwei gute Nachrichten. Die eine: Ihr bekommt ein Geschwisterchen. Die andere: Wir bekommen ein Kind.«

Die darauf folgenden zwei bis drei Sekunden Stille kamen uns wie eine Ewigkeit vor. Kinder fast jeden Alters haben ein untrügliches Gespür für möglicherweise bevorstehende große Veränderungen – denn vor nichts haben sie größere Angst. Unsere beiden hatten mit allem gerechnet, nur nicht damit. Das war ihren Mienen anzusehen. Diese Neuigkeit musste erst mal verdaut werden. Die Verblüffung, um nicht zu sagen: der Schock, stand zumal meiner Stieftochter ins Gesicht geschrieben.

»Das ist aber nur *eine* Nachricht«, sagte mein Stiefsohn endlich, der ein Mathe-Ass ist und das Wackeln in meiner Stimme geflissentlich überhört zu haben schien. Seine Schwester umarmte wortlos erst mich, dann ihren Vater. Schließlich sagte sie: »Das ist ja toll. Aber ... Wozu wollt ihr denn noch ein Kind? Ihr habt doch schon uns.« Nach einigen Übersprungsfragen – wann kommt es, wird es ein Mädchen oder Junge, was haben die anderen gesagt –, war die Beklommenheit der beiden immer noch mit Händen zu greifen. Dass sie die Allerersten waren, die die Neuigkeit erfuhren, freute sie zwar, weil es ihnen zeigte, wie wichtig sie uns waren, half aber auch nicht, denn so konnten sie ihre Reaktion an keiner anderen ausrichten. Die Tochter meines Mannes war merklich darum bemüht, Freude zu zeigen und uns nicht merken zu lassen, dass dies nicht ihre einzige Empfindung war. Ihr Bruder, unlängst elf geworden, grinste verlegen, und ließ sich nach einigem Herumgedrucke nicht mehr entlocken als die Bemerkung, er könne uns nicht sagen, was er denke, »nie und nimmer« und »auf gar keinen Fall!«. Endlich rückte er doch damit heraus: »Ihr habt noch Sex? Wir dachten, ihr wärt mehr so die Kuschelfraktion.«

Damit brachte er das auf den Punkt, was wahrscheinlich einige gedacht hatten, wenngleich nicht in dieser Ausformulierung. Jedenfalls hatten sicher nicht nur die Kinder meines Mannes stillschweigend angenommen, dass sich die Nachwuchsfrage in unserem Fall nicht mehr ernsthaft stelle. Zum einen wähnten sie uns zu alt für solche Sperenzchen, zum anderen waren weitere Kinder in den zurückliegenden fünf Jahren nie ein Thema gewesen – zumindest aus ihrer Sicht.

Allerdings hatten sie selbst bemerkenswerterweise nie danach gefragt. Sonst war die Frage in den ersten Jahren mit meiner neuen Familie hingegen dauernd aufgetaucht: Willst du denn keine eigenen Kinder? Ich verstand denn Sinn dieser Erkundigung nicht. Eigene Kinder? Vor allem die Betonung auf »eigene« schien mir übertrieben und außerdem überholt. Denn ich hatte doch Kinder! Noch dazu zwei überaus gelungene. Und außerdem solche, denen ich nicht mehr die Windeln wechseln oder das Essen mit Messer und Gabel beibringen musste: Bingo! Insofern sah ich nicht, was eigener Nachwuchs mir hätte bescheren können, das ich nicht bereits erlebte. Und außerdem war ich nicht sicher, ob ich mir Kinder tatsächlich wünschte, und da ich nun schon zwei hatte, die mich überdies ziemlich ausfüllten, stellte ich mir die Frage nach weiteren lieber nicht. Und mein Mann, der zwar nie einen Zweifel daran gelassen hatte, dass er gern ein Kind mit mir hätte, und das Thema gelegentlich aufwarf, drängte nicht.

Nun aber hatte die Kraft des Faktischen die Skepsis erfreulich widerstandslos niedergerungen, und zum Glück hatten nicht nur die Kinder meines Mannes, sondern auch ich selbst noch gut sechs Monate lang Zeit, mich an den Gedanken zu gewöhnen, dass wir bald zu fünft sein würden.

Ihr habt doch schon uns:
Ängste und Befürchtungen der Geschwister

»Das Problem mit Kindern ist,
dass man sie nicht umtauschen kann.«
Quentin Crisp

Nicht nur in Patchwork-Familien ist ein weiteres Kind aus
Geschwistersicht eine gänzlich überflüssige Anschaffung. Wozu
brauchen Eltern noch eines, wo doch das oder die vorigen schon
so gut geraten sind? Und da selbst Kinder schon wissen, dass
ihresgleichen Schlaf, Nerven und Geld kostet, bleibt ihnen als
Erklärung häufig nur die bittere Schlussfolgerung: »Die Leute
kriegen neue Babys, wenn ihre ersten Babys groß und hässlich
und nervig geworden sind.« So jedenfalls legt es Willy seinem
Freund Jonas im Buch »Babyalarm« von Kim Fupz Aakeson
und Eva Eriksson dar. Die Geschichte handelt von der elementaren kindlichen Angst vor einem Geschwisterkind, und da den
fünfjährigen Jonas die Begründung seiner Mutter (»Wir kriegen
noch ein Kind, weil Babys so niedlich sind und so gut riechen«)
nicht restlos überzeugt, fragt er seinen Kameraden Willy nach
dem wahren Grund. Der nährt den schlimmen Verdacht, dass
die Eltern vor allem deswegen ein Baby bekommen, weil sie
Jonas nicht mehr so liebhaben wie früher. Das leuchtet Jonas
schon deswegen ein, weil er selbst mit dem Teddy, von dem er
früher unzertrennlich war, inzwischen überhaupt nicht mehr
spielt. Die Behauptung der Fernsehfrau mit den vielen Hunden,
dass sie die hässlichen nicht weniger gern habe als die süßen,
findet Jonas ähnlich schwer zu glauben wie Omas Aussage, dass
mit jedem neuen Kind auch mehr Liebe auf die Welt kommt, so
dass niemand deshalb etwas abgeben muss. Er empfindet den
Neuankömmling als Bedrohung und als Kritik an sich, als kla-
res Zeichen dafür, dass er seinen Eltern nicht genügt.

Die geschwisterliche Befürchtung, selbst ins Hintertreffen zu geraten, sobald ein neues Kind dazukommt, ist normal. In Patchwork-Konstellationen wird sie aber akuter empfunden als in normalen Familien, da die Mitglieder hier bereits schmerzlich erfahren mussten, dass manche Liebe nicht für immer hält. Zusätzlich verunsichernd kann die kindliche Überlegung wirken, dass das neue Familienmitglied der aktuellen, mutmaßlich glücklicheren Beziehung entstammt, während man selbst den abgelegten Partner als Vater oder Mutter hat. So erscheint das neue Kind doppelt aufgewertet. In jedem Fall bildet sich eine Kernfamilie innerhalb einer Patchwork-Familie heraus – und dass dies alle Beteiligten zu ständigen Vergleichen einlädt, die weder sinnvoll noch hilfreich sind, liegt auf der Hand.

Dass die Neuigkeit zu Beginn einer längeren gemeinsamen Zeit mit uns über sie hereinbrach, mögen die Kinder zunächst als Belastung empfunden haben, gerade angesichts der ansonsten schönen und harmonischen Weihnachtszeit – zumal wir Heiligabend wie stets bei meiner Mutter verbrachten, die natürlich ganz aus dem Häuschen war vor Freude über das zu erwartende erste »richtige« Enkelkind. Mein Mann und ich hingegen waren froh, die Kinder länger als gewöhnlich bei uns zu haben, um eventuelle Nachwirkungen unserer Mitteilung beobachten zu können und ihnen außerdem nicht nur zu sagen, sondern auch zu zeigen, dass sich für sie nichts ändern würde. Die ersten Tage verliefen ereignislos; außer, dass die Kinder besonders anhanglich waren und sich etwas haufiger als sonst verzogen, um in Ruhe zu telefonieren, schien alles wie immer. Aber die Präsenz des Neuen war unabweisbar. Da nun auch andere Verwandte und Freunde davon erfuhren, war das Baby Gesprächsstoff Nummer Eins. Die Kinder nahmen souverän Glückwünsche entgegen, begutachteten meinen noch unauffälligen Bauch, stellten Fragen zum Verlauf einer Schwangerschaft und löcherten uns nach möglichen Namen.

Dass sie die Nachricht schwerer nahmen, als sie uns zeigten, erfuhren wir durch ihre Mutter, die nach einigen Tagen ein S. O. S. funkte: Die Kinder, zumal die Tochter, seien ziemlich durch den Wind wegen des Geschwisterchens. Das hatten die beiden mit ihrer Fröhlichkeit und liebevollen Anteilnahme gut überspielt – weil sie offenbar fürchteten, uns mit einer ablehnenden Reaktion zu verletzen. Ich erinnere mich noch gut daran, wie beklommen mir zumute war, denn wie sollte ich, die ja gewissermaßen Grund des Kummers war, sie trösten? Also machten wir einen langen Spaziergang – meiner Erfahrung nach die beste Gelegenheit, um über schwierige Themen zu reden, gerade weil man sich nicht dauernd in die Augen sehen muss –, und fragten die Kinder nach ihren Ängsten. Die schlimmste Furcht: dass ihr Vater sie weniger lieben würde. Davon, dass ich sie weniger lieben würde, wenn ich erst ein eigenes Kind hätte, waren sie mehr oder weniger bereits überzeugt. Dass Liebe kein Kuchen ist, der kleiner wird, je mehr davon essen, und dass nicht nur ihr Vater und ich, sondern auch sie selbst den neuen Menschen lieben würden, ohne dass dadurch für uns andere weniger bliebe, leuchtete ihnen irgendwann ein. Doch Reden und Umarmen konnten die Sorgen zwar verringern, aber nicht ganz vertreiben. Die größte Hilfe und der beste Trost war unsere Reise zur Verwandtschaft. Denn dass ihre Cousinen und Cousins, ebenso wie Tante und Onkel und Großmutter, die Nachricht uneingeschränkt gut fanden, und ihnen mit dieser entschiedenen Bejahung Sicherheit gaben, war unübersehbar. Niemand behandelte sie anders oder würde sie anders behandeln: ihr Platz im Familiengefüge war sicher. Doch das neue Kind stünde zur Verwandtschaft im selben Verhältnis wie sie. Für sie beide würde es ein Halbbruder oder eine Halbschwester sein, aber für die Cousinen und Cousins würde es keine solche Einschränkung geben. Irgendwie trug diese Aussicht zu ihrer Beruhigung bei. Das neue Kind würde dazugehören, aber sie selbst deshalb nicht weniger. Und da sie außerdem ganz vernarrt sind in ihren kleinen Cousin, erschien die

Aussicht, demnächst selbst einen solchen Wonneproppen im Hause zu haben, plötzlich sogar halbwegs verlockend.

Nach der ersten Zeit der häufigen Gespräche über die Veränderungen, die das Kind mit sich bringen würde – viele davon ganz pragmatischer Natur: wo würde es schlafen (nicht in ihrem Zimmer), würden wir künftig noch alle ins Auto passen –, hatten wir auf den Rat einer befreundeten Kinderpsychologin hin aufgehört, mit dem ständigen Nachfragen das Kind zum Ausnahmezustand zu erklären. Sie hatte uns empfohlen, den Kindern vielmehr möglichst rasch den Eindruck einer handfesten neuen Normalität zu vermitteln und nicht durch dauerndes besorgtes Erkundigen nach ihrem Gefühlszustand den Eindruck aufkommen zu lassen, dass wir mit Ängsten rechneten. Wir bezogen sie in alles ein, von der Auswahl des Buggys bis zum Babybett, versuchten aber zugleich, sie mit dem Thema nicht zu bedrängen. Das Angebot, an den Veränderungen aktiv teilzunehmen, sollte es geben, aber nicht die Verpflichtung. Und siehe da: Dieser Geist der Freiwilligkeit wirkte ansteckend. Mein Stiefsohn kam auf die Idee, sein Lego auszusortieren, und füllte ganze Tüten mit ersten Bausteinen für den kleinen Bruder (mittlerweile wussten wir, dass es ein Junge werden würde); seine Schwester nähte dem Baby sein erstes Schmusetier und schenkte es mir zum Geburtstag.

Trotzdem dürften die Monate, die bis zur Geburt vergingen, für die Kinder alles andere als einfach gewesen sein. Darin, wie wenig sie uns mit ihren Sorgen belastet haben, sehe ich einen großen Liebes- und Vertrauensbeweis. Sie wollten uns, vor allem mir, die Vorfreude auf keinen Fall nehmen. Und je größer die Aufregung wurde, desto mehr schwanden die Befürchtungen. Der Sohn meines Mannes, der ohnehin weniger Verlustängste hat als seine Schwester, redete regelmäßig laut und deutlich mit meinem Bauch, damit sich der Bruder an seine Stimme gewöhnen sollte. Seine ältere Schwester war noch anschmiegsamer als sonst, ihrem Vater gegenüber, aber auch mir.

Es war, als würde mit jeder Umarmung nicht nur die Beziehung zwischen uns dreien, sondern auch zwischen ihr und unserem Nachwuchs inniger.

Hinzu kam, dass wir ziemlich beschäftigt waren. Da der Geburtstermin just zum Beginn der großen Ferien anstand und somit früh klar war, dass wir in jenem Sommer keine gemeinsame Reise würden unternehmen können, machten wir vorher viel zusammen, nutzten verlängerte Wochenenden für Ausflüge und bemühten uns in jeder Hinsicht, den Großen zu zeigen, dass ihnen der Kleine nichts wegnehmen würde.

Als unser Sohn geboren wurde, waren seine großen Geschwister die Ersten, die ihn besuchten. Neugierig und etwas schüchtern traten sie ins Zimmer. Inzwischen habe ich den Vergleich und weiß, dass sie bei ihrer kleinen Schwester weit weniger nervös waren – da hatten wir alle schon mehr Übung. Doch ist mir der Moment, als wir das erste Mal tatsächlich zu fünft waren und die Tochter meines Mannes ihren wenige Stunden alten Bruder im Arm hielt, unvergesslich. Plötzlich waren es nicht mehr die drei und ich, sondern wir alle zusammen. Vielleicht lag es an dem Gefühl, dass das Band, das mich mit meinem Mann und seinen Kindern verband, mit einem Mal viel stärker, ja unverbrüchlich geworden war. Drei Beziehungen, die sich bis dahin immer noch als temporär hätten erweisen können, würden nun in meinem Leben immer eine Rolle spielen, ebenso wie in dem des gerade geborenen Kindes. Aus Wahlverwandtschaft war Familie geworden. Hatten also alle, die immer schon behauptet hatten, ich bräuchte ein eigenes Kind, doch recht gehabt?

Freunde, vor allem Freundinnen, hatten mir immer wieder gesagt, ohne eigene Kinder würde ich Patchwork nicht überleben. Vielleicht drückten sie es nicht ganz so drastisch aus, aber die Botschaft war unmissverständlich: Wenn nicht direkt um Macht, so ging es doch um Mehrheiten. Als Wochenend-Zweitmutter würde ich immer die Außenseiterin bleiben, die austauschbare Partnerin des Vaters, für den seine Kinder stets an erster Stelle kommen würden. Mit einem eigenen Kind hingegen würde ich im Rang aufrücken und wäre endlich gleichberechtigt. Nicht nur mein Mann, auch seine Kinder würden mich ganz anders wahrnehmen. So zumindest der Tenor vieler gutmeinender Freunde und Verwandter. Weil es mir bei solchen Prophezeiungen und Ratschlägen vor allem um die Feststellung zu gehen schien, dass ich Grund zur Eifersucht hätte, sei es auf die Liebe meines Mannes zu seinen Kindern oder auf deren Liebe zu ihm, reagierte ich darauf jahrelang mit ähnlichem Kopfschütteln wie meine Stiefkinder. Wenn uns in ihrem Beisein jemand fragte, ob wir vielleicht noch eigene Kinder wollten, sagten sie vergnügt: »Wieso sollten sie, Felicitas hat doch uns!« Das verstand nicht nur ich als Kompliment und freute mich darüber. Dass darin auch die implizite Annahme mitschwang, dass, wenn überhaupt, nur ich den Wunsch nach einem Kind verspüren könnte, fällt mir selbst erst jetzt auf. Für ihren Vater hatten sie das Bedürfnis nach weiterem Nachwuchs im Grunde bereits ausgeschlossen.

Bezeichnenderweise haben die Kinder selbst uns nie gefragt, ob wir möglicherweise gern ein gemeinsames Kind hätten. Sie haben das Thema höchstens über Bande gespielt, indem sie uns gelegentlich erzählten, dass andere sie darauf angesprochen hätten. Mein Mann und ich stellten darauf unweigerlich die Gegenfrage: Und, was habt ihr geantwortet? Die Kinder, strahlend: »Dass ihr keine Kinder braucht, weil ihr ja schon uns habt.« Mit den Jahren etablierte sich eine weitere beliebte Antwort: »Noch ein Kind? Ich glaube, das tun die sich nicht an.« Erspart blieb uns immerhin, wenngleich wohl nur um Haaresbreite: »Dazu sind die doch schon viel zu alt!«

Ob sie uns nie gefragt haben, weil sie doch ein wenig Angst vor der Antwort hatten oder weil sie wirklich so sicher waren, dass sie sowieso negativ ausfallen würde, weiß ich nicht. Was ich weiß, ist, dass wir ihrer Annahme nie explizit widersprochen haben – nicht nur, weil das Thema Kinder für uns lange Zeit keines war. Sondern auch, weil ich glücklich war über den Umstand, dass die Kinder so offenkundig unbelastet waren von irgendwelchen Ängsten um ihren eigenen Status innerhalb unserer Familie. Wenn mir ihre Sorglosigkeit in puncto weitere Kinder etwas signalisierte, dann war es nicht Abwehr, sondern dass sie im Gegenteil keine Konkurrenz befürchteten, und sich unserer Liebe sicher fühlten. Darüber war ich froh, denn es bestätigte mich in meiner Rolle als Stiefmutter. Unsere Patchwork-Familie war stabil, alle kamen miteinander aus. Und irgendwo in dieser Stabilität fand ich den Mut, mir eine Veränderung, ein eigenes Kind zu wünschen – zum Glück nicht nur für mich, sondern für unsere ganze Familie.

Denn was jene, die mir zu einem eigenen Kind rieten, damit eigentlich gemeint hatten, begriff ich erst, als ich den Rat nicht mehr brauchte. Sie wollten mir sagen, dass ich noch so gerne Stiefmutter sein könnte, aber dass mich das nicht zur Mutter machen würde. Was Elternschaft bedeutet, würde ich dadurch bestenfalls erahnen, aber nicht selbst erfahren. Ein ungewollt kinderloser Freund sagte neulich einigermaßen fassungslos zu mir: »Ich verstehe das nicht. Eltern behaupten immer, Kinder zu haben sei das Beste auf der Welt, und gleichzeitig klagen sie ausufernd darüber, wie gestresst, übermüdet und verarmt sie sind. Wie passt das zusammen? Es muss da einen Zauber geben, den man Nicht-Eltern einfach nicht erklären kann.« Das trifft es ziemlich gut, denn mit dem weitverbreiteten Glücksbegriff lässt sich die Sache nur unzureichend erklären. Es ist vielmehr so, wie mein Mann es mir immer ausgemalt hat: Für mich sind unsere Kinder eine Vervollständigung des Lebens. Aber erst, als ich selbst Mutter wurde, konnte ich begreifen, dass alle, die mir dazu über die Jahre geraten haben, mich nicht bevormunden wollten, sondern bloß hofften, dass mir diese Erfahrung nicht versagt bleiben würde. Der Rat, ein Kind zu bekommen, war daher der beste, den sie mir geben konnten – aber eben einer, dessen Dimension sich mir damals noch nicht erschloss.

Mehrere Patchworkerinnen haben mir erzählt, dass ihnen erst durch ihre Stiefkinder bewusst geworden sei, wie gern sie selbst Mutter wären. Allerdings berichteten diese auch ziemlich übereinstimmend, dass sie sich oft ausgeschlossen gefühlt hätten, wenn ihr Mann mit seinen Kindern zusammen war, mit ihnen schmuste, während sie selbst wie eine Fremde daneben saßen und nicht einbezogen wurden. Weniger als unter der mangelnden Zärtlichkeit ihrer Stieftochter, die sich jahrelang kategorisch weigerte, sie zur Begrüßung zu umarmen oder ihr einen Kuss zu geben, litt eine Freundin darunter, dass ihr Partner sich vor seinem Kind ihr gegenüber stets nur wie ein Kumpel verhielt. Ich kann gut verstehen, dass jemand, der häufig vergeblich auf Zeichen der Zuneigung und der Zugehörigkeit von seinen Stiefkindern oder seinem Partner gewartet hat, diese emotionale Ungleichheit mit einem eigenen Kind ausbalancieren möchte.

Andere wiederum verbinden mit einem eigenen Kind die Hoffnung, endlich als Familienmitglied ernst genommen zu werden. Ob es nun die Schwiegereltern sind oder andere Verwandte: Viele Patchworker geben zu, dass die Familie ihres Partners sie erst wirklich aufgenommen und akzeptiert habe, nachdem ein eigenes Kind hinzukam. Großeltern und Geschwister, die zuvor dem Ex-Partner hinterhertrauerten und den Neuankömmling merklich nur als vorübergehende Erscheinung betrachten wollten oder ihm die Schuld am Scheitern der vorigen Beziehung gaben, wurden plötzlich herzlich und zugewandt. Ähnliche Metamorphosen kann man mit manchen Bekannten erleben, denn bekanntlich drittelt sich mit einer Trennung meist auch der Freundeskreis: ein Drittel kappt die Leinen zu beiden Getrennten, der Rest wird nach Loyalitäten aufgeteilt.

Kinder werden als Beweis von Ernsthaftigkeit betrachtet: Wer mit seinem Partner nicht zusammenbleiben möchte, wird mit ihm kein Kind bekommen wollen. Das bedeutet allerdings leider auch, dass manche Patchwork-Familien über dieser Frage zerbrechen. Ich kenne mehrere Fälle, wo an sich glückliche Beziehungen daran scheiterten, dass der Partner, der bereits Kinder hatte, kategorisch gegen weiteren Nachwuchs war. So nachvollziehbar diese Entscheidung in jedem einzelnen Fall ist – schließlich traumatisiert das Ende einer Familie nicht nur die betroffenen Kinder –, so unvorstellbar hart kann es den neuen Partner treffen, zumal die Frauen, die auch in Patchwork-Situationen oft einen engagierteren Part spielen als der leibliche Vater an ihrer Seite. Zwischen dem Wunsch nach einem Kind und seiner Ablehnung gibt es keinen Kompromiss. Die Hoffnung, dass der andere seine Meinung mit der Zeit ändern werde, ist häufig unvereinbar mit einer immer lauter tickenden biologischen Uhr. Und jene, die sich für eine Überrumpelungstaktik entscheiden, enden nicht selten als Alleinerziehende – und dann als neue Patchworker.

Zu den schönsten Nebenwirkungen eines gemeinsamen Kindes in Patchwork-Familien gehört für mich, dass es auf keinen Fall ein Einzelkind wird – was den Umstand, dass seine Eltern nicht mehr ganz jung sind, in meinen Augen allemal aufwiegt. Aus dem Alter, wo man ihnen den Unterschied zwischen Stiefbruder, Halbbruder und Bruder erklären muss, waren die Kinder meines Mannes längst heraus, die erst durch die Wiederheirat ihrer Mutter Stiefgeschwister bekamen und dann noch Halbgeschwister. Neulich habe ich sie gefragt, wie sie ihren

Bruder nennen, wenn sie anderen von ihm erzählen – und erntete verständnislose Blicke. »Wie meinst du das? Bruder natürlich!« Halbbruder klänge so distanziert, sagte die große Schwester. »Und irgendwie nach Halbblut, wie bei den Indianern«, ergänzte ihr Bruder.

Als sich dann recht bald unverhofft weiterer Nachwuchs ankündigte und ich befürchtete, mit dem zweiten Kind könnten sie den Eindruck bekommen, ihr Vater hätte sie nun endgültig mit seiner neuen Familie ersetzt, versetzte ihre Reaktion mich abermals ins Erstaunen. Es war ganz anders als beim ersten Mal, es gab nicht einmal eine Schrecksekunde, sondern die Reaktion war sofortige Freude, ja fast schon Erleichterung darüber, dass der kleine Bruder nun nicht allein aufwachsen würde, sondern jemanden zum Spielen und Streiten bekäme: schließlich wissen sie selbst am besten, was es ausmacht, nicht allein aufwachsen zu müssen. Auf meinen Einwand, dass er dank ihrer doch ohnehin kein Einzelkind sei, hieß es, sie seien aber ja nicht immer da und der Altersunterschied außerdem so groß, dass man das mit einem kleinen Geschwisterchen nicht vergleichen könne. Sie haben natürlich recht mit ihrer realistischen Einschätzung. Und dass da, wo ein Kind ist, noch eines hingehört, hat mir niemand überzeugender beigebracht als die beiden.

Die Kinder meines Mannes hatten und haben ihre eigene Mutter und wollten nie eine andere. Jetzt haben sie einen Bruder, den sie zunächst nicht erwarteten, und eine Schwester, in die sie vom ersten Tag an vernarrt waren und ohne die sie sich unser Leben ebenso wenig vorstellen können wie ihr Vater und ich.

Jedem sein Baby:
Von Hunden und anderem Nachwuchs

»Eine Familie ist eine Einheit, bestehend aus Kindern,
Männern, Frauen, dem ein oder anderen Tier
und vielen Erkältungen.«
Ogden Nash

Die erste Reaktion der Mutter der Kinder auf unseren bevorstehenden Familienzuwachs ist uns nicht überliefert worden. Aber es dürfte kein reiner Zufall gewesen sein, dass wenige Monate nach unserer Nachricht der langgehegte Wunsch der Kinder nach einem Hund erfüllt wurde. Plötzlich kamen sie an den Wochenenden in Begleitung eines kleinen weißen Wuschels zu uns, der unentwegt beschmust, gefüttert und gekämmt und zwischendurch auch einmal an die frische Luft gelassen wird. Von der Liebe und Fürsorge, die dem Vierbeiner seither zuteil wird, inklusive seiner zahlreichen mit »Baby« beginnenden Kosenamen, können die meisten kleinen Geschwister nur träumen. Tatsächlich ist der Hund auch für die beiden Kleinen ein Traum. Denn so, Patchwork macht's möglich, wachsen sie zumindest wochenendweise mit einem Vierbeiner auf.

Überhaupt profitieren vor allem die beiden kleinen Kinder von den großen. Abgesehen davon, dass sie in ihnen immer jemanden haben, der begeistert mit ihnen herumtollt, von all den Spielsachen und Klamotten, die sie von ihnen erben und geschenkt bekommen, werden ihnen über die Jahre viele Erfahrungen der großen Geschwister zuteil werden, die mit der Auswahl der »richtigen« Filme und Tipps für »wirklich lustige« Spiele erst anfängt. Dank meiner Stiefkinder brauche ich mir nie darüber Gedanken zu machen, ob ich gut informiert bin, was gerade hip oder angesagt ist: Die richtige Dosis Coolness bekommen wir von ihnen frei Haus geliefert, und niemand wird das fröhlicher stimmen als ihre kleinen Geschwister.

Neben solchen und anderen Vorteilen, die die Patchwork-Situation mit sich bringt, stößt sie einen aber auch immer wieder auf Fragestellungen, die normale Familien nicht kennen. Zum Beispiel bei den Geburtsanzeigen. Für meinen Mann stand fest, dass seine Kinder mit auf die Anzeige gehören. Auf meine Überlegung, dass dies den Eindruck erwecken könnte, als lebten sie bei uns, sagte er nur: »Es ist ja keine Anzeige fürs Einwohnermeldeamt. Es geht darum, wer zu unserer Familie gehört.« Ich war trotzdem unsicher, ob die Kinder derart offiziell als »überglücklich und dankbar« über die Geburt ihres kleinen Bruders würden gelten wollen. Also fragten wir sie, ob sie mit auf der Anzeige stehen wollten oder lieber nicht. Sie wollten. Und so hat sicher mancher, der lange nichts von mir gehört hat, im ersten Augenblick gedacht, ich hätte bereits, mir nichts, dir nichts, Kind Nummer drei bekommen. Was ja auch nicht ganz falsch ist.

Von anderen Patchworkern weiß ich, dass die Ankunft eines weiteren Kindes noch ganz andere Diskussionen auslösen kann. Nämlich die um den Namen – den Nachnamen wohlgemerkt, nicht den Vornamen. So beschieden die Teenie-Kinder ihres neuen Partners einer Freundin rundheraus, sie dürfe den Vater zwar heiraten, aber nicht seinen Namen annehmen – denn dann hieße sie ja wie ihre Mutter, und das fanden die beiden undenkbar. Mit dieser Forderung setzten sie sich durch, nicht aber mit der zweiten Bedingung, die sie an die Eheschließung knüpfen wollten, nämlich die, keine weiteren Kinder zu bekommen: Die neue Frau ihres Vaters war bereits schwanger. Dagegen, dass die kleinen Zwillinge denselben Nachnamen tragen würden wie die drei großen, hatten diese immerhin nichts einzuwenden.

Familiennamen heißen nicht umsonst so, denn sie manifestieren Zusammengehörigkeit und Bindung. Darum steckt in ihnen auch so viel emotionaler Zündstoff. In Patchwork-Familien kommt es aber nun mal vor, dass Kinder nicht nur anders heißen als ihre Geschwister, sondern auch anders als Mutter oder Vater. So wie bei einer Bekannten, die eine Tochter mit in die neue Ehe brachte, in der sie selbst den Namen ihres neuen Mannes annahm und mit ihm weitere Kinder bekam. Daraufhin fühlte sich die Tochter isoliert, weil sie als Einzige einen anderen Nachnamen trug als der Rest, nämlich den Mädchennamen ihrer Mutter, die mit ihrem Vater nicht verheiratet gewesen war. Dass ihre Mutter und ihre Geschwister anders hießen, störte sie, aber verständlicherweise wollte sie auch nicht den Namen des neuen Partners annehmen, »weil der ja nicht mein Vater ist und dann alle denken, ich sei adoptiert«. Nach einigem Hin und Her nahm die Mutter ihren Mädchennamen wieder an, so dass sie nun wieder so heißt wie ihre Tochter, und die jüngeren Kinder bekamen einen Doppelnamen. Aber es hätte schlimmer kommen können. »Was hätten wir nur gemacht, wenn ich mit ihrem Vater verheiratet gewesen wäre?«, seufzte die Freundin halb. »Ich hätte doch nicht seinen Namen wieder annehmen können – zumal er inzwischen selbst geheiratet hat. Der hätte mir was gegeigt!«

Aber auch bei Vornamen kann es zu Verwirrungen kommen, etwa in Familien, in denen der Erstgeborene traditionell immer den Namen des Vaters erhält oder es andere Gründe für eine gewisse Einfallslosigkeit gibt. Ein adeliger Bekannter hat einen Sohn aus erster Ehe, ließ diese jedoch kirchenrechtlich annullieren, um sich erneut vermählen zu können. Da auch aus der zweiten – aus Kirchensicht einzig gültigen – Ehe ebenfalls Kinder hervorgingen, hat er nun zwei Söhne namens Hans Ottokar. Da man ihnen zur Unterscheidung schlecht die Kürzel Sr. und Jr. geben konnte, heißen sie allgemein nur Hato I und Hato II. Sie tragen es mit Fassung.

Plötzlich eine echte Mutter, ein ganzer Vater:
Was ein eigenes Kind verändert

»Der Mutterinstinkt ist gefährlicher als die Atombombe.«
Loriot

Weder hatte ich einen Geburtshilfekurs besucht noch bei Freundinnen und Verwandten sonderlich gut aufgepasst, als sie kleine Kinder hatten. Und mit Puppen hatte ich als Kind auch nie spielen wollen. Die Hebamme im Krankenhaus, der ich kleinlaut beichtete, alle Lehrstunden geschwänzt zu haben, lachte nur. »Bislang ist noch jede Frau, die als Schwangere zu uns gekommen ist, als Mutter wieder heimgegangen.«

Ich machte mir ohnehin keine echten Sorgen. Denn schließlich war ich nicht allein. Als zweifach erfahrener Vater würde mein Mann mir alles zeigen können, vom Windelwechseln bis zum ersten Fingernägelschneiden. Die Vorteile, einen bereits derart erprobten Mann zu haben, standen mir nie zuvor so klar vor Augen. Und in der Tat: Mein Mann war vom Kreißsaal bis zur Taufe die Ruhe in Person, gelassen, wenn ich mich aufregte, entspannt, wenn ich nervös wurde, dabei immer liebevoll und ausgleichend.

Das ist seither so geblieben. Meinen Mann bringen die kleinen und größeren Aufregungen, die das Leben mit Kindern mit sich bringt, viel weniger aus der Fassung als mich. Weder glaubt er, immerzu hinter unserem Steppke herrennen zu müssen, um ihn zu bewachen oder vor Unfällen zu bewahren, noch macht er sich gleich Sorgen, wenn eines der Kinder sich anders verhält als gewohnt. In Erziehungsfragen ist er konsequenter, in Krisensituationen entschiedener. Er ist mein Korrektiv, meine starke Schulter und der Ruhepol unserer Familie. Trotzdem erwische ich mich ab und zu bei dem Gedanken, wie schön es wäre, wenn alles, was für mich eine Premiere darstellt, für ihn nicht bereits die dritte oder vierte Aufführung wäre. Ab und an wäre ich gern gemeinsam mit ihm völlig aus dem Häuschen vor Sorge, Freude oder Aufregung, sei es, weil eines unserer Kinder den ersten Zahn bekommt, seine ersten Schritte tut oder in die Kita kommt. Aber man kann Premieren nun einmal nicht wiederholen, und so konnte er, als ihn die Hebamme im Kreißsaal besorgt fragte, ob er nervös sei, so souverän lächeln wie einst Heinz Erhardt in einer seiner berühmten Vaterrollen und sagen: »Ach nee, nicht besonders, das ist ja bereits meine dritte (bzw. vierte) Ausgabe.« Am beruhigten Nicken des Krankenhauspersonals wiederum merkt man, wie gängig solche Aussagen heute geworden sind. Ein anderer Vater, ebenfalls nicht mehr blutjung, erzählte uns dafür, er habe sich regelrecht bemitleidet gefühlt, als er zum Arzt gesagt habe, dies sei seine erste Geburt, aber für seine Frau bereits Nummer drei.

Erfahrung mag ein Schatz sein – aber manchmal lässt er sich nicht gleich heben. So haben mir meine Lehrjahre als Stiefmutter bei meinen eigenen Kindern wenig geholfen – bisher. Weder ist mein Immunsystem bereits derart gestärkt, dass ich ihre Krankheiten nicht mehr der Reihe nach mitmachen müsste, noch ist mein Nervenkostüm so strapazierfähig, wie es das vermutlich wäre, wenn ich die beiden Älteren tagtäglich von der Wiege bis zur Pubertät begleitet hätte. Möglicherweise wird sich das ändern, sobald meine zwei in das Alter kommen, in dem ich ihre Geschwister kennenlernte; ab dem sechsten Geburtstag rechne ich fest mit einigen Déjà-vus.

In ihrem Patchwork-Roman »Tagebuch einer Stiefmutter« beschreibt Fay Weldon den gängigen, aber in der Regel nicht ausgesprochenen Verdacht, was die wichtigste Veränderung durch ein eigenes Kind angeht, mit brutaler Drastik: »In den vier Jahren ihrer Ehe hatte Sappho eine extreme Loyalität gegenüber ihrer neuen Familie entwickelt, obwohl keins ihrer Mitglieder ihr eigenes Fleisch und Blut war. Aber jetzt, wo sie endlich schwanger war und ihr Stubb-Palmer-Blut sich mit

Gavins-Garner-Blut gemischt hatte, war es mit den Höflichkeiten möglicherweise vorbei und ihr Verhalten würde eher darwinistische Züge annehmen. Vielleicht würde sie die Kinder ihrer Rivalin ja sogar aus dem Nest zu schubsen versuchen. Das egoistische Gen würde endlich zu seinem Recht kommen: Sie würde sich nicht länger wie ein Engel verhalten, der seine Vorgängerin in Liebe und Fürsorge zu übertreffen versuchte, sondern wie eine richtige Stiefmutter.«

So drastisch wie die englische Provokateurin würde es wohl kein ernsthafter und bemühter Patchworker ausdrücken – aber dennoch trifft sie hier mitten im Klischee von der bösen Stiefmutter einen Punkt. Praktisch alle, mit denen ich gesprochen habe, sind sich darin einig, dass der Unterschied zwischen Stief- und eigenen Kindern gravierend ist und bleibt. Nur eine Bekannte, die den Nachwuchs ihres Mannes bereits im Säuglingsalter kennenlernte, beharrt darauf, dass sie keinerlei Unterschied empfinde zwischen seinem und den gemeinsamen Kindern. Allerdings halten diese Aussage alle anderen Patchworker, die ich damit konfrontiert habe, für geheuchelt oder einen – sympathischen – Fall von Selbstbetrug.

Auch mir fällt es schwer, zu glauben, dass jemand seine Stiefkinder so bedingungslos und absolut liebt wie seine eigenen – es sei denn, er hat die Mutter- oder Vaterrolle ganz übernommen, weil ein Elternteil gestorben ist. Ich liebe meine Stiefkinder von ganzem Herzen, aber es ist eine andere Liebe als die, die ich für meine eigenen Kinder empfinde. Das wiederum weiß ich erst, seit ich selbst Mutter geworden bin. Vom ersten Tag ihres Lebens sind mir meine Kinder auf eine Weise vertraut, wie es ihre großen Geschwister nicht sind, obwohl ich diese viel länger kenne und wahrscheinlich viel genauere Aussagen über ihre Charaktere machen könnte. Bei aller Liebe aber gibt es zwischen uns immer eine kleine Distanz, die verhindert, dass wir einander in unseren Regungen und Stimmungen so spiegeln, wie ich es unwillkürlich mit meinen Kindern tue.

Nach meiner Erfahrung bedeutet das keine Abwertung, im Gegenteil. Denn die biologisch generierte, völlige Vertrautheit hat auch ihre weniger schönen Seiten, ihre Jekyll-und-Hyde-Momente. Der größte Vorzug der Kinderlosigkeit, hat Fay Weldon einmal geschrieben, sei, dass man sich für eine nette Person halten könne. »Sobald man Kinder hat, begreift man, wie Kriege anfangen.« Auch ich habe nicht nur selig machende Veränderungen an mir bemerkt. Meinen eigenen Kindern gegenüber kann ich ganz anders aus der Haut fahren als meinen Stiefkindern gegenüber. Überhaupt bin ich ihnen gegenüber anspruchsvoller, strenger, mitunter vielleicht auch ungerechter – obwohl oder gerade weil ich sie so hingebungsvoll liebe. Es ist, als verleihe mir diese Liebe Rechte und Freiheiten, die ich gegenüber meinen Stiefkindern niemals in Anspruch nehmen, geschweige denn einfordern würde – worüber diese keineswegs unglücklich sein müssen. Die kleine Fremdheit, die immer zwischen ihnen und mir bestehen wird, entwertet unsere Beziehung nicht, sondern bietet eine natürliche Barriere gegen elterliche Übergriffigkeit. Insofern kann ich nur hoffen, dass es mir gelingen wird, manche der großen Lektionen, die ich Patchwork verdanke – nicht alles wissen, sagen und beurteilen zu wollen, auf Freiwilligkeit zu setzen –, auch im Umgang mit meinen eigenen Kindern zu beherzigen.

Mein Mann hat noch einen interessanten Unterschied beobachtet, der unmittelbar mit dem jeweiligen Grad von Nähe und Distanz zu tun hat. Er findet, dass ich seinen Kindern gegenüber deskriptiver, transparenter bin in meinem Erziehungsstil. Wenn ich mich über sie ärgere, setze ich mich mit ihnen hin und erkläre ihnen, was an ihrem Verhalten mich irritiert und warum. Und wenn ich einmal laut werde, entschuldige ich mich dafür bei ihnen und sage, weshalb ich vielleicht gerade besonders empfindlich oder gereizt bin. Von meinen Kindern hingegen gehe ich intuitiv davon aus, dass sie mich so gut kennen, dass ich mich nicht rechtfertigen muss – davon abgesehen, dass die Mutter ohnehin eine unanfechtbare Autorität sein sollte. Eine befreundete Psychologin bestätigt, dass dies kein ungewöhnliches Verhaltensmuster sei. Diese Transparenz, die Erziehung nicht einfach als Grundsätze in den Raum stellt, sondern sie nachvollziehbar zu machen sucht, lege man bei eigenen Kindern oft nicht automatisch an den Tag, obwohl es sinnvoll wäre. Also ist Patchwork auch hier eine gute Schule – für die Eltern.

Womöglich sorge ich mich um meine Stiefkinder ein kleines bisschen weniger – und das nicht nur, weil sie nun mal älter und selbständiger sind. Denn jetzt, wo ich den Vergleich habe, weiß ich, dass ich auch früher nicht zuerst die Gefahren, sondern die Chancen gesehen habe. Ich habe mir nicht ausgemalt, was ihnen auf dem Weg zu uns alles passieren könnte, sondern darauf vertraut, dass sie schon gut ankommen würden. Wahrscheinlich ist also auch dies eher ein Pluspunkt auf dem Patchwork-Konto: Indem man seinen Stiefkindern mehr zutraut und sie mehr ausprobieren lässt, also auf ihre Fähigkeiten vertraut, unterstützt man sie vielleicht sogar stärker beim Erwachsenwerden. Dass Stiefeltern manches, was leibliche Eltern aufregt, etwas gelassener sehen als diese, macht sie oft zur ersten Anlaufstelle bei heiklen Themen: Meine Stiefkinder jedenfalls, da bin ich sicher, erzählen mir manches zuerst, sogar vor ihrem Vater, weil sie die Reaktion mit einer neutraleren Vertrauensperson testen wollen. Und weil sie, je nach Art der Neuigkeit, darauf hoffen, dass ich deeskalierend auf ihren Vater einwirke. Die Kunst des Loslassens ist im Patchwork-Kontext leichter zu lernen, weil die emotionale Bindung eine andere ist.

Mein Status innerhalb unseres Familiengefüges hat sich verändert. Ich bin plötzlich nicht mehr bloß die Zweit- oder Wochenendmutter, nicht mehr Bonus-, Extra- oder Reservefamilienmitglied, sondern Mutter eigenen Rechts. Es war, als sei in dem Moment, da sie mich im Krankenhaus mit einem schrumpeligen, krähenden Etwas im Arm sahen, ein Schalter umgelegt worden. Ohne dass sich unser Verhältnis dadurch verändert hätte, sehen sie mich seither mit anderen Augen. Meine Autorität und Zuständigkeit als Mutter haben sie sofort akzeptiert – und mir dadurch meine neue Rolle viel bewusster gemacht als ihr kleiner Bruder. Was ich sagte, hatte von einem Tag auf den anderen ein anderes Gewicht, einfach deswegen, weil es nun ein Wesen gab, das zu weinen aufhörte, sobald ich es auf den Arm nahm, von dem ich instinktiv wusste, wann es aus Hunger, wann wegen Bauchweh oder wegen einer vollen Windel schrie. Die Geburt befördert einen zum Boss eines wehrlosen Wesens, aber einen tatsächlichen Kompetenzzuwachs spüre ich am meisten im Umgang mit den beiden Älteren.

Im Hinblick auf die markantesten Unterschiede zwischen normalen und Patchwork-Familien schreibt Jesper Juul, die dänische Ikone der Familientherapie: »Die Stieffamilie, Bonusfamilie oder Patchwork-Familie unterscheidet sich von der biologischen Kernfamilie in einem wesentlichen Punkt: Es existiert nicht zwischen all ihren Mitgliedern eine Liebesbeziehung.« Das mag in vielen Fällen stimmen, aber nicht in allen. Für meine Patchwork-Familie jedenfalls würde ich die Aussage abwandeln zu: Es existiert zwischen allen Mitgliedern eine Liebesbeziehung, aber nicht zwischen allen dieselbe. Natürlich unterscheidet sich meine Liebe zu meinen Kindern von der zu meinen Stiefkindern, schon im elementaren, physischen Sinn. So schmuse ich mit meinen Kindern viel ausgiebiger und unbefangener, als ich es je mit meinen Stiefkindern getan habe. Denen habe ich, anders als ihr Vater, nicht laut in den Bauchnabel gepustet oder sie spielerisch in die Pobacke gebissen. Und wenn ich meine Kinder schlafend in ihren Betten betrachte, steigt in mir jene potente Mischung aus Glück, Dankbarkeit und Angst auf, die wohl alle Eltern kennen, die mir aber nicht aus den ersten Jahren mit meinen Stiefkindern vertraut war. Aber das schmälert nicht die Gefühle von Zuneigung, Stolz und Vertrauen, mit denen ich meine Stiefkinder in die Arme schließe.

Außerdem lieben umgekehrt auch die beiden Großen ihre kleinen Geschwister anders als mich: umfassender, unbekümmerter und ungezwungener. Denn genau wie mich und meine Kinder verbindet auch sie mit ihren Geschwistern ein natürliches, starkes, belastbares Band. Die Kleinen gehören gleichermaßen zu uns allen, und das jedes zweite Wochenende bestätigt zu sehen in der Freude aller vier Kinder übereinander, ist für mich unter den vielen guten die beste Patchwork-Erfahrung.

Derjenige, für dessen familiären Gefühlshaushalt unser Nachwuchs insgesamt wohl die geringste Veränderung bedeutet, ist mein Mann: Er liebt alle seine Kinder gleichermaßen, und am glücklichsten ist er, wenn er sie alle vier um sich hat. Die enge Bindung zwischen den Großen und den Kleinen ist für ihn wie für mich die vielleicht schönste Überraschung dieses Kleeblatts, die Erfüllung nicht einer Erwartung, sondern einer heimlichen Hoffnung. Und was uns als Paar angeht, so haben die gemeinsamen Kinder zwar jeden von uns phasenweise müder und gereizter, aber unsere Beziehung insgesamt stärker gemacht und ihr eine weitere Dimension hinzugefügt.

Juul zufolge sind solche direkten Vergleiche von Patchwork- und Kernfamilie allerdings nicht ungefährlich. Zusammengesetzte Familien könnten der Konkurrenz mit den Erinnerungen und Wünschen an die Kernfamilie nicht standhalten. Davon abgesehen, dass sich der Vergleich zwar verschweigen, aber deswegen nicht ganz vermeiden lässt, möchte ich auch diesen Erfahrungssatz relativieren. Sicherlich ist meinen Stiefkindern manchmal schwer ums Herz, wenn sie ihren Vater und mich mit den beiden Kleinen herumalbern sehen, denn es erinnert sie an eine kindliche Geborgenheit, die ihnen genommen wurde. Aber dass es ihnen einen Stich versetzt, bedeutet nicht, dass sie diese Momente ihren Geschwistern und auch mir nicht gönnen. Denn auch die Großen empfinden uns als eine komplettere, vollständigere Familie als früher. Wir sind nicht mehr drei plus eins, sondern sechs, und daraus ergeben sich neue Allianzen und Paarungen. Die großen Geschwister, von jeher und trotz aller vehementen Dementis unzertrennlich, und die kleinen, zwei Mädchen, zwei Jungs. Gern malen sich die beiden Älteren aus, auf welche Erlebnisse sie sich mit den beiden Kleinen schon jetzt freuen: das erste gemeinsame Skifahren, die erste Strandburg, die erste Achterbahnfahrt.

Dass eigene Kinder hinzugekommen sind, bedeutet jedoch nicht, weniger Rücksicht nehmen zu müssen, im Gegenteil. Mit Deinen und Unseren ist Patchwork erst recht ein Balanceakt. Denn auch, wenn die Kinder es nicht tun (oder es sich zumindest nicht anmerken lassen), man selbst vergleicht durchaus. Bekommen die kleinen Kinder mehr Aufmerksamkeit, mehr Streicheleinheiten, mehr Geschenke? Könnten die Großen sich in irgendeiner Weise benachteiligt oder vernachlässigt fühlen? Bezeichnenderweise ist auch hier mein Mann viel entspannter als ich – wahrscheinlich weil alle vier seine Kinder sind, während mir, mit zwei angeheirateten und zwei eigenen, die Unterschiede von ganz allein bewusster sind. Hier verdanke ich Jesper Juul den wohltuenden Hinweis darauf, dass es Gerechtigkeit in Familien nicht gibt und dass die Jagd danach ohnehin nicht sinnvoll ist. Er erinnert an ein »altes, kluges Wort, demzufolge man Menschen nur dann ›ordentlich‹ behandelt, wenn man sie verschieden behandelt – weil sie verschieden sind und demzufolge unterschiedliche Bedürfnisse, Wünsche und Forderungen an ein gutes Leben haben«.

Davon abgesehen, dass es nichts bringt, sich wegen jeder Kleinigkeit verrückt zu machen, habe ich irgendwann erstaunt festgestellt, dass meine Stiefkinder von mir ohnedies keine absolute Gerechtigkeit oder Gleichbehandlung erwarten. Sie nehmen es mir nicht übel, wenn ich die Kühlschranktür in eine Art Fototapete mit Bildern der beiden Kleinen verwandle, und finden es ganz normal, dass die beiden für mich mehr im Mittelpunkt stehen – schließlich bin ich ihre Mutter. Solange diese minimalen Ungleichbehandlungen nicht von ihrem Vater ausgehen, ist alles in Ordnung.

Zu merken, dass die Großen nie damit gerechnet haben, ja es sogar seltsam fänden, wenn ich meine mütterlichen Aufgaben oder Gefühle in ihrer Gegenwart kleinmachen würde, hat mich sehr entspannt. Niemand außer mir selbst hat gedacht, ich müsse oder könne immer auf alle gleichzeitig eingehen oder es jedem recht machen. Und natürlich bekommen die Großen auch mit, dass ich alles andere als eine perfekte Mutter bin – und auch das finden sie normal. Eines gar nicht so fernen Tages werden sie sich mit ihren jüngeren Geschwistern über meine Macken und Schwächen austauschen können und ihnen mit der Bestätigung, dass sie nicht die Einzigen sind, die darunter zu leiden haben, helfen, besser damit klarzukommen. Diese Aussicht hat für mich, die ich als Einzelkind aufgewachsen bin, etwas ungemein Tröstliches.

Patchwork hilft mir aber nicht nur, mich nicht selbst ständig unter Druck zu setzen, sondern auch, meinen elterlichen Stolz etwas in Zaum zu halten. Denn weder will man vor den Kindern des Partners dauernd darauf herumreiten, wie niedlich, begabt oder schlau man die eigene Brut findet, noch schickt es sich, den Partner immerzu zu fragen, ob seine Kinder in jenem Alter auch schon krabbeln/laufen/sprechen konnten und was dergleichen Entwicklungsmeilensteine mehr sind. Einmal, in meiner Freude über die glückliche Geburt unseres zweiten Kindes, habe ich ein wunderschön gearbeitetes Schild mit unseren vier Vornamen bestellt. Aber als es ankam, wich die Freude einer gewissen Verlegenheit, ja Scham – denn wo sollten wir es aufhängen, ohne die beiden Älteren damit zu düpieren oder ihnen das Gefühl zu geben, irgendwie ausgeschlossen zu sein?

Viel, viel öfter als meinen elterlichen Stolz aber muss ich in Bezug auf meine Kinder ganz andere Regungen unterdrücken. Die peinlichsten Momente der letzten Jahre habe ich fast alle mit meinem Sohn im Supermarkt verbracht. Unvergessen etwa der Augenblick, als er sich, vor Freude kreischend, mit einer noch nicht bezahlten Apfelsaftschorle übergoss, während ich damit beschäftigt war, unsere Einkäufe aufs Band zu legen. Oder als er mitten in der Schlange stolz die Erledigung dessen verkündete, was ohnehin für niemanden im Umkreis von fünf Metern zu überriechen war. In solchen Momenten bin ich meinen Stiefkindern unendlich dankbar, dass sie mir solche Erlebnisse erspart haben. Als sie in mein Leben traten und ich in ihres, waren sie wahrhaftig aus dem Gröbsten schon raus. Jetzt, wo ich den Vergleich habe, weiß ich, dass es als Stiefmutter sehr viel leichter ist, immer locker zu wirken und eine gute Figur abzugeben denn als Mutter. Schließlich hat man zwischendurch Zeit, die man in seinen Schlaf und sein Äußeres investieren kann. Nur weiß man diesen Luxus natürlich nicht als solchen zu schätzen. Insofern verstehe ich heute besser als früher, warum echte Mütter so oft neidisch auf ihre Stief-Kolleginnen sind. Denn die haben die Freude und Erfüllung einer Familie, aber eben nur selten die Schreierei in der Nacht, die vollgespuckte neue Jacke und das vollgebröselte Auto. Meine Stiefkinder sehen das übrigens genauso. Wenn sie mich mit ihren beiden kleinen Geschwistern beobachten, steht ihnen bisweilen das Mitleid ins Gesicht geschrieben. »Du Arme«, lautete denn auch nur die tief empfundene Beileidsbekundung meines Stiefsohns, als sein kleiner Bruder sich, während ich den Kühlschrank einräumte, mit dem begeisterten Ausruf »Eia!« auf den Eierkarton stürzte, ihn hochhielt, ausrutschte – und sich der gesamte glitschige Inhalt über ihn und den Fußboden verteilte.

Es gibt noch einiges mehr, was ich erst durch meine eigenen Kinder begriffen habe, als hier aufgezählt werden kann und soll. Aber einen Aspekt möchte ich noch nennen, weil er in Patchwork-Familien oftmals ein wunder Punkt ist: die Fähigkeit, Verzicht zu üben. Kinder bedeuten nicht nur Verantwortung, sondern auch Investitionen – immaterielle wie materielle. Das geht in normalen Familien nicht ohne Verzicht auf persönliche Freiheiten und Annehmlichkeiten. Nun hat mein Mann nie von mir erwartet, dass ich statt mir neue Schuhe seinen Kindern neue Winterjacken kaufe oder dass ich anderweitig für seine Kinder aufzukommen helfe. Umso lieber habe ich ihnen stets Geschenke und Überraschungen gemacht, alle zum Essen oder ins Kino ausgeführt. Aber zu einer Ehe und erst recht zu einer Familie gehört ein gemeinsamer Haushalt, und ich weiß von vielen Fällen, wo es gar nicht anders mach- oder denkbar wäre, als sämtliche Ressourcen und Ausgaben zusammenzulegen. Damit verbunden sind allerdings auch häufig Ressentiments, weil der kinderlose Partner sich für den Nachwuchs des anderen in die Pflicht genommen sieht. Diese Belastung in doppeltem Sinn hat schon manchen Patchworker zum Rückzug bewogen. Auch hier können eigene Kinder enorm zum Verständnis für den anderen beitragen. Heute, da ich meine persönlichen Bedürfnisse ganz selbstverständlich hinter die unserer Kinder rücke, begreife ich erst das ganze Ausmaß dessen, was mein Mann für seine Kinder leistet, und weiß, wie schwer eine solche Verantwortung mitunter wiegen kann.

Last but not least haben mich meine eigenen Kinder der Mutter meiner Stiefkinder nähergebracht. Manches, worüber ich früher nicht weiter nachgedacht habe, ringt mir inzwischen nicht nur Respekt, sondern Bewunderung ab. Wie hart es sein muss, seine Kinder jedes zweite Wochenende einer anderen Frau zu überlassen, kann ich erst heute wirklich nachvollziehen, auch, wie schwer es mitunter fallen mag, ihnen nicht gleich eine schriftliche Gebrauchsanweisung mitzugeben, damit auch ja alles so läuft, wie man es sich für seinen Nachwuchs wünscht. Ebenfalls weiß ich erst heute, wie sehr mein Mann seine Kinder immer in der Zeit zwischen den Wochenenden vermisst hat und was ihm durch die Trennung an alltäglichen Freuden und Ritualen mit ihnen entgangen ist. Auch diesen Zuwachs an Empathie und Verständnis für die Situation der anderen verdanke ich meinen Kindern.

Halbgeschwister, Stiefgeschwister:
Vom Verhältnis der Kinder untereinander

»Die einzigen Geschwister, die ich habe, sind Halbgeschwister.
Meine Kernfamilie wäre ein erstickend enger Dreier gewesen.
Stattdessen habe ich einen interessanten Bruder und eine Schwes-
ter, Schwägerin und Schwager, und dazu entzückende Neffen.«
Jane Smiley

»Es hat Vorteile, nur ein Kind zu haben.
Man weiß immer, wer's war.«
Mia Farrow

Natürlich wünscht man sich, dass sich die neuen Geschwister
vertragen und liebhaben. Aber Verwandtschaft allein bedeutet noch keine enge Bindung, und Liebe lässt sich ohnehin
nicht einfordern. Darum war ich zunächst unsicher, wie die
Kinder meines Mannes auf ihren kleinen Bruder reagieren
würden. Würden sie in ihm nicht vor allem einen Konkurrenten, einen lästigen Winzling oder Spaßverderber sehen, des-
sentwegen wir in unserer Zeit mit ihnen weniger flexibel sein
würden? Zu meinem nicht geringen und weiter andauernden
Erstaunen ist das alles nicht der Fall, wie nicht nur das Leuch-
ten in den Augen des kleinen Bruders, sobald seine großen
Geschwister zur Tür hereinkommen, sondern vor allem die
Freude in den Gesichtern der beiden Großen beweisen. Wo
wir zur Begrüßung bestenfalls noch ein flüchtiges Küsschen
auf die Wange gedrückt bekommen, werden die beiden Kleinen auf den Arm genommen und überschwänglich abgebus-
selt. Die Unsicherheit, die meine erste Schwangerschaft begleitete, und die leise Verlegenheit beim Anblick ihres wenige
Stunden alten Bruders im Krankenhaus waren nach wenigen
Tagen verschwunden. Sie wichen einer Zuneigung, die mit seinen Fähigkeiten und Ausdrucksmöglichkeiten wächst, und ja,

auch einem Stolz auf den süßen kleinen Bruder und die winzige Schwester.

Die Trennung der Eltern schweißt Geschwister oft besonders eng zusammen. So sind auch die Kinder meines Mannes, wenngleich sie natürlich lustvoll und heftig streiten können, im Grunde über Jahre unzertrennlich gewesen und gehen erst jetzt, da sie Teenager sind, allmählich unterschiedliche Wege. Dennoch bilden sie innerhalb unseres Patchworks eine kleine, unverrückbare Gemeinschaft, einen gemeinsamen Flicken. Sie haben eine zentrale Erfahrung gemeinsam gemacht.

Auch wenn mein Mann und ich uns erst lange nach seiner Trennung kennengelernt haben, dürfte für meine Stiefkinder Ähnliches gelten wie für einen Jugendlichen, den Jesper Juul zitiert: »Als ich neun Jahre alt war, haben meine Eltern sich scheiden lassen. Mein Vater hatte eine Beziehung mit einer anderen Frau angefangen, doch mein kleiner Bruder und ich waren damals zu naiv, um wirklich zu verstehen, was das bedeutet. Vor drei Jahren haben unser Vater und seine neue Freundin eine Tochter bekommen – eine kleine Schwester, die ich von ganzem Herzen liebe und als genauso wichtigen Teil meiner Familie betrachte wie meinen jüngeren Bruder. Danach habe ich auch die Freundin meines Vaters als vollwertiges Mitglied unserer Familie betrachtet.«

Meine Sorge, dass die beiden Großen ablehnend oder jedenfalls wenig enthusiastisch auf Geschwister reagieren würden oder in diesen gar schuldlose Profiteure jener Situation sehen könnten, die ihnen selbst Schmerz bereitet hat, war völlig unbegründet. Das heißt nicht, dass Neid oder Eifersucht kein Thema wären. Doch wenn diese unter Geschwistern Einzug halten, ist der Grund fast immer eine Etage höher, also auf der Elternebene, zu suchen.

So weist auch der Schweizer Kinderarzt Remo H. Largo darauf hin, dass das Verhalten der Erwachsenen für ein gutes Geschwisterverhältnis entscheidend ist, denn Eifersucht entsteht ja vor allem durch die Zuwendung, die ein neues Kind von den Eltern erhält. Bei Halbgeschwistern, die Mutter oder Vater, aber nicht beide Eltern gemeinsam haben, ist Largo zufolge die emotionale Situation »mit der Geschwisterkonstellation am vergleichbarsten«, erst recht, wenn alle unter einem Dach leben. Stiefgeschwister hingegen, so Largo, seien »etwas Ähnliches wie die Kinder im Kindergarten oder in der Schule, mit denen man auskommen muss« – ein notwendiges Übel, doch sollte man nicht zu viel erwarten.

Beispiele, die belegen, dass der halbierte Verwandtschaftsgrad sich keineswegs in einem distanzierten Binnenverhältnis spiegeln muss, sondern dass Halbschwestern und -brüder sich häufig ebenso sehr lieben und miteinander identifizieren wie »ganze« Geschwister, gibt es zum Glück viele. Zu den anrührendsten, die mir begegnet sind, gehört die innige Beziehung zwischen der englischen Schriftstellerin Virginia Woolf und ihrer älteren Halbschwester Stella.

In ihrer »Skizze der Vergangenheit« beschreibt Woolf, die mit Halbgeschwistern aus den ersten Ehen beider Eltern aufwuchs, eindringlich ihr enges Verhältnis zu der um dreizehn Jahre älteren Halbschwester Stella. Diese hatte ihre Kindheit im Schatten der frühverwitweten Mutter verbracht, bis diese Leslie Stephen, Woolfs Vater, heiratete. Der Tod Stellas 1897, zwei Jahre nach dem Tod ihrer Mutter, löste die erste Lebenskrise Virginias aus: »Der Schlag, der zweite Schlag des Todes, traf mich; als ich zitternd, mit noch schlierigen Augen, mit immer noch zerknitterten Flügeln, auf der Kante meines zerbrochenen Kokons saß.« Sie habe den Tod der Mutter zwei Jahre lang »unbewusst durch Stellas stillen Kummer absorbiert«, schreibt Woolf rückblickend. Aber nicht allein, weil Stella für sie nach diesem Verlust so etwas wie die Rolle der Ersatzmutter einnahm, verstörte ihr Tod Virginia Woolf so tiefgreifend, sondern auch, weil die beiden Schwestern sich stets besonders nahgestanden hatten. »Zu meinen frühesten Erinnerungen gehört die, dass ich mit ihr ausgehe, vielleicht zum Einkaufen, oder um irgendeinen Besuch zu machen; und wenn alles erledigt war, ging sie mit mir in ein Geschäft und spendierte mir an einem Marmortisch ein Glas Milch und mit Zucker bestreute Kekse.«

Virginia Woolf schreibt älteren Geschwistern die Rolle des Gedächtnisbewahrers zu. Die großen Geschwister können den kleinen irgendwann erzählen, wie Mutter oder Vater früher waren. Das ist aber naturgemäß nur interessant, wenn der Altersunterschied nicht bloß zwei, drei Jahre beträgt, sondern etwas signifikanter ist – so wie man es in Patchwork-Konstellationen oft beobachten kann. Hier besitzen die Älteren oft manches exklusive Wissen: darüber, wen Vater oder Mutter zuvor geliebt, wie sie gewohnt und wie sie gelebt haben. Waren sie streng oder eher lässig, wie haben sie sich von einer Beziehung zur nächsten verändert? Nicht selten sind die Unterschiede beträchtlich – und umso interessanter.

Auch meine Schwester erzählt mir manchmal Anekdoten von unserem Vater als jungem Mann, die ihn mir in einem unbekannten Licht zeigen. Denn dass man sich von Herzen lieben kann, ohne als Kinder unbedingt viel Zeit miteinander verbracht zu haben, weiß ich zum Glück nicht nur aus Büchern, sondern am besten aus eigener Erfahrung. Als ich zur Welt kam, war meine Schwester, die Tochter meines Vaters aus seiner ersten Ehe, bereits dreizehn Jahre alt. In den siebziger Jahren waren solche Wochenendregelungen, wie sie sich heute allenthalben etabliert haben, noch nicht gang und gäbe, und so besuchte sie uns zwar häufig, blieb aber selten länger. Insofern war es immer etwas ganz Besonderes für mich, Zeit mit meiner großen Schwester zu verbringen. Ein Höhepunkt waren stets die Ferien, die unser Vater über Jahre im Sommer nur mit uns beiden unternahm. Auch später, als ich studierte und wir uns daher nur selten sahen, war er immer derjenige, der uns miteinander in Kontakt hielt, ohne dass wir selbst etwas dazu tun mussten – so wie er ihr von mir erzählte, berichtete er mir von ihr. Geschwisterliche Liebe wächst nicht nur durch gemeinsam verbrachte Zeit und geteilte Erfahrungen, sondern ebenso mit dem Bewusstsein, einen gemeinsamen Ursprung zu haben. Heute ist meine Schwester einer der wichtigsten Menschen in meinem Leben.

Mehr Kinder heißt im Patchwork-Kontext aber auch ganz schlicht, dass es mehr »wir« und weniger »ich« gibt, eben eine größere Gemeinschaft, die zusammenhält. Das bedeutet auch mehr Chaos – durchaus zur Entspannung der Kinder. Denn wo vier Kinder zusammen sind, werden die Großen weniger gegrillt, sei es wegen ihres Internetkonsums oder schulischer Fragen, und die Kleinen weniger gedrillt, ruhig am Tisch zu sitzen oder nicht mit ihrem Essen zu spielen. Für meinen Stiefsohn ist sein kleiner Bruder außerdem eine großartige Entschuldigung dafür, noch mal raumhohe Legotürme zu errichten und acht Folgen »Shaun das Schaf« am Stück zu gucken. Und er genießt es, nicht mehr der Einzige in der Familie zu sein, der dauernd zum Aufräumen angehalten wird.

Umgekehrt haben die Großen schon jetzt eine Vorbildfunktion für die Kleinen. Wenn sie begeistert über die »Tagliatelle à la Papi« herfallen, macht ihr Bruder auch nur »Mmmh« und tut es ihnen nach, wie er überhaupt alles mit Begeisterung nachmacht, was er den Großen abschauen kann. Ob es der Gang zum Spielplatz ist, der Besuch im Zoo oder einfach der wöchentliche Trip in den Supermarkt – sobald seine Geschwister als williges Publikum dabei sind, gefällt dem Bruder jede Unternehmung doppelt so gut.

Dass wir bislang keine Konflikte unter den beiden Fraktionen erlebt haben, hat natürlich damit zu tun, dass die beiden Kleinen dafür noch zu jung sind. Aber wenn es zu Streitereien kommt, habe ich mir bereits fest vorgenommen, mich rauszuhalten – wie ich aus den Jahren mit den Kindern meines Mannes weiß, regeln sie das am besten untereinander und brauchen selten einen Erwachsenen, der einschreitet. Und dass es in Patchwork-Situationen nicht gut ankommt, wenn der Stiefelternteil dann auch noch automatisch Partei für die eigenen Kinder ergreift, versteht sich von selbst. Ebenso sollte man sich davor hüten, möglicherweise auftretende Probleme mit den eigenen Kindern zu besprechen. Eine Bekannte, die sich immerzu bei ihrer Tochter über den älteren Stiefsohn beschwerte, hat dadurch einen solchen Keil zwischen die Kinder getrieben, dass der Sohn sich irgendwann weigerte, an den Wochenenden noch zu ihnen zu kommen. Als zu der Ablehnung durch die zweite Frau seines Vaters noch der Hohn seiner Schwester kam, wurde es ihm zu bunt, alle zehn Tage »einen auf glückliche Familie zu machen«. Dabei habe er sich eigentlich mit der kleinen Schwester früher immer gut verstanden, sagt er. »Aber dann hat ihre Mutter sie total gegen mich eingenommen, und von da an zickte sie mich nur noch an.«

Schwierig wird es oft, wenn die ersten Kinder zugunsten der Halb- oder gar Stiefgeschwister auf vieles verzichten müssen – zum Beispiel auf das eigene Zimmer, weil alle enger zusammenrücken müssen. Wie »ätzend« Kinder und Jugendliche das finden, habe ich von mehreren Seiten gehört. »Es war schlimm genug, dass ich plötzlich meine Mami mit ihrem neuen Freund und seinen Kindern teilen musste«, sagt eine inzwischen erwachsene Tochter. »Aber dass ich dann auch noch mit seiner Tochter in ein Zimmer ziehen musste, weil nicht genug Platz war, hat mir den Rest gegeben. Wir haben dauernd gestritten, und es hat unser Verhältnis sehr belastet. Ich war unheimlich sauer auf sie und ihren Bruder, und das habe ich sie spüren lassen.« Im Nachhinein sehe sie natürlich, dass es damals nicht anders ging. »Aber als Kind ist man egoistisch und will nichts abgeben müssen.«

Einer der häufigsten Sprüche, die ich zu hören bekomme, seitdem wir kleine Kinder haben, lautet: »Na, dann habt ihr ja schon die Babysitter dazu!« Gemeint sind natürlich die Kinder meines Mannes, die tatsächlich im perfekten Babysitter-Alter sind. Trotzdem habe ich Hemmungen, sie zu bitten, auf ihre kleinen Geschwister aufzupassen, während ihr Vater und ich eine Einladung wahrnehmen, essen, ins Theater oder Kino gehen. Der Grund ist nicht etwa der, dass ich ihnen nicht zutraue, sich um die Kleinen zu kümmern, sondern dass es mir widerstrebt, sie für Dienste heranzuziehen, die man bei Fremden bezahlt, die aber innerhalb der eigenen Familie eine Selbstverständlichkeit darstellen sollten. Wenn sie am Wochenende bei uns sind, passen sie natürlich auf ihre kleinen Geschwister auf, wenn ich Besorgungen mache, spielen stundenlang mit ihnen oder gehen mit Hund, Bruder und Schwester spazieren. Aber ich möchte sie nicht als Babysitter-Automaten benutzen oder ihnen je das Gefühl geben, dass ich es selbstverständlich finde, wenn sie mir den Rücken freihalten. Wahrscheinlich rühren meine Skrupel aus meiner Einzelkind-Jugend plus Stiefmutterschaft – beides Situationen, in denen man das Mit- und Füreinander größerer Familien bewundert, aber sich darum noch lange nicht traut, es für sich in Anspruch zu nehmen. Mein Mann, als vierfacher Vater, hat da weniger Bedenken. Für ihn ist es völlig normal, dass große Geschwister ab und an auf die kleinen achtgeben, und ich weiß von vielen Patchwork-Familien, in denen die Geschwister einander oft und klaglos hüten. Zwei Freundinnen sagen sogar, Babysitting sei die beste Methode, die Kinder einander nahezubringen – nichts verbinde mehr als regelmäßige Sessions ohne lästige elterliche Einmischung bei der Wahl der Pizza und der DVD. Und auch von den Kindern, die Patchwork erlebt haben, hat sich bei mir nie eines über solche Aufgaben beschwert: »Indem sie mir ihre eigenen Kinder überlassen hat, hat die zweite Frau meines Vaters mir gezeigt, dass sie mir wirklich vertraut«, sagt eine. »Das hat unserer Beziehung extrem gutgetan.« Viel eher hört man von leiblichen Geschwistern, dass sie es satt haben, als Aufpasser der kleinen

Brüder und Schwestern eingesetzt zu werden. Trotz all dieser positiven Berichte kommt es nur selten vor, dass wir die beiden Älteren einen Abend lang einspannen, um die Jüngeren zu beaufsichtigen (die dann ohnehin längst im Bett liegen), während mein Mann und ich etwas unternehmen. Das liegt nicht zuletzt am Terminkalender – der Kinder. Denn die Großen sind allmählich in einem Alter, wo sie abends öfter etwas vorhaben als wir.

Je länger ich die vier Geschwister miteinander beobachten darf, desto klarer wird mir, dass die jüngeren uns just in einer Zeit, da die älteren sich allmählich abnabeln, auf ganz neue Weise zusammenbringen. Sie sind im wahrsten Sinne unsere Zukunft, denn auch um ihretwillen wird unser enger Kontakt eng bleiben. Die kleinen Kinder sind für die großen Geschwister so etwas wie die Hauptattraktion in ihrer Zeit mit uns, und je älter sie werden, desto mehr können sie mit ihnen unternehmen und aushecken. Dass die Kleinen für sie so spannend sind, macht auch ihren Vater und mich interessanter. Insofern retten die Kleinen die Großen vor der zunehmend langweiligen Gemütlichkeit von Wochenenden, an denen man hauptsächlich friedlich miteinander herumsitzt.

Nicht zuletzt haben die beiden Nachzügler ihren älteren Geschwistern aber noch etwas beschert: ein größeres Gefühl der Sicherheit. Denn nun steht für sie fest, dass auch ich ihnen nicht mehr weglaufen werde. Die Erfahrung, dass zwei Menschen, die man liebt, deshalb nicht für immer zusammenbleiben, wird ihnen immer in den Knochen sitzen. Aber das Misstrauen, das sie dadurch instinktiv gegenüber den Beziehungen von Erwachsenen hegen, ist zumindest, was ihren Vater und mich angeht, etwas geschrumpft.

Das ganze große Schauspiel:
Warum alle manchmal allen etwas vormachen sollten

»Denk immer dran: Die Zeit arbeitet für dich.«
Mantra einer Co-Patchworkerin

Das Bedürfnis nach Wahrnehmung, das Tom Hanks als Junge empfand, nachdem er es nach der Trennung der Eltern mit zwei Stiefmüttern und drei Stiefvätern zu tun bekam und als eines von insgesamt elf Kindern und Stiefkindern zeitweise nur »Nummer acht« gerufen wurde, hat der amerikanische Schauspieler wiederholt als heimliches Motiv für seine Berufswahl genannt. In der Tat gehört zu jeder Familie, aber zu Patchwork besonders, die Bereitschaft, ab und an eine gute Miene zu Anlässen aufzusetzen, die einem nicht liegen oder die man nur mit Stoizismus und/oder dem Konsum vieler Kalorien oder Alkohol über sich ergehen lassen kann.

Für Eltern kann ein solcher Anlass zum Beispiel die zweite, dritte oder vierte Hochzeit ihres Kindes sein, ein Fest, dem sie bei jeder Neuauflage mit größerer Skepsis beiwohnen – erst recht, wenn dabei Jungen und Mädchen Blumen streuen, die mitgeheiratet werden und also künftig irgendwie auch zur Familie gehören. Wer will, mag sich mit der Vorstellung ablenken, wie sich Winston Churchill gefühlt haben mag, dessen bildschöne Mutter, die Amerikanerin Jennie Jerome, nach dem Tod seines Vaters Lord Randolph Churchill noch zwei Mal heiratete – wobei beide Stiefväter Churchills jünger waren als er. Der erste war bei der Hochzeit gerade 24 Jahre alt, der zweite vierzig – und Churchills Mutter 63. Immerhin standen so keine Halbgeschwister zur Debatte.

Für Stiefmutter oder Stiefvater kann das der Abiturball ihrer angeheirateten Kinder sein, bei dem sie sich unter die Familien der Schulkameraden mischen und jedem Gesprächspartner aufs Neue erläutern müssen, in welchem Verhältnis sie zum Schulabgänger, seinen Eltern und Großeltern stehen.

Für getrennte Väter und Mütter kann das das Geburtstagsfest eines Ex-Schwiegerelternteils sein, dem sie seit der Trennung möglichst aus dem Weg gegangen sind, damit es nicht zum Streit kommt. Beide Seiten wissen, dass sie nicht viel voneinander halten, aber auch, dass ein ehrlicher Satz wie »Gut, dass du den Kindern zuliebe gekommen bist, und noch besser, dass ich dich ansonsten nicht mehr sehen muss« die Situation nicht wesentlich entspannen würde.

Für Kinder kann das die zweite Hochzeit von Mutter oder Vater sein oder auch die Taufe eines Geschwisterchens. Bei beiden Festen gibt es mit Sicherheit Gründe, sich angesichts all der freudestrahlenden Nicht-Verwandten und der unbekannten Freunde, die einem überschwänglich zu Neu-Mutter oder -Vater, Brüderchen oder Schwesterchen gratulieren, plötzlich isoliert, verunsichert und ausgeschlossen zu fühlen.

All diese Situationen sind schon deswegen heikel, weil sie in der Regel vor Zuschauern stattfinden, die dem lustig-bunten Anstrich des Patchwork-Gefüges mit Vorbehalten gegenüberstehen. Dadurch entsteht leicht das Gefühl, man müsse seinen Platz innerhalb der Gemeinschaft verteidigen. Diese defensive Haltung bestärkt wiederum Außenstehende in ihrer heimlichen Vermutung, dass Patchwork aus den temporären sexuellen Interessen von Männern und Frauen chaotische Zwangsfamilien macht, in denen die unschuldigen Kinder die Leidtragenden sind. Und welches Kind, das dieses Mitleid und diese Skepsis spürt, hätte nicht den Eindruck, dass sie irgendwie gerechtfertigt sind? Die Autorin Charlotte Roche, ebenfalls Patchworkerin, hat Familie einmal definiert als »viele kleine Teile, die miteinander und gegeneinander sind«. Das trifft es sehr gut.

Patchwork bringt es unweigerlich mit sich, dass sich nicht alle zu jeder Zeit miteinander gleichermaßen wohl fühlen. Wichtig ist, das zu akzeptieren und darin nicht jedes Mal eine

Kritik an sich, dem Partner oder der Familie als ganzer zu sehen. So sehr ich für klare Verhältnisse und ehrliche Aussprachen bin, musste ich doch lernen, dass es manchmal klüger und gesünder ist, nicht permanent alles zu hinterfragen, erst recht nicht das Funktionieren einer Familie mit Brüchen. Schließlich entdeckt man, wenn man in sich hineinhört, immer Gründe, nicht rundum zufrieden zu sein, aber längst nicht alle sind so schwerwiegend, dass sie gelüftet werden müssen. Denn mit dem Benennen von Problemen sind sie unwiderruflich in der Welt – und wollen gelöst werden. Dass Patchwork für alle Beteiligten immer wieder Situationen mit sich bringt, die man sich nicht gewünscht hat oder denen man sich gerade nicht gewachsen fühlt, gehört zu den ganz normalen Herausforderungen dieser Familienform. Da hilft es, wenn man sich nicht wegen Kleinigkeiten echauffiert und aneinander reibt, sondern seine Energien für die wesentlichen Themen aufhebt. Selbst wenn man auf diese Weise mitunter erst zwei Schritte vorwärts macht und dann einen zurück, kommt man immer noch voran. Denn es stimmt: Die Zeit arbeitet für einen. Dauer schafft Vertrauen, und mit jedem Mal, da man eine unangenehme, verunsichernde oder belastende Situation gemeistert hat, fühlt man sich sicherer. Manchmal kann man dann aus der entlastenden Distanz des Nachhineins sogar den anderen gestehen, wie man sich gefühlt hat – und dadurch dem nächsten Familienschauspiel mit mehr Selbstvertrauen und Rückendeckung entgegensehen.

Das beste Spielzeug:
Großeltern

»Erst, wenn man weiß, wie die Enkel ausgefallen sind,
kann man beurteilen, ob man seine Kinder gut erzogen hat.«
Erich-Maria Remarque

Großeltern und Enkel sind natürliche Verbündete, schon wegen
des gemeinsamen Feindes in der Mitte: Diese uralte Erkenntnis
gilt für Patchwork erst recht. Denn die Großeltern sind in solchen Konstellationen vielleicht noch wichtiger als in normalen
Familien, verheißen sie ihren Enkeln doch Exklusivität und
Verlässlichkeit. Vater oder Mutter müssen sie mit neuen Partnern, Stief- und/oder Halbgeschwistern teilen, aber Oma oder
Opa viel weniger. Ihnen können sie manchen Kummer über die
neue Familie anvertrauen, ohne sich als Verräter zu fühlen, von
ihnen können sie sich trösten und verwöhnen lassen, und bei
ihnen dürfen sie auch dann noch klein sein, wenn sie in den
Augen aller anderen schon groß sind.

Wie alle Beziehungen in einem Kinderleben ist auch die zu den
Großeltern vor allem von Präsenz geprägt. Wer da ist, verfügbar
und ansprechbar, wird in Beschlag genommen. Kindern ist nicht
wichtig, in welchem Verwandtschaftsverhältnis jemand zu ihnen
steht, sondern ob und wie er sich mit ihnen beschäftigt und auf
sie einlässt. Dadurch nehmen mitunter Nenn-Großeltern oder
gefühlte Großeltern für sie eine wichtigere Stellung ein als die
echten, zumal wenn Letztere weit weg wohnen. Insofern sind
Großeltern und Kinder geradezu die idealen Patchworker.

Auch wenn die eigenen Eltern durch Patchwork natürlich
zwangsläufig in Mitleidenschaft gezogen werden, das Ausschei-
den des bisher gewohnten Schwiegersohns oder der Schwiegertochter aus dem Familienverbund hinnehmen müssen und
dann neue Partner serviert bekommen, womöglich noch mit

Kindern, die ihnen strahlend als Neu-Enkel präsentiert werden, bleiben sie doch Bastionen der Stabilität – und häufig auch der schonungslosen Analyse der Situation. Nicht ohne Grund hat Fay Weldon die Großmutter zur wichtigsten Erzählerstimme ihres »Tagebuchs einer Stiefmutter« gemacht. Wer sonst würde schwierige Situationen zwischen Stiefmutter und Stiefkindern einfach mit der Bemerkung kommentieren: »Je mehr der Vater die neue Frau liebt, desto mehr hasst das Kind sie«? Wenn Neu-Patchworker ihr Lebensmodell noch romantisch verklären, ist auf die ältere Generation Verlass. Aus Erfahrung wissend, dass die meisten Illusionen Ballons sind, denen irgendwann von selbst die Luft ausgeht, wartet sie geradezu auf den Moment, in dem sie sagen kann: »Ich habe es ja gleich gewusst.«

Die meisten Patchworker berichten, dass ihre Eltern die Kinder des neuen Partners zwar freundlich aufgenommen haben und sich darum bemühen, dass diese sich willkommen fühlen, dabei aber nicht so tun, als seien es ihre Enkel. Anstrengungen und Verrenkungen, wie man sie als Stiefmutter oder -vater oft macht, sind ihnen fremd. Für die meisten fallen die Kinder der Partner ihrer Kinder einfach nicht in ihren natürlichen Zuständigkeitsbereich – was keineswegs bedeutet, dass sie sie nicht ins Herz schließen. Das Erstaunliche: Die Einzigen, die damit mitunter ein Problem haben, weil diese Eindeutigkeit sie verlegen macht, sind die Eltern. Kinder wissen klare Verhältnisse nämlich genauso zu schätzen wie Großeltern und fühlen sich dadurch weder herabgesetzt noch verletzt. Meine Mutter hat die Kinder meines Mannes von Anfang an mit offenen Armen bei sich empfangen, beschenkt und verwöhnt sie, wenn wir bei ihr sind – aber sie hat nie so getan, als seien die beiden ihre Enkel. »Die Kinder haben zwei wunderbare Großmütter, wozu brauchen sie eine dritte?« Konkurrenz wie unter den Eltern gibt es unter Großeltern nicht, und genau das macht ihr Verhältnis zu allen Kindern oft so entspannt.

Großeltern sind aber nicht nur für die Enkel ein wohltuendes Korrektiv, sondern auch für Stiefschwiegertöchter und -söhne. Aus meiner Erfahrung jedenfalls kann ich die nüchterne, ungekünstelte Herzlichkeit der Großmutter der Kinder meines Mannes nur preisen. Sobald sie sich vergewissert hatte, dass ihre Enkel mich mochten und akzeptierten, hat sie mich als erweiterte Familie willkommen geheißen und ganz selbstverständlich integriert. Wenn wir uns sehen, machen wir keinen Smalltalk, sondern reden über unsere Familien, wobei die Kinder meines Mannes eine Schnittmenge darstellen, die zwei größere Kreise verbindet.

Ich kenne aber auch Fälle, in denen die Großeltern der Halb- oder Stiefgeschwister für alle Kinder die maßgeblichen sind, einfach weil sie vor Ort wohnen und die zweite Fuhre ganz selbstverständlich mit Huckepack nehmen. Die Kinder eines Frankfurter Freundes, dessen Eltern im Taunus leben, verbringen einen Tag die Woche und viele Wochenenden mit den Großeltern, und als sich ihr Vater nach der Trennung in eine Frau mit gleichaltrigen Kindern verliebte und mit ihr zusammenzog, passten seine Eltern auf die neuen ebenso auf wie auf die eigenen Enkelkinder. Das wiederum hat den Zusammenhalt unter den Kindern verbessert, die so etwas abseits der nervösen elterlichen Blicke ihre eigene Gruppendynamik etablieren konnten – zumal die Kinder meines Freundes hauptsächlich bei der Mutter leben, während die Kinder seiner neuen Partnerin mit ihr bei ihm eingezogen sind. Auf meine Frage, ob es denn keine Eifersucht gibt oder ein Buhlen um die Großeltern, schüttelt er den Kopf: »Nein. Meine Kinder sagen Omi und Opi, die anderen Hilde und Klaus, und meine Eltern schaffen es unglaublich gut, ihre Enkel nach Strich und Faden zu verwöhnen, ohne die beiden anderen zu benachteiligen. Das schafft einen wichtigen emotionalen Ausgleich zu der für meine Kinder nicht immer einfachen Situation bei uns.«

Welches Kind geht vor:
Warum Patchwork oft am neuen Nachwuchs scheitert

»Die beiden Älteren haben, scheidungs- und pubertätsbedingt,
ein paar Macken, das jüngste Kind ist dafür reiner,
edler Sonnenschein.«
Eva Menasse, »Quasikristalle«

Neid und Eifersucht unter Geschwistern wird allgemein als
etwas Normales angesehen, während die Eifersucht von Stiefeltern auf die Kinder des Partners ein Tabu ist, über das niemand gern spricht und das eigentlich nur in Märchen als Motiv
der bösen Stiefmutter existiert. Dabei entpuppt sich Patchwork
oft als ein Verdrängungswettbewerb – des Ex-Partners durch
den Nachfolger, des leiblichen durch den Stiefelternteil, der ersten durch die zweiten Kinder. Und tatsächlich zeigt die Erfahrung, dass gerade die Stiefmütter in dieser Hinsicht oft beides
sind, Anstifter und Leidtragende.

Aus eigener Erfahrung, aber auch aus vielen Erzählungen
weiß ich, dass man als kinderloser Neuzugang zunächst leicht
Eifersucht auf die enge Bindung zwischen dem Partner und dessen Kindern empfinden kann – zumindest so lange, bis man eine
eigene gute Beziehung zu den Kindern aufgebaut hat. Die Nähe,
Vertrautheit und Zärtlichkeit von Eltern und Kindern als betei-
ligter Zuschauer zu erleben ist eine sehr spezielle Situation: man
gehört irgendwie dazu und andererseits auch wieder nicht. Wenn
dann der Partner auch noch eine gewisse Befangenheit erkennen
lässt, wenn seine Kinder zugegen sind, fühlt man sich rasch doppelt isoliert, als Liebespartner und als Nicht-Elternteil. Meist
sind diese Gefühle aber nach einigen Monaten – oder Jahren –
wie weggeblasen, und man geht in der neuen Situation auf.

Es gibt jedoch Fälle, und sie sind nicht so selten, in denen
diese anfängliche Eifersucht des neuen Partners auf die Eltern-

Kind-Beziehung nicht vergeht, sondern sich in einer inneren Ablehnung des Kindes und damit einhergehend von dessen anderem Elternteil festsetzt. Die Gründe dafür sind so vielfältig wie die Charaktere. Es gibt Berichte von Frauen, die sich von ihren Stiefkindern ausgebootet fühlen, weil diese den Vater um den kleinen Finger wickeln und sich jederzeit von ihm alles, was sie wollen, erbitten oder ertrotzen können. Andere leiden unter dem Eindruck, dass ihr Partner sie nie so sehr lieben wird wie seine Kinder, speziell so sehr wie die Tochter – wie schreibt Fay Weldon in diesem Zusammenhang so knackig: »Eine Tochter ist immer da, um Erinnerungen, Orte und Spaß miteinander zu teilen. Sie hält die Vergangenheit und die Jugend lebendig … Frauen kommen und gehen, aber Töchter bleiben, um einen zu lieben und geliebt zu werden.« Andere wollen den Partner nicht mit einem Kind teilen müssen, sondern möchten seine gesamte Zeit, Aufmerksamkeit und Liebe für sich allein beanspruchen. Es ist schlimm genug, wenn Kinder ihre neu liierten Eltern vor die Wahl stellen wollen: Sie/Er oder ich (siehe Kapitel 3). Praktisch ausweglos wird die Situation jedoch, wenn der neue Lebenspartner derjenige ist, der es auf ein Entweder-Oder anlegt. Oft ist das ein schleichender Prozess, weil keiner der Beteiligten einen so ungleichen Kampf wie den zwischen einem Erwachsenen und einem Kind als solchen wahrhaben will. Wochenendväter, deren neue Partnerin eifersüchtig ist auf ihr Kind, bemühen sich, ihren Wünschen entgegenzukommen, ohne den Nachwuchs zu vernachlässigen – sehen ihr Kind öfter unter der Woche und verkürzen dafür das gemeinsame Wochenende von Freitag auf Samstag oder Samstag auf Sonntag. Mütter, die mit Kind und neuem Partner unter einem Dach leben, versuchen, die Gelegenheiten, bei denen alle zusammen sind, zu verringern, essen früh mit ihrem Nachwuchs zu Abend und schicken diesen dann in sein Zimmer, damit der von der Arbeit zurückkehrende Partner Ruhe vom Kinderalltag hat.

Ein gemeinsames Kind wird in solchen Fällen oft als Allerheilmittel betrachtet. Wenn der eifersüchtige Partner selbst Mutter oder Vater wird, so die naheliegende Vermutung, werden die Ressentiments gegen das bereits existierende Kind von selbst verschwinden, ebenso wie der Neid auf dessen enges Verhältnis zum Partner. Ich weiß von Fällen, in denen es tatsächlich so war, wo das gemeinsame Kind ein neues Gleichgewicht innerhalb der ganzen Familie hergestellt hat – und leider auch von solchen, in denen es die Konflikte noch verschärft hat. Denn sobald der eifersüchtige Partner realisierte, dass das neue Kind das andere nicht verdrängen würde, gingen die Streitereien von neuem los. Nur dass diesmal ein weiteres Kind in Mitleidenschaft gezogen wurde.

Hinzu kommt, dass Nachwuchs immer eine Belastungsprobe für Beziehungen bedeutet. Wie Ildikó von Kürthy in ihrem so witzigen wie ehrlichen Mutterbuch »Unter dem Herzen« schreibt: »Ein Kind bedeutet immer Krise. Je mehr man sich das vorher klarmacht, desto weniger ist man später überrascht.« Babys schützen nicht vor Liebeskrisen. Im Gegenteil: Vierzig Prozent der geschiedenen Paare in Deutschland trennen sich im ersten Jahr nach der Geburt eines Kindes. Diese Statistik wird ebenso von Patchworkern wie Erstfamilien gefüttert. Nun mag man einwenden, dass Patchworker länger durchhalten müssten, weil ja mindestens eine Seite bereits erfahren hat, was für eine Belastung dauerhafter Schlafmangel und ein immer zur Unzeit schreiendes Wesen sein kann – und auch weiß, wie belastend es ist, nicht nur den Partner, sondern noch dazu ein Kind zu verlassen. Es scheint mir jedenfalls kein Zufall zu sein, dass die Trennungen bei Patchworkern in den meisten Fällen von dem zuvor kinderlosen Partner ausgehen, der jetzt zwar selbst Mutter oder Vater geworden ist, aber die Präsenz der Kinder des anderen nun noch stärker als Belastung empfindet. Da die Nerven von Eltern gerade im ersten Lebensjahr ihres Nachwuchses oft blank liegen, wird aus dem Streit um Kleinigkeiten schnell eine Grundsatzdiskussion.

Verschärfend kommt hinzu, dass bei vielen Patchworkern

die unbewusste Erwartung herrscht, dass der Partner gar nicht umhinkönnen wird, als das gemeinsame Kind in irgendeiner Weise zu bevorzugen, dass er es klüger, hübscher oder reizender finden muss als seinen Nachwuchs aus der früheren, also gescheiterten Beziehung – als sei das Kind aus der bestehenden Beziehung automatisch liebenswerter. Wenn sie dann feststellen, dass das neue, eigene Kind seine Geschwister keineswegs aussticht, vielleicht sogar – siehe Grimms Märchen – weniger attraktiv, begabt und entzückend ist als diese, sind sie ernüchtert und machen instinktiv den Partner für diese Enttäuschung verantwortlich. Die Eifersucht auf seine Kinder kann dann in Aggression umschlagen und in den Versuch, diese aktiv auszugrenzen. Noch schlimmer wird die Sache, wenn sie mit ihrem unfairen Verhalten ihnen gegenüber dem eigenen Nachwuchs ein fatales Vorbild sind. Denn im Guten wie im Bösen hat die Beziehung zwischen Stiefeltern und Kindern des Partners Vorbildcharakter für die eigenen Kinder.

In einer Familie müssen sich alle angenommen und geborgen fühlen. Wenn klar wird, dass sich das partout nicht erreichen lässt, löst sich das Patchwork-Gefüge irgendwann auf. Mit etwas Glück aber finden die Mitglieder auf Dauer zu anderen, glücklicheren Patchwork-Familien zusammen.

Endlich eine richtige Familie?

»Familie ist dort, wo man sich geborgen fühlt.
Wenn es die eigene Verwandtschaft ist, umso besser.«
User in einem Internetforum

Der Unterschied zwischen den Wochenenden und der Zeit dazwischen ist bei uns nicht mehr so groß, denn jetzt sind wir sieben Tage die Woche und rund um die Uhr eine Familie – mal größer, mal kleiner. Aber erst, wenn alle sechs da sind, fühlt es sich so an, als sei die Familie komplett.

Wenn wir alle zusammen sind, wird mir oft bewusst, was für ein Glück wir haben – zuallererst natürlich miteinander, aber auch mit unserer speziellen Patchwork-Konstellation. Die Arbeit an diesem Buch und die vielen Gespräche haben mich in diesem Eindruck noch bestärkt. Zunächst einmal war unsere Familienfindung unbelastet von Schuldgefühlen, weil ich meinen Mann und seine Kinder erst Jahre nach der Trennung kennengelernt habe. Das hat auch unsere Liebe als Paar freier gemacht: Unser Zusammensein musste sich nie an der Frage messen lassen, ob es das Leid einer zerrissenen Familie wert war. Dann haben die Kinder nicht abwehrend oder misstrauisch auf mich reagiert, sondern mich tatsächlich als zusätzliche Bezugsperson, als Bonus willkommen geheißen – und es mir so leichtgemacht, eine eigene Beziehung zu ihnen aufzubauen. Dazu, dass das gelang, hat wiederum wesentlich beigetragen, dass ihre Mutter mich von Anfang an akzeptiert hat und den Kindern damit erlaubt hat, es ihr gleichzutun.

Stabile, glückliche Patchwork-Familien können unter viel schwierigeren Auspizien zustande kommen. Aber ganz gleich, wie gut man sich in dieser Situation zurechtfindet – kaum jemand, mit dem ich gesprochen habe, leugnet, dass »work« ein wesentlicher Bestandteil von Patchwork ist, dass es ohne Arbeit nicht geht. Damit Patchwork gelingt, müssen alle mitwirken. Schon einer, für den die Nachteile die Vorteile überwiegen, kann alle anderen runterziehen. Wenn Patchwork funktioniert, unterscheiden sich diese Familien hingegen eigentlich nur dadurch von anderen, dass sie sich mit einem anderen Bewusstsein Familie nennen, weil Liebe und Loyalität nicht allerseits angeboren, sondern gereift sind. So ist es jedenfalls bei uns. Wir sind miteinander solidarisch, stehen füreinander ein, unterstützen uns und halten zusammen. Jeder darf sich so angenommen fühlen, wie er ist. Aber niemand von uns hält diesen Zustand für selbstverständlich.

Die Zeit spricht für Familienformen wie unsere – und damit meine ich nicht nur, dass sie in den Großstädten bereits fast so häufig vorkommt wie die normale Vater-Mutter-Kind-Variante, sondern dass Patchwork sich im günstigen Fall mit der Zeit für alle immer besser und stabiler anfühlt, während klassische Familien oftmals von Jahr zu Jahr krisenanfälliger zu werden scheinen. Remo H. Largo betont in seinem Buch »Glückliche Scheidungskinder« immer wieder die Bedeutung von gemeinsam verbrachter Zeit: »Damit Erwachsene und Kinder zu einer gut funktionierenden Patchwork-Familie zusammenwachsen, braucht es vor allem gemeinsame Erfahrungen. Sie sind der Kitt, der die Familie zusammenhält. Gemeinsame Erlebnisse erzeugen Bindung zwischen Kindern und Zweiteltern und den Kindern untereinander.«

In bald acht Jahren haben wir viel tatsächlich zusammen erlebt: Umzüge, Schulwechsel, Krankheiten, diverse Sommer- und Winterferien, leichte und schwierigere Phasen – und die zweifache Erweiterung unseres Kreises. Rückblickend glaube ich, dass es nicht nur für die Kinder meines Mannes, sondern für uns als Familie insgesamt positiv war, dass sich ihre Geschwister nicht gleich zu Beginn, sondern erst nach mehreren gemeinsamen Jahren eingestellt haben. Da jeder seinen Platz gefunden hatte und es eine Ordnung mit etablierten Ritualen und Gewohnheiten gab, waren die neuen Kinder keine solche Bedrohung, wie es kurz nach einer Trennung oftmals der Fall ist, zu einer Zeit, da ohnehin alles auf dem Prüfstand steht.

Zu einer erfolgreichen Patchwork-Familie gehört aber nicht nur das Wohlbefinden aller Kinder, sondern mindestens so sehr auch das der Eltern. Um sich im Alltagstrubel und Kinderchaos als Paar nicht zu verlieren, braucht man Unterstützung, sei es durch Babysitter, Au-Pair oder Großeltern. Dass man dann, wenn man sich endlich abgeseilt hat und im Restaurant ungestört gegenübersitzt, oft vor allem über die Kinder spricht und sich schon darauf freut, bei der Rückkehr über ihre schlafenden Köpfe zu streicheln, macht diese Stunden nicht weniger kostbar.

Die zweiten Kinder haben unsere Familie in meinen Augen nicht nur vollständiger, sondern auch ehrlicher gemacht. Wir müssen jetzt nicht mehr Familie spielen, wie es früher aus Unsicherheit gelegentlich vorkam – vor allem bei mir. Sah ich mich in den ersten Jahren mitunter als eine Art Märtyrerin, die ihrem Mann und seinen Kindern zuliebe eigene Zeit, Interessen und Wünsche zurückstellt, bin ich heute endlich so weit, mir nicht nur Pflichten, sondern auch Rechte zuzugestehen, nicht nur geben, sondern auch nehmen, ja gelegentlich sogar fordern zu können.

So haben mich ausgerechnet meine eigenen Kinder zu einer besseren Stiefmutter gemacht – anstatt dass die Kinder meines Mannes mich auf das Muttersein vorbereitet hätten, wie ich lange Zeit gedacht hatte. Ich glaube, man kann noch so sehr versuchen, den Kindern des Partners eine Freundin, Vertraute und Verbündete zu sein – die eigenen Unzulänglichkeiten als Stiefelternteil lernt man erst dann wirklich kennen, wenn man selbst Mutter ist und begreift, was man den Kindern seines Partners nicht zu geben imstande ist – ohne dass man deshalb ein schlechtes Gewissen haben müsste. Heute verstehe ich daher auch viel besser, warum manche Eltern trotz größter Mühen zusammenbleiben, bis die Kinder aus dem Haus sind. Denn so dankbar ich für meine wundervolle Patchwork-Familie bin, so sehr hoffe ich, dass meinen Kindern diese Erfahrung erspart bleibt. Das ist für mich kein Widerspruch. Ich wünsche keinem Kind und keinem Jugendlichen die bittere Erfahrung, dass die Eltern auseinandergehen, und die aus einer Trennung sich meist ergebende befleckte Sicht auf die Beziehung der Eltern. Ich wünsche niemandem das dauernde Pendeln zwischen zwei Welten und die innere Zerrissenheit zu wichtigen Anlässen, an

Weihnachten, Ostern und Geburtstagen oder in den Ferien. Dass die einzelnen Mitglieder in guten Patchwork-Familien mehr Ansprechpartner haben als in normalen Familien und dass man sich auch in einer Patchwork-Familie geborgen fühlen kann, sind zwar durchaus rettende Eigenschaften – die aber eben erst in einer Situation tragfähig werden, da es einer Rettung bedarf.

Golden Patchwork:
Wenn die Kinder aus dem Haus sind

»Die erste Hälfte unseres Lebens ist durch unsere Eltern ruiniert,
die zweite durch unsere Kinder.«
Clarence Darrow

Bündnisse unter reifen Menschen

Einem alten Witz zufolge beginnt das Leben, wenn die Kinder
aus dem Haus sind und der Hund tot ist. Denn jetzt kommen
endlich nicht mehr die Bedürfnisse anderer an erster Stelle, sondern man kann sich selbst fragen, was man eigentlich möchte.
Nicht selten lautet dann die Antwort: ein anderes Gegenüber.
Statistiken bestätigen auch hier, was die Erfahrung zeigt: Wenn
Beziehungen enden, dann tun sie das entweder schon nach
wenigen Jahren – oder aber dann, wenn die Kinder aus dem
Gröbsten raus sind. Und so finden sich zur zweiten Runde häufig Frauen und Männer zusammen, die auch Mütter und Väter
sind, aber für die gemeinsamer Nachwuchs kein Thema mehr
ist. Wenn man diesen Patchworkern begegnet, sieht man verliebte, sehr harmonische Paare, deren Kinder in dem Bild, das
sie nach außen abgeben, keine große Rolle spielen. Wenn man
sie trifft, erzählen sie einem strahlend davon, wie sehr sich ihre
Kinder freuen, dass Mama oder Papa nach einer Single-Phase
mit oder ohne Fehlstarts doch noch ihr Glück gefunden haben
und jene elf Zwölftel des Jahres, in denen sie ihren kinderlosen
Alltag genießen können, nicht allein verbringen müssen. Die
Sprösslinge dieser Golden Patchworker sind meist bereits in
einem Alter, da sie realisieren, dass Eltern nicht nur ihren Kindern, sondern auch noch sich selbst gehören – und dass ein
neuer Partner für Mama oder Papa durchaus auch eine entlas-

tende Funktion für einen selbst hat. Glücklich liierte und erfüllte Eltern beschweren sich bei einem Anruf ihrer Kinder nicht als Erstes darüber, dass die letzte Kontaktaufnahme schon wieder zehn Tage her ist (»ich könnte längst tot sein, und du hättest es nicht mal gemerkt«), klagen weniger über die politischen Verhältnisse, den allgemeinen Verfall (»die Welt brennt, und in Wien gibt es in diesem Jahr wieder über hundert Bälle«), ihre Gesundheit oder die Verwandtschaft, und reden über die Gegenwart anstatt vornehmlich von der Vergangenheit, also den geschiedenen, verstoßenen oder verstorbenen anderen Elternteil (»dein Vater hat mir die zwanzig besten Jahre meines Lebens gestohlen«). Doch bei aller Mitfreude hat das neue Leben aus Sicht des Nachwuchses auch seine ernüchternden Seiten: Golden Patchworker sind oft so mit sich beschäftigt, dass ihnen die Kinder gar nicht gelegen kommen (»Schätzchen, ich würde dich wirklich gerne sehen, aber an dem Samstag feiert Monika ihren runden Geburtstag, an dem Wochenende danach sind wir im Konzert, die Woche darauf wollen wir nach Holland fahren und dann ist ja schon Pfingsten, da machen wir mit Freunden eine Wanderung«).

Aus Elternsicht aber ist dies Patchwork in seiner wohl angenehmsten, schönsten und entspanntesten Form, nämlich weitgehend frei von Schuldgefühlen, innerer Zerrissenheit und familiären Forderungen seitens der Partner. Hinzu kommt, dass der berufliche Stress jetzt oft nachlässt, was zusätzliche Energie und Zeit freisetzt.

Natürlich sind die Konstellationen auch in dieser Lebensphase höchst vielfältig: Oft haben beide Seiten Kinder, wobei die der Frau häufig jünger und damit präsenter sind als die des Mannes. Mitunter ist einer der Partner verwitwet. Oftmals ist die jetzt eingegangene Bindung, ob mit oder ohne Trauschein, für einen oder beide nicht die zweite eheähnliche Beziehung, sondern bereits die dritte, vierte oder fünfte. Und dann gibt es jene Patchwork-Paarungen, in denen der Mann aufgrund seines eigenen und des Alters seiner Kinder eigentlich der Gruppe der Golden Patchworker zuzuordnen ist – dessen neue Partnerin aber um einige Jahrzehnte jünger ist als er, so dass sich die Frage nach gemeinsamem Nachwuchs somit durchaus noch stellt (und häufig bejaht wird). Damit scheiden diese Paare als Golden Patchworker aus. Das sind jene Konstellationen, in denen die Stiefmutter mitunter gleichalt oder sogar jünger ist als ihre Stiefkinder und die Enkel für die Halbgeschwister ihrer Onkel und Tanten als Babysitter antreten können. Die amerikanische Fernsehserie »Modern Family« führt vor, wie vergnüglich das für alle Beteiligten sein kann – und vor allem für Zuschauer.

Weil die meisten Menschen mit den Jahren, den Erfahrungen und den Beziehungen reifer und reflektierter werden, sind diese späteren Bindungen oft die, in denen die Zufriedenheit am größten ist, weil die Beteiligten wissen, was sie aneinander haben und dass zu einem harmonischen Zusammensein Freiheit ebenso gehört wie Nähe. Rasende Eifersucht, penible Überwachung des Haushaltsbudgets oder Wutanfälle wegen offen gelassener Zahnpastatuben oder überquellender Abfalleimer sind in diesen Beziehungen kein Thema mehr, wie viele dieser Patchworker überhaupt berichten, dass sie weniger auf das Trennende als das Verbindende achten und die Gewohnheiten des anderen lieber akzeptieren, statt sich darüber aufzuregen und erfolglos zu versuchen, sie zu ändern. Wer sich mit diesen Patchworkern unterhält, der bekommt einen Eindruck von äußerst stabilen, offenen, ausgewogenen Beziehungen, in denen kein Erwartungsdruck herrscht. Das mag auch damit zu tun haben, dass dies auffallend häufig langsam gewachsene Lieben aus jahrelangen Bekanntschaften sind, in denen man sich, da es keinen biologischen oder anders gearteten Entscheidungsnotstand gab, in großer Ruhe aneinander gewöhnen konnte. Gerade weil viele der jetzt eingegangenen Beziehungen als besonders glücklich empfunden werden, ist das Bedauern darüber, dass es nicht mehr zu einem neuen gemeinsamen Kind kommen kann, für manche von ihnen ein stiller Lebensschmerz. Alles in allem aber sind Golden Patchworker die überzeugendsten Werbeträger für das Modell – jedenfalls, solange man sie und nicht ihre Kinder fragt.

Die Ablehnung erwachsener Kinder ist die schlimmste

»Eltern sind die Knochen, an denen Kinder ihre Zähne schärfen.«
Peter Ustinov

Das größte Problem der Golden Patchworker besteht darin, dass auch erwachsene Kinder Kinder bleiben, wie Kinder reagieren und kindliche Erwartungen an die Eltern hegen, während die Eltern in ihrem Nachwuchs allmählich unabhängige Gesprächspartner sehen, von denen sie erwarten, dass sie sich logisch, vernünftig, einsichtig und vor allem altruistisch verhalten. Vor allem aber wollen auch erwachsene Kinder ein intaktes Bild ihres Elternhauses und ihrer Kindheit – oder zumindest eine gelungene Projektion davon – möglichst lange aufrechterhalten. Wer denkt, dass nur kleine Kinder und bestenfalls Teenager an alten Strukturen und Gebräuchen festhalten möchten, hat vielleicht selber noch nicht erlebt, wie stocksteif und uneinsichtig sich sogenannte erwachsene Kinder verhalten, wenn es darum geht, selbst banalste Traditionen zu verteidigen.

Es gibt verschiedene Härtestufen. Beginnen wir mit einer harmlosen Variante. Ein Freund und seine Frau haben sich vor Jahren getrennt – in Freundschaft. Sie hatten jung geheiratet, nun waren die Kinder mehr oder minder aus dem Haus: die Tochter in der Lehre, der Sohn kurz vor dem Abitur. Die beiden waren zwar entsetzt über die Entscheidung der Eltern, nach so vielen gemeinsamen Jahren getrennte Wege gehen zu wollen, äußerten aber schließlich Verständnis. Aus dem gemeinsamen Haus zogen beide aus, das Ferienhaus an der Nordsee wollten sie behalten und künftig zu unterschiedlichen Zeiten nutzen. Nach einigen kurzfristigen Bekanntschaften auf beiden Seiten sind beide inzwischen glücklich neu liiert, mit Partnern, die ebenfalls bereits selbständigen Nachwuchs aus früheren Beziehungen haben. Sowohl mit den neuen Gefährten der Eltern als auch mit den fernen Stiefgeschwistern kamen die Kinder gut aus bei den wenigen Gelegenheiten, da sie sie sahen. Dann heiratete der Vater seine Freundin. Seine erste Frau und ihr zweiter Mann waren ebenso bei der Hochzeit zugegen wie die gemeinsamen Kinder, und auch auf Seiten der Braut kamen der Ex und die Kinder, noch dazu die alten wie die neuen Schwiegereltern. Es war ein ausgelassenes Fest, bei dem Sketche aufgeführt, Reden gehalten und das Tanzbein geschwungen wurde: Kein Gast wäre auf die Idee gekommen, dass dies nicht für wirklich alle Beteiligten ein glücklicher Tag war. Das war im Mai – und danach fingen die Probleme an. Es begann damit, dass mein Freund und seine neue Frau fanden, es sei an der Zeit, einen neuen gemeinsamen Lieblingsurlaubsort zu finden, und nicht mehr Sommer für Sommer an der Nordsee zu verbringen. Sie beschlossen, diesmal in die Alpen zu fahren. Seine Kinder waren darüber so entrüstet wie ihre erleichtert. Ob ihm das kleine Häuschen etwa nicht mehr gut genug sei, weshalb er ihnen die Ferien kaputtmachen wolle, was man in den Bergen überhaupt solle – und so weiter. Die ganze gemeinsame Zeit über machten sie Bemerkungen über das kühle Wetter, den fehlenden Strand, das popelige Hotel und erklärten nach drei Tagen kategorisch, wenn es nicht im kommenden Sommer wieder an die Nordsee ginge, würden sie nicht mitfahren. Mein Freund und seine Frau waren erstaunt, auch getroffen, blieben aber dabei, dass sie in ihrer Ehe neue eigene Ziele und Traditionen prägen wollten. Dann näherte sich das Weihnachtsfest. Seine Kinder wollten es bei ihrer Mutter feiern, ihre mit ihnen. Doch als sie erfuhren, dass ihr Vater diesmal nicht ebenfalls zugegen sein würde – die Eltern hatten selbst nach der Trennung den Kindern zuliebe Heiligabend stets zusammen und ohne ihre jeweiligen Partner gefeiert –, waren sie entsetzt. Als ihre Mutter entgegnete, dass sie jetzt eben einen neuen Mann habe und Weihnachten selbstverständlich mit diesem zusammen sein wolle, machte das wenig Eindruck. »Das mag schon sein, aber wir wollen nun mal, dass alles so ist wie immer«, hieß es unisono von einem Vierundzwanzigjährigen, einer Zwanzigjährigen und einem Neunzehnjährigen. Da sie zu dritt seien, ihre Mutter mit dem neuen Mann aber nur zu zweit, sei hiermit beschlossen, dass Heiligabend so begangen werden solle wie immer: mit Papa und ohne den neuen Mann. Und natürlich wie gewohnt mit Ente statt wie angekündigt mit Karpfen. Die Mutter reagierte gelassen und beschied ihren Kindern, dass diese dann am 24.12. wohl mit ihrem Vater ins Restaurant gehen müssten, denn bei ihr und ihrem Mann gäbe es nun mal in diesem Jahr Karpfen. Außerdem sei sie nicht bereit, ihren Mann auch nur einen Abend des Jahres auszuquartieren, schon gar nicht an Weihachten. Ihr Ex-Mann erwies sich als Zünglein an der Waage. Er sagte den Kindern unmissverständlich, dass er ihr Verhalten derart unreif und unfair fände, dass er nun ebenfalls keine Lust mehr habe, Weihnachten mit ihnen zu feiern, sie sich also wohl allein zu dritt verlustieren müssten. So weit kam es dann aber doch nicht. Die Kinder schluckten schließlich ihren Trotz herunter und feierten mit ihrer Mutter und dem neuen Stiefvater. Und aßen sogar Fisch. Auf die Frage, wie es denn gewesen sei, hieß es ausweichend: »Es war ganz okay. Aber eben nicht wie früher.«

Menschen mögen die einzigen Lebewesen sein, die ihren Kindern erlauben, nach Hause zurückzukehren – die Frage ist nur: wann und für wie lange. Solange der Nachwuchs nur gelegentlich, zu Festen, Feiertagen und einigen Wochenenden dazwischen anrückt, funktionieren diese Patchwork-Konstellationen in der Regel recht reibungslos. Die Kinder sagen zwar, dass sie sich nicht mehr so »zu Hause« fühlen, seitdem ein neuer Partner Einzug gehalten hat, aber solange Mama oder Papa ausgeglichen sind und alle Zeichen dafür sprechen, dass die Beziehung ihnen guttut, hört man von ihnen in der Regel keine Klagen. Kompliziert wird es, wenn alle unter einem Dach leben – und zwar länger als während einer Ferienwoche oder eines Wochenendes. Das Phänomen, dass der längst flügge Nachwuchs zeitweilig ins heimische Nest zurückkehrt, sei es nach dem Studium und während der Jobsuche, bei einem Berufswechsel, nach einer eigenen Trennung oder schlicht, weil es zu Hause am bequemsten ist oder sie sich eigene vier Wände nicht leisten können oder wollen, hat neuerdings die Bezeichnung »Boomerang-Kids« verpasst bekommen. Denn Studien zufolge schlüpfen in ganz Europa und den Vereinigten Staaten immer mehr junge Erwachsene zeitweise wieder bei den Eltern unter. Wenn dann statt Papa ein anderer Partner mit Mama Tisch und Bett teilt, kann es mit dem Frieden schnell vorbei sein, zumal es ohnehin nicht ganz leicht ist, wieder zusammenzuziehen, wenn man jahrelang nicht miteinander gelebt hat und die Kinder nicht mehr das Luxusleben verwöhnter Gäste genießen. Jeder Haushalt muss sich in einer solchen Situation neu sortieren. Ist man eher eine WG oder eine Familie? Isst man lieber zusammen oder getrennt? Wer übernimmt welche Pflichten? Wenn ein neuer Partner beteiligt ist, findet das Zusammenleben erst recht unter anderen Vorzeichen statt. Nachdem sie ihren Job in einer Kündigungswelle verloren hatte, wollte eine Bekannte sich bei ihrer Mutter Trost und Rat holen. Zunächst einmal musste sie feststellen, dass ihr früheres Zimmer statt des Bettes ein riesiges Fitnessgerät beherbergte, das mit dem neuen Mann Einzug gehalten hatte. Weil das ehemalige Kinderbad einer Sauna gewichen war, musste sie mit ihrer Mutter und deren Partner das Bad teilen. Doch diese kleinen Unbequemlichkeiten störten sie nicht. Was sie hingegen maßlos irritierte, war die Kritik, der sie sich ständig ausgesetzt sah – sie lebe ungesund, sei zu dick, kleide sich unvorteilhaft, sei zu impulsiv. Wenn sie auf ihn hören würde und endlich mehr Rohkost essen, mehr Sport treiben und sich eine andere Frisur zulegen würde, bekäme sie erstens einen Mann und zweitens einen Job. Tagaus, tagein musste sie sich solche und andere Litaneien anhören. Die Wirkung ließ insofern nicht lange auf sich warten, als die junge Frau schleunigst wieder auszog. Was sie am meisten getroffen habe, sagte sie mir, seien nicht so sehr die ständigen Ermahnungen gewesen, als vielmehr der Umstand, dass ihre Mutter ihrem Partner diese Bevormundung habe durchgehen lassen und sie nie verteidigt habe. »Sie hat sich total an ihn angepasst und tanzt nur nach seiner Pfeife. Ich kann ja verstehen, dass sie im Alter nicht allein sein will, aber sie muss sich doch nicht so einen Pascha ins Haus holen!«

Dass Kinder zwar dem Alter nach fast erwachsen sein können, aber trotzdem unreif bleiben, was die eigenen Eltern angeht, musste auch eine Kollegin erfahren, als sie sich in einen geschiedenen Mann mit zwei Töchtern verliebte. Die ältere studierte, die jüngere machte gerade Abitur. Die Eltern hatten sich vor einigen Jahren getrennt; die Mutter lebte mit ihrem neuen Mann einige Straßenzüge weiter. Der Vater war seit der Trennung solo gewesen. Es fing damit an, dass meine Freundin, die selbst einen erwachsenen Sohn hat, merkte, dass er die Beziehung zu ihr vor seiner jüngeren Tochter verheimlichte. Wenn sie zusammen waren und das Mädchen anrief, gab er vor, einen auswärtigen geschäftlichen Termin zu haben, und er lud sie nur dann zu sich ein, wenn er sicher war, dass die Tochter nicht zu Hause war. Der Kollegin ging dieses kindische Verhalten zunehmend gegen den Strich, und nach einigen Monaten bestand sie darauf, seinen Töchtern vorgestellt zu werden. Die ältere begegnete ihr freundlich und interessiert, die jüngere hingegen saß stumm am Tisch, beantwortete keine Frage, stand irgendwann abrupt auf und verließ grußlos das Zimmer. Als ihr Vater ihr nachging und fragte, warum sie so unhöflich sei, erwiderte sie nur, solange sie noch zu Hause lebe, würde sie keine Frau an seiner Seite dulden. Wie ernst sie es mit dieser Drohung meinte, bewies sie in den folgenden Monaten. Sie boykottierte und sabotierte die Beziehung, wo und wie sie nur konnte. Die Mittel waren infantil und die übersteigerte Eifersucht, der sie entsprangen, überdeutlich, doch das machte ihr Verhalten nicht weniger wirkungsvoll. Der Vater behauptete zwar meiner Kollegin gegenüber stets, er werde dieses Verhalten nicht dulden und sie direkt nach dem Abitur dazu anhalten, auszuziehen, doch es änderte sich nichts. Die Tochter machte Abitur und begann ihr Studium, machte jedoch keine Anstalten auszuziehen. Am Ende dieses zermürbenden Stellungskriegs siegte die Angst des Mannes davor, seine Tochter zu verlieren. Soweit ich weiß, ist er seither solo und sein Kind, inzwischen Mitte zwanzig, wohnt nach wie vor zu Hause.

Die Schwierigkeiten und Komplexitäten jüngerer Patchwork-Familien sind vielfältig. Golden Patchworker hingegen haben vor allem ein Problem: dass erwachsene Kinder sich nicht nur eine Meinung bilden über ihr Verhalten und ihre Partnerwahl, sondern dass sie ihre Urteile in der Regel auch vehement äußern. Jüngere Kinder können den neuen Partner von Mutter oder Vater noch so grässlich finden, haben aber meistens keine andere Wahl, als sich mit ihm zu arrangieren – es sei denn, sie ziehen zum anderen Elternteil. Wie ich indes von mir selbst weiß, kann die Ablehnung erwachsener Kinder besonders restriktiv und konsequent ausfallen, und sie ist für den betroffenen Elternteil besonders verletzend. Denn wenn ein erwachsenes Kind den neuen Partner kategorisch ablehnt, ist das unweigerlich mit einer harschen Kritik am Elternteil verbunden – und das in einer Phase, da es mit der Abhängigkeit vorbei ist und in der man sich aus dem Weg gehen kann, statt durch einen gemeinsamen Alltag dazu gezwungen zu sein, sich irgendwie zu arrangieren.

Als meine Eltern sich nach dreißig gemeinsamen Jahren scheiden ließen, war ich Anfang zwanzig. Zwar hatte ich im Freundeskreis durchaus schon elterliche Trennungen miterlebt, aber nachdem ich mit sechzehn aufs Internat gegangen war und meine Eltern mir inniger und glücklicher vorkamen denn je, war ich völlig sorglos, was ihre gemeinsame Zukunft und damit die unserer Familie betraf. Außerdem waren sie meiner Meinung nach aus der Gefahrenzone ohnedies längst heraus; wenn sie sich hätten scheiden lassen wollen, so sagte ich mir, hätten sie das längst getan. Die Umstände der Trennung tun hier nichts zur Sache – sie waren nicht schön, aber wo sind sie das je? Als Tochter fühlte ich mich von meinem Vater jedenfalls ebenso hintergangen und verlassen wie meine Mutter; hinzu kam, dass ich die Verletzungen, die er ihr zugefügt hatte, rächen wollte. Wie viele Kinder, die in der Geborgenheit einer heilen Familie aufwachsen, meinte auch ich, dass die Liebe zu meinen Eltern mir das Recht gäbe, von ihnen Rücksichtnahme auf meine Gefühle zu verlangen – ja im Grunde sogar, um meinetwillen zusammenzubleiben. Da mein Vater und ich stets ein besonders enges und vertrauensvolles Verhältnis gehabt hatten, hoffte ich, durch meine Kritik und mein Verhalten einen Sinneswandel bei ihm auszulösen. Als dies nicht gelang, verweigerte ich jedweden Kontakt zu seiner neuen Partnerin, rief ihn nur auf dem Handy, aber niemals in dem gemeinsamen neuen Heim an, wollte anfangs nicht einmal hören, was sie unternommen hatten oder wohin sie in Ferien gefahren waren. Wenn wir uns sahen, musste er entweder mich besuchen kommen, oder aber wir trafen uns in einem Café oder Restaurant. Meine Ablehnung seiner Lebensgefährtin war total, auch nach ihrer Heirat. Dass ich meinen Vater damit verletzte, war mir bewusst – aber wie tief meine unversöhnliche Haltung ihn getroffen haben muss, habe ich erst wirklich begriffen, seitdem ich selbst Familie und vor allem eigene Kinder habe. Leider waren die Jahre, in denen wir uns wieder näherkamen, auch die letzten seines Lebens. Die Reue und die Scham, die ich heute über mein Verhalten empfinde, sind so groß wie das Bedauern über all die Zeit mit ihm, die mir dadurch entgangen ist.

»Heiraten Sie nie einen Mann,
von dem Sie nicht geschieden sein möchten.«
Nora Ephron

Die Filmkomödie »The Big Wedding« von 2013 erzählt von einem geschiedenen Paar, dargestellt von Diane Keaton und Robert de Niro, das zur Hochzeit seines Adoptivsohns noch einmal heile Familie spielt, da dessen Schwiegermutter in spe eine streng gläubige Katholikin ist. Das führt zu allerhand Verwicklungen, denn die engagierte Stiefmutter des Bräutigams (Susan Sarandon) ist die eigentliche Organisatorin der Hochzeit, darf jedoch nur als Caterer in Erscheinung treten, um alles zu überwachen. In typisch moderner Hollywoodmanier hat man hier eine gute Idee für eine Screwball-Komödie mit zu viel Brimborium überladen, so dass der Film weder den Witz noch den Tiefgang erreicht, den das Thema hergibt, denn Patchwork-Hochzeiten bieten auch ohne katholische Schwiegermutter und Verstellung aller Beteiligten genug Stoff – für Dramen wie Komödien.

Hochzeiten, bei denen die Eltern von Braut wie Bräutigam geschiedene Leute sind, die sich nun zum Treueschwur ihres Nachwuchses in nachehelicher Harmonie üben müssen, sind längst keine Ausnahmen mehr. Trotzdem haben bislang weder nennenswerte Romane noch Filme das Szenario aufgegriffen; und auch in den Biographien bekannter Zeitgenossen, die solche Festivitäten erwiesenermaßen irgendwann erlebt haben müssen, fehlen ihre Schilderungen fast gänzlich. Wie gern hätte man in dieser Hinsicht Details über die Hochzeit von Charles und Camilla erfahren, die so etwas wie das Abziehbild der Golden Patchworker darstellen! Immerhin auf Dorothy Parker ist

Verlass, die über ihre zweite Eheschließung mit Alan Campbell bemerkte: »Der Raum war voller Leute, die seit Jahren nicht mehr miteinander geredet hatten, inklusive Braut und Bräutigam.« Lana Turner fasste ihr Privatleben einmal so zusammen: »Ich wollte einen Mann und sieben Kinder, aber es kam genau andersherum.« Und die beste Freundin der englischen Moderatorin Ulrika Jonsson bemerkte anlässlich ihres dritten Einsatzes als Brautjungfer nur: »Ich hoffe, du hast endlich gefunden, was du suchst, denn ganz ehrlich – ich kann nicht mehr!«

Es kann indes nur eine Frage der Zeit sein, bis sich das ändert, denn die gesellschaftliche Realität von immer stärker fragmentierten familiären Strukturen, gepaart mit der Tatsache, dass wir alle immer älter werden, wird häufiger Hochzeiten mit sich bringen, bei denen die Eltern und womöglich auch die Großeltern des Brautpaars nicht mehr als Paar auftreten.

Zusammengenommen haben mein Mann und ich sogar schon drei dieser Feste erlebt, bei denen eigentlich alle außer dem Paar vorm Standesbeamten getrennt anreisten: seine erste Hochzeit, meine erste Hochzeit – und unsere gemeinsame. Aber auch als Gast habe ich schon einigen Eheschließungen beiwohnen dürfen, die den immer wiederkehrenden Triumph von Hoffnung über Erfahrung besonders eindringlich belegen. Als die Tochter einer Freundin heiratete, saßen statt zwei vier Mütter am Brauttisch, und mit ihnen vier Väter: jeweils der leibliche Eltern- und der dazugehörige Stiefelternteil. Die erste Frage, die sich die Geladenen untereinander stellten, war daher protokollarischer Natur: gratuliert man auch den Stiefeltern zur Hochzeit? Und wenn ja, in welcher Reihenfolge? Und – diese Erkundigung wurde besonders leise geflüstert – wer sind denn nun die leiblichen und welches die Stiefeltern? Allein sich die Nachnamen aller zu begrüßenden Elternteile zu merken stellte eine gewisse Herausforderung dar. Das befürchtete Problem der Sitzordnung hatte sich dank der großen Puffer-Auswahl recht diplomatisch lösen lassen: Wichtig war, dass keine ehemals Verheirateten nebeneinander zu sitzen kamen, ebenso wenig wie die Elternteile direkt mit ihrem Nachfolge-Gegenüber konfrontiert werden sollten. Es wurde ein sehr lustiger, aber auch recht langer Abend, weil die Reihe der Redner nicht abzureißen schien. Als Erster ergriff der Vater der Braut das Wort. Dann wollte auch ihr langjähriger Stiefvater einige ergänzende Worte loswerden. Auf Seiten des Bräutigams sprach ebenfalls der Vater, woraufhin dessen temperamentvolle Mutter sich genötigt sah, einige seiner Ausführungen zu korrigieren – besonders die beschönigenden, die er zu ihrer Trennung vor zwanzig Jahren verloren hatte. Dem Brautpaar wich mit jeder Ankündigung einer weiteren Rede etwas Farbe aus dem Gesicht. Am Ende, als die komplizierten familiären Verhältnisse sich jedem der Anwesenden überdeutlich eingeprägt hatten, erhob sich der Bräutigam und bedankte sich auf warmherzige Art bei seinen beiden Müttern und Vätern, konnte sich aber am Ende nicht die Bemerkung verkneifen, dass er sich, was die Familienkonstellation betraf, auch eine weniger komplexe Form hätte vorstellen können, aber es in seinem Fall offensichtlich nicht so sein sollte – getreu dem Motto »Wo die Liebe hinfällt«.

So erfrischend dieses Erlebnis für Zuschauer war, so wenig nachahmenswert wirkte es auch. Bei vielen Patchwork-Hochzeiten bleiben denn auch die neuen Partner der Eltern meiner Erfahrung nach eher daheim, um dem Brautpaar möglichst wenig Grund für zusätzliche Nervosität zu geben. Aber nachdem es immer mehr Patchworkern zu gelingen scheint, ihrem früheren Partner der Kinder zuliebe nicht die Augen auszukratzen, sondern sich wie Erwachsene zu benehmen, und die Jugend von immer mehr Kindern von einem oder zwei Stiefelternteilen mitgeprägt werden, wird die Zukunft reichlich Anschauungsmaterial solcher Feste bieten.

Deutlich schwieriger und mit noch mehr tragikomischem Potential als Hochzeiten sind übrigens Beerdigungen. Da steht

dann die frisch verwitwete Frau neben den Kindern ihrer Vorgängerin, die ebenfalls zugegen ist, und man fragt sich, ob man
auch der seit Jahrzehnten Geschiedenen kondolieren sollte.
Und wenn ja – was sagt man in solchen Situationen? »Es tut
mir so leid, dass Ihr Ex-Mann gestorben ist?« Oder reicht hier
ausnahmsweise die schrecklichste aller Floskeln, das unver-
fänglich gemurmelte »Mein Beileid«? Der französische Schauspieler Sacha Guitry soll mit dem Ausspruch »Die anderen
waren nur meine Frauen. Aber du, mein Schatz, wirst meine
Witwe« erfolgreich um die Hand seiner fünften Frau angehalten haben. Es gibt immer mehr Männer, die drei bis vier
Witwen hinterlassen, weil ihre Frauen nach der Scheidung
nicht wieder geheiratet haben – und die alle denselben, nämlich
seinen Namen tragen. In Todesanzeigen hingegen taucht für
gewöhnlich nur der amtierende Ehepartner auf, auch wenn die
verflossenen ebenfalls ein Tränchen verdrücken mögen, und sei
es nur der Kinder wegen, die ihren Vater oder ihre Mutter verloren haben. Außerdem wirft besonders der Brauch, nur die
überlebende Frau zu nennen, die Frage auf, wie sich die Kinder
den Beziehungen zuordnen lassen. Insofern kann das Entziffern
mancher Todesanzeigen komplizierter sein als die Lösung kniff-
liger Kreuzworträtsel. Da lobe ich mir doch die englische Kul-
tur der Nachrufe: dort findet man am Ende stets einen deutli-
chen Kurzabriss der familiären Biographie, der alle Fragen
höchst befriedigend beantwortet. »Humphrey Humpty-Dump-
tys erste und zweite Ehe wurde geschieden. Er hinterlässt seine
dritte Frau Deborah und den gemeinsamen Sohn Sebastian,
Daniel und Alexandra, seine Kinder aus erster Ehe mit Iris
White, sowie Margaret, seine Tochter aus der unehelichen
Beziehung mit Rosalie Miller. Des Weiteren trauern um ihn
seine beiden Brüder Mark und Gabriel und seine Schwester
Lucy aus der zweiten Ehe seines Vaters.« So oder so ähnlich
liest sich ein eher konservativer Lebenslauf.
    Auch Patchwork-Taufen habe ich schon erlebt. Bei einer

wäre es fast zum Streit darüber gekommen, wie der Enkel seine vier Großmütter und Großväter künftig anreden sollten, um Verwirrungen zu vermeiden. »Die Omama bin ja wohl nur ich«, stellte die leibliche Großmutter väterlicherseits fest, »und du natürlich«, fuhr sie fort, zur Mutter ihrer Schwiegertochter gewandt. »Und du« – ein vernichtender Blick traf ihren ersten Mann – »bist dann wohl oder übel der Opapa.« »Und was ist mit mir?«, fragte ihr Mann schüchtern. »Du bist Opi Klaus«, bestimmte seine Frau, »und du«, zur Partnerin ihres Ex gewandt, »kannst von mir aus Omi Claudi sein.« Dann schaute sie zu den Eltern und Stiefeltern ihrer Schwiegertochter herüber und sagte, plötzlich strahlend: »So, jetzt seid ihr dran!«

Oma light? Die neue nächste Generation

»Der Moment, in dem man selbst Kinder hat,
ist der, in dem man seinen Eltern alles verzeiht.«
Susan Hill

Neulich stellte die Tochter meines Mannes die Überlegung an, dass ihre beiden kleinen Geschwister doch eines Tages bei ihrer Hochzeit Blumenkinder sein könnten. Ich erwiderte, da müsse sie aber früh heiraten, denn wenn sie um die dreißig sei, wären die zwei schon in der Pubertät und als Blumenkinder bestimmt nicht mehr zu gebrauchen. »Aber als Babysitter kannst du sie bestimmt einspannen«, tröstete ich sie. Und dachte erschrocken: Dann wäre ich ja Stiefgroßmutter!

Woher der Schreck eigentlich rührte, konnte ich nicht gleich ausmachen, denn die wenigen Beispiele, die mir bisher überliefert wurden, scheinen durchaus ermutigend. Wie eine Bekannte sagt: »Es schließt sich ein Kreis.« Eine andere aber schüttelt darüber nur den Kopf: »Ich würde eher sagen, es ist die Verlänge-rung des Leidens um eine weitere Generation.«

Im Fall der ersten Bekannten hat der Stiefsohn seit einigen Jahren eigene Kinder, und da die Beziehung zu ihm und seiner Frau gut ist, sehen ihr Mann und sie die Enkel häufig. Den Großvater nennen die Kinder Opa, zu ihr sagen sie »Omi Doris«. Da die leibliche Großmutter zudem weiter weg wohnt, kommt es zu keinen emotionalen oder terminlichen Kollisio-nen – »und wenn doch, etwa bei Familientreffen, lasse ich ihr selbstverständlich den Vortritt«. Dass sie als Stiefmutter gelernt habe, in der zweiten Reihe zu stehen, helfe ihr nun dabei, eine gelassene Zweitoma abzugeben.

Diese Gelassenheit kommt von dem Moment, da die Kinder selber Eltern sind, besser an denn je, wie ein anderer Gesprächs-partner bestätigt. Dass seine leibliche Mutter mit ihrer Schwie-gertochter nicht besonders gut auskommt, belaste seine Bezie-hung zu ihr seit Jahren. Seitdem die Zwillinge auf der Welt seien, sei es noch schlimmer geworden. Seine Mutter rufe dau-ernd an, komme mindestens einmal die Woche unangekündigt »auf einen Sprung« vorbei und kritisiere seine Frau und ihre Erziehungsmethoden bereits, bevor sie noch zur Tür herein-gekommen sei: »Überall Schuhe und Spielzeug! Bei euch sieht es schon im Flur schlimmer aus als bei Hempels unterm Sofa!« Umso lieber besuchten seine Frau und er seinen Vater und seine Stiefmutter. Da gebe es keine Erwartungshaltung und es werde nicht dauernd Kontakt eingefordert. Außerdem versteht seine Frau sich mit seiner Stiefmutter viel besser als mit ihrer eigent-lichen Schwiegermutter: »Ihr kann sie von ihren Sorgen und Nöten erzählen, ohne dass sie gleich einen Kommentar fürch-ten muss. Außerdem sagt ihr meine Stiefmutter nicht ständig, wie sie mit mir umgehen soll.« Das wiederum habe seine eigene Beziehung zu seiner Stiefmutter immens gestärkt. »Früher mochte ich sie, habe mir aber wenig Gedanken über sie und ihre Rolle in unserer Familie gemacht. Inzwischen weiß ich ganz anders zu schätzen, was sie für unsere Familie tut.« Im Grunde, sagt er nachdenklich, sei es vor allem seiner Stiefmutter zu verdanken, dass er nach wie vor einen so guten Draht zu seinem Vater habe. Der sei mit den Jahren immer eigenbrötlerischer und wortkarger geworden. »Er ruft mich nie von sich aus an, und wenn sie ihn nicht aufscheuchen würde, ginge er wahrscheinlich gar nicht mehr aus dem Haus.« Seine Stiefmutter sei diejenige, die die Familie zusammenhalte, und das auf angenehm unangestrengte Weise. »Manchmal ruft sie mich an und reicht dann nach ein paar Minuten den Hörer an meinen Vater weiter. Sie würde ihm aber nie in den Ohren liegen und ihn drängen, mich anzurufen. Und wenn ich mal nicht kann, nicht zurückrufe oder wir uns eine Weile nicht sehen, ist sie nie beleidigt – im Gegensatz zu meiner Mutter.« Seine Frau fügt hinzu: »Das Gute ist, dass sich ihre Haltung auf deinen Vater überträgt. Denn weil sie nicht ständig etwas an uns auszusetzen hat, kommt auch bei ihm nicht der Eindruck auf, dass ihm etwas fehlt, wenn wir uns eine Zeitlang nicht melden.«

Die Funktion der Stiefmutter als regulierendes Ventil, über das Erwartungsdruck entweichen kann, nehmen offenbar viele Kinder erst wahr, wenn sie auf eigenen Beinen stehen. Dann aber sind sie dankbar für die Entlastung im Umgang mit dem eigenen Elternteil. »Meine Stiefmutter ist für unsere Familie so etwas wie eine Gore-Tex-Jacke«, sagt einer. »Sie weist den Regen von draußen ab, lässt aber den Dampf von innen raus.«

Ebenso gibt es Fälle, wo die Kinder ihre Stiefmutter erst richtig zu hassen beginnen, wenn sie eigene Familien gründen, weil sich jetzt die Konkurrenz mit den Stief- oder Halbgeschwistern in einem neuen Ausmaß zeigt. Eine Nachbarin gerät sofort in Rage, als ich sie auf das Verhältnis ihrer Kinder zu deren Stiefgroßmutter anspreche. »Sie sieht in ihnen keine Enkel, sondern nur lästige Störenfriede, genau wie in mir, als ich klein war. Während sie die Kinder ihrer beiden Söhne und auch deren Frauen mit Liebe und Verständnis überschüttet, behandelt sie uns wie Fremde.« Nach einer Weile gibt sie zu, dass die Situation für beide Seiten schwierig ist. Als ihr Vater zum zweiten Mal geheiratet habe, war sie mitten in der Pubertät: »Ich hatte mit allen Schwierigkeiten: mit meiner Mutter, meinem Vater, mit Lehrern und Freunden. Aber ausgelassen habe ich es vor allem an meiner Stiefmutter.« Wann immer sie zu Besuch gewesen sei, habe sie ihr Vorwürfe gemacht und sie kalt und abweisend behandelt. »Kein Wunder, dass sie mich nicht lieben konnte.« Mit den Jahren habe sich das Verhältnis dann normalisiert und sei herzlicher geworden – bis sie heiratete. »Meine Stiefmutter mochte meinen Mann auf Anhieb und hat sich immer so betont gut mit ihm verstanden, nach dem Motto ›Wir Eingeheirateten müssen zusammenhalten‹, dass es mich aufgeregt hat. Als dann die Kinder kamen, wurde es noch schlimmer.« Ihre Stiefmutter habe sich mit gerade fünfzig viel zu jung fürs Großmuttersein gefühlt. Und dementsprechend fand sie ihre Stiefenkel, drei Jungen, eher lästig als süß. »Damals habe ich mir nicht viel daraus gemacht. Ich dachte, das sei eben so. Aber als meine Halbbrüder dann Kinder bekamen, waren wir als Familie definitiv abgemeldet.« Ihre Stiefmutter habe einfach nicht verhehlen können, dass sie ihre eigenen Enkel viel mehr liebe als die Kinder der schwierigen Stieftochter. »Und da unsere Söhne die ältesten waren, haben sie das sehr genau gespürt.« Doch so bitter das für sie gewesen sei, könne sie ihrer Stiefmutter daraus keinen Vorwurf machen. »Ich bin nun mal nicht ihr Kind.« Was sie ihr jedoch sehr wohl vorwerfe, sei, dass sie mit ihrem Verhalten auch ihren Mann beeinflusst habe. »Dadurch, dass sie so ablehnend war, hat auch mein Vater keinen engen Kontakt zu seinen Enkeln bekommen.« Mittlerweile befürchte sie, dass sich diese ungleichen Verhältnisse auch im Testament niederschlagen könnten. »Ich kann nur hoffen, dass ich mich irre. Denn sonst ist meine Stiefmutter endgültig für mich gestorben.«

Wenn Kinder ihre eigenen Familien gründen, sehen sie ihre

Eltern – und Stiefeltern – plötzlich mit anderen Augen. Zunächst einmal machen ihnen die eigenen Kinder bewusst, was Elternschaft bedeutet, mit welchen überbordenden Freuden, aber auch mit welchen Opfern und mit wie viel Verzicht sie einhergeht. Zum anderen – und das ist im Patchwork-Kontext besonders wichtig – eröffnet einem ein eigenes Kind nicht weniger als die Möglichkeit, die eigene Kindheit zu korrigieren. Wohl jeder, der Mutter oder Vater wird, wünscht sich, manches Schöne, was er selbst als Kind erlebt hat, mit dem eigenen Nachwuchs zu wiederholen – manches andere hingegen auf keinen Fall. Die Sehnsucht nach einer intakten Familie steht dabei an vorderster Stelle. Jedes Stiefkind, mit dem ich gesprochen habe, hofft, dem eigenen Nachwuchs die Erfahrung der Trennung seiner Eltern ersparen zu können – im Bewusstsein, dass die Erfüllung dieses Wunsches nicht von einem allein abhängt und dass sie in unserer Best-Ager-Gesellschaft schwierig zu erreichen ist. (Bezeichnenderweise hat niemand gesagt, er hoffe, sein Kind werde es nie mit Stiefmutter oder -vater zu tun bekommen. Das Ur-Trauma ist und bleibt für die meisten die Trennung der Eltern.)

Der israelischen Schriftstellerin Zeruya Shalev zufolge wecken Kinder in ihren Eltern die besten Seiten: »Als Mutter oder Vater gefallen wir uns selbst gleich viel besser.« Das stimmt. Und weil die Erfahrung, ein Kind zu bekommen, demütig und dankbar macht und die selbstlose Hingabe an einen neuen Menschen ihnen – mindestens vorübergehend – die Augen dafür öffnet, worauf es im Leben tatsächlich ankommt, sind die meisten jungen Eltern tatsächlich (trotz ihrer Müdigkeit und der damit verbundenen Launen) angenehme und verträgliche Zeitgenossen. Wann sich der charakterliche Lerneffekt wieder abschwächt, ist individuell verschieden – bei manchen hält er bloß einige Monate an, bei anderen sogar bis zur Pubertät der Kinder. Dass er sich hingegen auf die Großeltern überträgt, ist eher selten. So entzückt diese auch von ihren Enkeln sein mögen, so unnachgiebig kritisch kann der Blick auf den eigenen Nachwuchs bleiben, ja viele sehen jetzt erst recht Anlass für Tipps, Ermahnungen und Verbesserungsvorschläge.

Dass nicht alles, was gut gemeint ist, auch gut ankommt, gilt in Patchwork-Familien noch mehr als überall sonst. Mitunter scheint es aber leichter, sich von Stiefmutter oder Stiefvater etwas sagen zu lassen als von den leiblichen Eltern. »Von meiner Mutter fühle ich mich immer gleich in die Ecke gestellt, wenn sie eine Bemerkung macht«, sagt eine junge Mutter. »Wenn aber mein Stiefvater mal etwas sagt, in seiner ruhigen und besonnenen Art, bin ich viel eher bereit, mich darauf einzulassen.« Das gilt indes nur, wenn das Verhältnis insgesamt gut ist. Nichts ist schlimmer, als wenn der ungeliebte Stiefelternteil sich auch noch in die Erziehung der Kindeskinder einmischt. Da kommen dann seit Jahrzehnten nicht mehr gezückte Sätze wie »Von dir lasse ich mir gar nichts sagen!« oder »Du solltest dich lieber um deinen eigenen Kram kümmern!« wieder zum Vorschein.

Außerdem ergeben sich jetzt, da die familiäre Dynamik durch Zuwachs neu entfacht ist, vielfach Anlässe zu Eifersucht. Ein kinderloser Stiefelternteil mag sich ausgeschlossen fühlen angesichts der quasireparierten Familie in Form von Oma, Opa, Kindern und Enkeln. Viele Stiefkinder empfinden Neid auf ihre Halbgeschwister, die abermals das leichtere Spiel haben. Geschwister untereinander beobachten mit Argusaugen, ob irgendwelche Enkel bevorzugt werden. Und wenn ein angeheiratetes Familienmitglied zu Mutter oder Vater, Stiefmutter oder Stiefvater einen besseren Draht hat als andere, kann das ebenfalls für böses Blut sorgen. Hinzu kommt die ganz normale, biologische Eifersucht der älteren auf die jüngere Generation: dass die Kinder selbst Kinder bekommen, gilt eben noch immer als Indiz dafür, dass man selbst aufs Alter zugeht.

Nun haben sich noch nie so viele Menschen beim Älterwerden so jung gefühlt wie heute. Dass dank der immer höheren Lebenserwartung noch keine Großelterngeneration so aktiv, gesund und attraktiv war wie diese, gleicht den Umstand aus, dass die Frauen durchschnittlich bei der Geburt des ersten Kindes immer älter sind. Das freudige Mitversorgen der Enkel, so kann man allenthalben erleben, ist für viele Großeltern zu einer Art Job nach dem Job geworden. Großeltern spielen denn auch in der »generationenübergreifenden Solidargemeinschaft« der Großfamilie 2.0, wie Soziologen die Rückkehr zu alten Familienmodellen genannt haben, eine zentrale Rolle. Diese Form der Großfamilie, bei der mehrere Generationen nah beieinander leben und sich gegenseitig unterstützen, könnte bei entsprechender Förderung »zu einer Sinnmaschine werden, die alten und sehr alten Menschen einen Ort gibt und den Eltern Zeitwohlstand schenkt«, heißt es in der Zukunftsstudie »Wie wir morgen leben werden«. Diese Alternative zur bürgerlichen Kleinfamilie sei bereits jetzt stark im Kommen; im Jahr 2030, so die Prognose, würden 3,5 Millionen Menschen in Deutschland so leben; aktuell sind es bereits 2,7 Millionen. Würde man die Patchwork-Familien, die in diese Kategorie fallen, hinzuzählen, käme man auf eine noch viel höhere Zahl. »Die Großfamilie 2.0 eröffnet Spielräume und bietet eine Rückzugsqualität, die in der bürgerlichen Kleinfamilie seit den 1950er-Jahren in der Form nicht mehr aufzufinden war«, so die Autoren. Die Lerneffekte, immer ein Zeichen von Beweglichkeit und Jugend, sind vielfältig: Die Eltern erleben ihre Kinder als Erwachsene anders; umgekehrt müssen auch die Kinder bereit sein, sich anzupassen. »In der Regel ist das Auskommen mit meinen Eltern ein gutes Kommunikationstraining«, sagt eine Frau. »Ich muss mich erwachsen verhalten und meine Eltern müssen akzeptieren, dass ich kein Kind mehr bin.« Die jüngeren Generationen profitieren, weil Mutter und Vater ihrer Arbeit nachgehen können und sich dabei nicht ständig die quälende und kostspielige Frage nach der Kinderbetreuung stellt; die ältere fühlt sich gebraucht und eingebunden. So profitieren alle voneinander.

Tatsächlich sind solche Modelle im Kollegen- und Bekanntenkreis nicht mehr selten. Die Eltern mancher Freundin haben sogar ihr Heim aufgegeben und sind in die Nähe gezogen, um die Enkel nicht nur per Fotogalerie beim Großwerden zu begleiten. Bei Patchwork-Großeltern ist das insofern schwieriger, als möglicherweise beide Partner Kinder und Enkel haben, so dass die Entscheidung für eine Seite zugleich als eine gegen die andere gewertet werden könnte. Doch niemand muss sein Zuhause oder seine Lebensweise aufgeben, um als Großmutter oder Großvater eine phantastische Figur abzugeben. Denn mit eigenen Kindern beginnt eine Zeit, da man jegliche Hilfe ganz anders zu schätzen weiß – sei es, dass die echten oder gefühlten Großeltern ihre Enkel regelmäßig hüten, ein Sparbuch für sie anlegen oder auf eigene Weise zu ihrer geistigen und charakterlichen Stärkung beitragen.

Abgesehen davon, dass Stiefmütter offenbar in hohem Maße großmuttertauglich sind, weil sie in den meisten Fällen als lässiger und weniger einmischend empfunden werden, was Enkel ebenso anziehend finden wie ihre Eltern, trägt zur allseitigen Entspannung bei, dass die Kämpfe in dieser Phase meist vorbei sind. Selbst jene Ex-Frauen und ihre Nachfolgerinnen, die sich früher nicht besonders grün waren, haben nun in der Regel zu einem funktionierenden Miteinander gefunden. Die zeitliche Distanz zu früheren und die Abwesenheit aktueller Konflikte macht den Umgang unbeschwerter, und das überträgt sich auf alle Beteiligten. Aus manchen früher kühlen Beziehungen werden jetzt sogar echte Freundschaften. Und dass bei Patchworkern vielleicht drei Großmütter oder Großväter parat stehen, ist ohnehin ein Glücksfall: mit Kindern ist jede Bezugsperson, die ab und an einspringen kann, willkommen. Und Kinder sind in dieser Hinsicht Opportunisten: Ein Zoobesuch mit oder kleine Geschenke von der Omi- und Opi-Garde sind ihnen wichtiger als die Frage, wer mit ihnen bluts- oder wahlverwandt ist.

Belastungsproben:
Wenn ein Stiefelternteil erkrankt
oder der leibliche Elternteil stirbt

»Seien Sie immer nett zu Ihren Kindern.
Sie werden eines Tages Ihr Altersheim aussuchen.«
Phyllis Diller

Solange es allen gutgeht, sind sich die meisten Familien sicher, dass sie einander jederzeit helfen und unterstützen werden – bis der Ernstfall diese hehre Überzeugung auf eine harte Probe stellt. Wenn Krisen, Krankheiten und Todesfälle aber über Patchworker hereinbrechen, akzentuieren sie außerdem auf einen Schlag alles, was diese Familienform ohnehin schon belastet. Und da sich gerade Stiefelternteile in Patchwork-Familien erschöpft und am Limit fühlen, trifft jede zusätzliche Belastung sie mit voller Wucht. Schicksalsschläge haben es an sich, dass man vor ihnen nicht weglaufen kann. Wenn ein Familienmitglied schwer erkrankt, stehen die anderen ihm bei – normalerweise. In Patchwork-Familien hingegen ist eine Flucht zumindest möglich. Denn hier werfen Krankheiten, Unglücke und Todesfälle für mindestens einen die bittere Frage auf, ob Zuneigung, Anstand und Pflichtgefühl ebenso starke Bindemittel sind wie Liebe.

Solange solche Überlegungen hypothetischer Natur sind, fällt es leicht, sich des eigenen guten Willens und Beharrungsvermögens sicher zu sein. So hatte eine Bekannte sich in einen Mann verliebt, der sie und ihre Tochter auf Händen zu tragen schien. Kaum ein halbes Jahr nach dem Kennenlernen wollten sie zusammenziehen. Aber dann wurde einige Wochen vor dem Umzug bei der Tochter Leukämie diagnostiziert. Die Mutter ließ sich von der Arbeit beurlauben, um rund um die Uhr für ihr Kind da zu sein. Auch der Vater war sehr präsent, begleitete die beiden zu jeder Untersuchung. Im Krankenhaus wechselten Vater und Mutter sich jede Nacht ab. Der Freund der Frau war bedrückt und hilflos. »Er wusste einfach nicht, wie er sich verhalten sollte«, sagt die Frau. Als sie bemerkte, wie unsicher er war, sagte sie ihm, er müsse nicht bleiben, sie könnten sich trennen – »besser jetzt als nach dem Umzug«. Der Mann wehrte zunächst ab; auf keinen Fall werde er sie im Stich lassen. Aber es wäre wohl besser, auch für die Tochter, wenn sie zumindest jetzt noch nicht zusammenzögen, sondern alles bliebe, wie es sei. Anderthalb Monate später trennten sie sich. Die Frau war zwar enttäuscht, aber im Rückblick auch erleichtert. »Er war dann eben doch nicht der Richtige. Leider mussten wir das beide auf die harte Tour herausfinden.«

Schlimmste Erfahrungen können eine Familie mit Sollbruchstellen aber auch zusammenschweißen. Der beeindruckende Fernsehfilm »Kinder! Liebe! Hoffnung!« von Sigrid Faltin, der 2013 ausgestrahlt wurde, zeigt das Leben einer Patchwork-Familie während eines dramatischen Jahres. Die Musiklehrerin Marion ist Anfang dreißig und Mutter eines fünfjährigen Sohnes, als sie im Internet Kai kennenlernt, einen dreiundvierzigjährigen Frauenarzt aus Lörrach, der vier Kinder hat – die Älteste dreizehn, der Jüngste so alt wie ihr Sohn. Sie verabreden sich, verlieben sich – und ein halbes Jahr später zieht Marion mit ihrem Sohn zu Kai. Das war es, was der Film eigentlich dokumentieren sollte: das allmähliche Zusammenwachsen einer Patchwork-Familie mit zwei berufstätigen Erwachsenen und fünf Kindern. Die Freiburger Filmemacherin Faltin wollte zeigen, wie so ein zusammengewürfelter Clan den Alltag meistert, wie es den Kindern dabei geht, wie den Erwachsenen. Ob und wie es gelingen kann, dass Liebe und Zweisamkeit nicht auf der Strecke bleiben zwischen den Belangen von fünf Kindern und den Anforderungen von zwei Jobs. Die größte Belastung für alle scheint zunächst die leibliche Mutter der Kinder zu sein, die mit allen juristischen Mitteln versucht, das Sorgerecht für ihren Nachwuchs zurückzubekommen. Ohne dass der Film, der auch die Mutter zu Wort kommen lässt, Partei ergreift, wird dem Zuschauer schnell klar, dass ihre Obhut für die Kinder nicht das Beste wäre. Da die Kinder nach der Trennung vom Jugendgericht dem Vater zugesprochen wurden, darf die Mutter sie alle drei Wochen drei Stunden lang sehen – unter Aufsicht einer Beraterin vom Kinderschutzbund. Die Kinder hassen diese Besuchstermine, weil ihre Mutter sie ausfragt, schlimmste Anschuldigungen gegen den Vater erhebt und nun auch noch alles über die neue Stiefmutter herausbekommen möchte. Doch auch abgesehen von dieser besonderen Schwierigkeit, wird man Zeuge eines Familienalltags, der es in sich hat. Ein wenig geht es einem wie den Eltern von Marion und Kai: man freut sich für den sympathischen Vater und vor allem für seine vier Kinder, dass sie nun eine so warmherzige, zupackende, kluge Bezugsperson in ihrem Leben haben – und man fürchtet zugleich um die Frau, die sich mit der ganzen Kraft ihrer Liebe und ihres Weltvertrauens in eine Aufgabe stürzt, vor der die meisten kapitulieren würden. So weit, so typisch Patchwork. Einmal äußert Marion auch ihre Überforderung, den Eindruck, sie habe sich »zu viel auf einmal« getraut, während ihre Mutter früh bemerkt, sie freue sich über die vier neuen Stiefenkel, sehe aber zugleich, dass ihre Tochter sich aus dieser familiären Situation niemals wieder zurückziehen werde können. Dann wird bei Kai Lungenkrebs diagnostiziert. Kai ist Realist und Arzt, für ihn stellt sich nicht die Frage, ob die Krankheit ihn töten wird, sondern nur wann. Marion bleibt stark, das Kraftzentrum für die ganze Familie. Nur einmal sagt sie, seit dem Moment, da sie wusste, dass Kai sterben könne, wisse sie, wie es sich anfühle, vor seinem eigenen Leben weglaufen zu wollen. Das Zusammenleben wird schwieriger. Er muss sich mit dem Tod auseinandersetzen, sie mit den Bedürfnissen einer siebenköpfigen Familie. »Der Hauptstressfaktor ist, dass es Kai nicht gutgeht, und dass es ihm auch mit sich nicht gutgeht.« Den Kindern sagen sie erst nach einigen Monaten, wie ernst es um den Vater steht. Die erste Reaktion: »Wenn der Papa stirbt, bleiben wir alle bei dir!« Für die Kinder ist das keine Frage, für den Zuschauer sehr wohl. Kai und Marion heiraten im August 2012. Er bestimmt seine Frau zum Vormund seiner Kinder, wenn er stirbt. Und irgendwie geht das Leben weiter, auch wenn Kai immer dünner wird und auch die Auseinandersetzungen mit seiner Ex-Frau nicht abebben. Als das Kamerateam die Familie Grünberg im Frühling 2013 nach einem Jahr wieder verlässt, geht es Kai den Umständen nach gut. Die letzte Szene zeigt die ganze Familie unter blühenden Apfelbäumen. Zwei Wünsche hätten sie, sagt Marion: »Erstens, dass Kai noch so lange wie möglich lebt. Und zweitens ein gemeinsames Kind. Die Kinder sagen, wenn ihr noch ein Kind bekommt, dann sind wir alle richtige Geschwister.«

Faltins Film ist ein neunzigminütiges Lehrstück über Patchwork – und über das Leben. Fast alles, was diese Familienform so schwierig, aber zugleich so erfüllend und lohnend macht, ist darin in der einen oder anderen Form enthalten. Was der Film aber, ohne dass dies irgendwer vorher ahnen konnte, besonders deutlich zeigt, ist, dass funktionierendes Patchwork nicht nur eine Frage des guten Willens ist, sondern auch von Charakter. Wer nicht bereit ist, sein Schicksal mit dem von Menschen zu verbinden, für die er weder biologisch noch juristisch Sorge tragen müsste, und wer nicht die Kraft hat, dieser Zusage Taten folgen zu lassen, der kann leicht daran zerbrechen.

Der Fall von Marion und Kai mag ein Extrembeispiel sein, doch er führt einem vor Augen, welches Glück man hat, wenn das eigene Engagement nicht derart auf den Prüfstand gerät. Früher oder später aber kommt es in allen Familien zum Schwur – und hoffentlich hatte man bis dahin wenn schon nicht ein ganzes Leben lang, so doch immerhin einige Jahre lang Zeit, sich kennen- und lieben zu lernen. Für Patchworker stellen sich die Fragen des Alters mit besonderer Schärfe, weil die emotionale Verpflichtung, die aus der leiblichen Bindung zwischen Kindern und Eltern entsteht, hier eben mitunter fehlt. »Mich nach dem Tod meiner Mutter so um meinen pflegebedürftigen Stiefvater zu kümmern, wie sie es sich gewünscht hätte, halte ich nicht aus«, schreibt eine verzweifelte Frau in einem Online-Forum. Sie könne einfach nicht vergessen, wie der Stiefvater sie früher angebrüllt und einige Male sogar geschlagen habe. »Ich wünschte, er wäre tot, und nicht meine Mutter.« Die Situation sei auch deswegen so zermürbend, weil ihre Mutter sich in den letzten Jahren zu Hause um den parkinsonkranken Stiefvater gekümmert habe. »›In guten wie in schlechten Zeiten‹, hat sie immer gesagt. Aber gilt das auch für mich? Ich habe ihn doch nicht geheiratet!?« Nun, da ihre Mutter gestorben sei, brauche er entweder rund um die Uhr Pflege, oder aber er müsse in ein Heim. »Davon abgesehen, dass die Wartelisten endlos sind, haben wir nicht genug Geld, um das zu bezahlen, was seine Versicherung nicht übernimmt.« Aber um überhaupt eine Chance zu haben, das Häuschen von Mutter und Stiefvater zu verkaufen, müsse er dort ausziehen – und vor allem einem Verkauf der Immobilie zustimmen, die ihm nun, nach dem Tod seiner Frau, zu drei Vierteln gehört. »Aber er ist halsstarrig und will davon nichts hören. Und wenn ich ihm sage, dass es anders finanziell nicht geht, weigert er sich, mir zu glauben.«

Wohl dem, der sich in solchen und anderen Situationen reinen Gewissens für nicht zuständig erklären kann. Die Frage nach Verantwortung ist in Patchwork-Familien meistens zuallererst eine moralische. Rechtlich gesehen ist die Frau nicht verpflichtet, sich um den Stiefvater zu kümmern und für ihn aufzukommen, da kein Verwandtschaftsverhältnis besteht. Aber auch für ihr Gegenüber ist die Situation schrecklich. Denn als Stiefmutter oder Stiefvater erfährt man nach dem Tod des Partners unmissverständlich, wie dessen Kinder tatsächlich zu einem stehen. Wird man aus den eigenen vier Wänden gejagt, weil die nun mehrheitlich den Kindern gehören (siehe nächstes

Unterkapitel)? Bekommt man noch Besuch und Anrufe oder reduziert sich der Kontakt ab sofort auf einen pflichtschuldigen Gruß zu Weihnachten und zum Geburtstag? Und will man in der Not zum Bittsteller werden ausgerechnet bei solchen Menschen, die einem am liebsten »Auf Nimmerwiedersehen« sagen würden?

In Patchwork-Konstellationen sind solche Fälle keine Ausnahmen, denn hier kommt es statistisch gesehen nun mal besonders häufig vor, dass der leibliche Elternteil zuerst stirbt – weil vor allem Väter wieder heiraten, und zwar mit Vorliebe jüngere, noch kinderlose Partnerinnen. Wo gemeinsame Kinder nachkamen, sind die Stiefkinder aus dem Schneider. Aber wenn der zurückbleibende Stiefelternteil keine Kinder und keine Rücklagen hat, kann das für alle Beteiligten unangenehm werden.

Da bewahrheitet sich auf ermutigende Weise die alte Weisheit, dass es so, wie man in den Wald hineinruft, auch wieder herausschallt. Ich kenne mehrere Fälle, in denen sich die erwachsenen Stiefkinder so rührend um den letzten Partner von Mutter oder Vater kümmern, als wäre es der eigene Elternteil. Das schließt mitunter ein, ihn im Krankheitsfall zu sich zu holen und zu Hause zu betreuen. Besondere Bewunderung ringt mir jene Frau ab, die sich um ihre demenzkranke Stiefmutter kümmert, obwohl diese sie seit langem nicht mehr erkennt. In einem anderen Fall hat sich die Ex-Frau bereit erklärt, ihren Kindern Geld zu überweisen, damit die es ihrer schwerkranken Stiefmutter zukommen lassen. So kann diese sich eine Hilfe leisten, ohne sich durch die Großzügigkeit ihrer einstigen Rivalin gedemütigt zu fühlen. Warum seine Mutter das tue, frage ich den Sohn. »Weil sie es kann. Ich glaube, es ist ihre Art, sich dafür zu bedanken, dass Angela uns eine liebe Stiefmutter war.« Er zuckt mit den Schultern. »Vielleicht will sie auch nur ihr schlechtes Gewissen etwas besänftigen.« Diese Bemerkung bezieht sich darauf, dass seine Schwester und er bei Vater und

Stiefmutter aufgewachsen sind und ihre Mutter, die mit ihrem neuen Partner im Ausland lebte, nur in den Ferien gesehen haben.

Bei Patchworkern kommt es indes auch vor, dass ein Stiefelternteil ähnlich alt oder sogar jünger ist als die Kinder des Partners, und sich somit die Rollen im Alter verkehren. In solchen Fällen besteht oft keine besonders enge Bindung, da die Kinder bereits ihr eigenes Leben lebten, als die Stiefmutter (sehr selten der Stiefvater) ins Haus kam. So fühlt sich in der Regel denn auch keine Seite verpflichtet, nach dem Tod des verbindenden Familienmitglieds zu der anderen Seite mehr als einen höflich-herzlichen Kontakt zu halten. Dies sind allerdings oft auch die Fälle, in denen etwaige Erbschaftsstreitigkeiten besonders heftig ausfallen.

Letzte Kriege:
Patchwork und Erbe

»Alles, was ich verlange, ist eine Chance zu beweisen,
dass Geld mich nicht glücklich machen kann.«
Spike Milligan

Wer dachte, die Sollbruchstellen von Patchwork-Familien seien im Krankheits- und Todesfall ein letztes Mal deutlich geworden, der warte nur, was passiert, wenn es ans Erben geht. Ich gebe zu: Mein Versuch, die positiven Seiten von Patchwork herauszustellen, ohne die schwierigen zu verschweigen, stößt hier an gewisse Grenzen. Zu viele Stiefmütter und Stiefväter haben den Kindern ihrer Partner ihr Erbe vorenthalten, als dass man darin einen bloßen Zufall sehen könnte. Und da, wer mit Geld geizt, auch sonst mit Gefühlen selten großzügig ist, sagt die Bevorzugung eigener Kinder oder anderer Verwandter vor den Stiefkindern auch etwas über die Bindung mancher Stiefeltern zu den Kindern des Partners oder vice versa aus. Insofern enthält manches Testament letzte Wahrheiten, die der Erblasser vielleicht besser mit ins Grab genommen hätte.

Manche haarsträubende Ungerechtigkeit beruht aber auch schlicht auf einer Unkenntnis des Erbrechts. Denn viele wissen nicht, dass Stiefkinder, anders als leibliche Kinder, nicht erbberechtigt sind und somit auch keinen Pflichtteilsanspruch haben. Es gibt bisher keine eigenen gesetzlichen Regelungen für Patchwork-Familien; das bestehende Erbrecht ist ausgerichtet auf die klassische Familie, in der die Kinder bei ihren Eltern aufwachsen. Darum ist für den Erbfall wesentlich, wer zuerst stirbt, der leibliche Elternteil oder der Stiefelternteil. Stirbt der leibliche Elternteil zuerst – wegen der hohen Quote an jüngeren Stiefmüttern ein häufiges Szenario –, dann beerben die Kinder zwar ihren Elternteil, doch die Hälfte von seinem Hab und Gut geht qua Gesetz an den zurückbleibenden Ehepartner (es sei denn, dieser hat zuvor bereits seinen Erb- und Pflichtteilsverzicht erklärt). Wenn dieser dann stirbt, ohne seine Stiefkinder testamentarisch eigens bedacht zu haben, gehen diese leer aus. Wenn sie allerdings im Testament vorkommen, haben sie seit dem 1.1.2009 den gleichen Erbschaftssteuer-Freibetrag wie leibliche Kinder, nämlich 400 000 Euro; und über diesen Betrag hinaus ist dann auch die Höhe der Erbschaftssteuer dieselbe.

Keineswegs ungewöhnlich ist der Fall eines Freundes, dessen Vater vor einigen Jahren starb und ein ansehnliches Vermögen hinterließ. Dies ging zur Hälfte an seine Frau, den Rest zu je einem Viertel teilten sich sein Sohn und seine Tochter. Bewusst nicht bedacht hatte er in seinem Testament den Sohn seiner Frau aus deren erster Ehe, weil er davon ausging, dass dieser eines Tages die wertvollen Immobilien seiner Mutter erben würde – und dass seine Frau wiederum seinen beiden Kindern, zu denen sie ein sehr enges Verhältnis hatte, alles vermachen würde, was ursprünglich aus seinem Besitz stammte. Womöglich hätte sie das auch getan, doch sie war krank und kam nicht mehr dazu, ein beglaubigtes Testament aufzusetzen. So ging bei ihrem Tod ihr ganzes Hab und Gut an ihren Sohn, der auf diese Weise auch noch ganz legal in den Genuss der Hälfte des stiefväterlichen Vermögens kam und keineswegs fand, dass es ihm eigentlich nicht zustand. Wäre hingegen die Stiefmutter zuerst gestorben, hätten die beiden Kinder des Mannes theoretisch ihren Vater jeweils zur Hälfte beerbt und noch dazu je ein Viertel der stiefmütterlichen Reserven erhalten. Wären der Vater und die Stiefmutter indes nicht verheiratet gewesen, hätten alle Kinder nur ihren jeweiligen Elternteil beerbt. So entscheidet der Zufall in Patchwork-Familien oftmals über die Höhe des Erbes.

Die rechtmäßigen Ungerechtigkeiten im Erbfall in solchen Konstellationen sind vielfältig, und auch weitere, gemeinsame Kinder schützen davor nicht. So besaß der Vater eines Freundes ein größeres Aktiendepot. Als er starb, ging die Hälfte davon an seine Frau, die andere Hälfte zu gleichen Teilen an seinen Sohn aus erster Ehe und die gemeinsame Tochter. Als dann die Mutter starb, erbte die Tochter ihre Hälfte, der Stiefsohn hingegen nichts, so dass die Schwester nun drei Viertel des Ersparten ihres Vaters besitzt, ihr Halbbruder aber nur ein Viertel. Die beiden Geschwister, die einander immer nahestanden, haben sich darüber so zerstritten, dass sie heute nicht mehr miteinander reden.

In welchem Maß ältere Männer häufig bereit sind, sich die Zuneigung einer jüngeren und attraktiven Frau etwas kosten zu lassen, merken deren Kinder mitunter erst nach dessen Ableben. Mancher erinnert sich noch an die vollbusige Blondine Anna Nicole Smith. Die Amerikanerin wurde bekannt, als sie mit siebenundzwanzig den neunundachtzigjährigen Milliardär J. Howard Marshall heiratete. Als dieser ein Jahr später starb, forderte sie von ihrem Stiefsohn die Hälfte des väterlichen Ver-

Die Kunst des Paarlaufs mit Kindern:
Eine Art Resümee

»Das Wort Familienbande hat einen Beigeschmack von Wahrheit.«
Karl Kraus

Familien sind derart komplexe Gebilde, dass sie uns gern als
unauflöslich, zumindest aber als selbstverständlich erscheinen.
Wo viele unbewusst bereits von der Ehe erwarten, dass die
Institution das Zusammenleben dauerhaft für sie regeln werde,
gilt die Familie geradezu als Garant für emotionale Stabilität.
Denn ist erst einmal Nachwuchs da, erscheint das Amalgam
aus Liebe zum Partner (oder wenigstens der Erinnerung daran),
Hingabe an das Wohl der Kinder, deren elementarer Bedürftig-
keit und dem ganz normalen Alltagstrott derart potent, dass
man sich nicht vorstellen kann, dass dieses engmaschige Netz
aus Bindungen und Verpflichtungen je reißen könnte. Eine Familie ist für Eltern der tagtägliche Beweis der eigenen Unent-
behrlichkeit – bloß leider oft nicht füreinander. Da mag der
Wille, sich stets umeinander zu bemühen und den anderen
nicht als selbstverständlich zu nehmen, durchaus ernsthaft vorhanden sein; in der Praxis aber erleben sich Mütter und auch
Väter oft als Verkörperungen des Spruches: »Eigentlich bin ich
ganz anders, aber ich komme so selten dazu.«
Patchwork-Familien mögen heute, da jeder dritte Mensch in
unserer Gesellschaft im Laufe seines Lebens irgendwelche Stief-
Erfahrungen macht, ob als Stiefkind, Stiefgeschwister, Stiefeltern oder Stiefgroßeltern, omnipräsent sein; einen guten Ruf
haben sie deswegen noch lange nicht. Allzu häufig scheinen
moderne Patchwork-Familien sich aus den amourösen Verstri-
ckungen von Menschen zu ergeben, die bereit sind, dafür ihre
ganze Familie umzutopfen. Natürlich kann man fragen, wieso
zwei Menschen, die ihre Kinder angeblich über alles lieben,

nicht einfach zusammenbleiben. Die Erfahrung aber zeigt, dass Eltern, eine gewisse geistige und charakterliche Reife vorausgesetzt, sich nicht leichtfertig trennen. Mir sind bei meinen Gesprächen jedenfalls keine Mütter oder Väter begegnet, von denen ich den Eindruck hatte, sie hätten sich ihre Sache einfach gemacht. Vielmehr scheinen mir intensive Zweifel, Kummer und Schuldgefühle geradezu als Bedingung für gelingende Patchwork-Konstellationen.

Als ich mich vor acht Jahren erst in meinen Mann und dann auch in seine Kinder verliebte, dachte ich nicht groß darüber nach, auf was ich mich da einließ. Viel mehr als über die Möglichkeiten der Zukunft sprachen wir in der ersten Zeit ohnehin über unsere früheren Ehen, über das, was uns darin gefehlt hatte und auch über das, womit wir selbst zu ihrem Ende beigetragen hatten. Schnell war klar, auch wenn es unausgesprochen blieb, dass wir nicht allein den Kindern, sondern ebenso uns selbst die Erfahrung einer abermaligen Trennung möglichst ersparen wollten. Damit lag das entscheidende Gewicht von Anfang an auf uns als Paar. Solange wir miteinander im Einklang wären, würde es uns auch als Patchwork-Familie gutgehen. Unsere gemeinsamen Kinder haben dieses Bewusstsein noch verstärkt. Das Wichtigste für unsere Familie ist die Liebe zwischen meinem Mann und mir. Solange diese besteht, haben die Kinder nichts zu befürchten. Zugleich ist uns bewusst, dass die Kinder keine Garantie dafür darstellen, dass unsere Beziehung auf Dauer hält.

Was Patchwork-Eltern von anderen unterscheidet, ist vor allem die bittere Erfahrung des Scheiterns ihrer Zweierbeziehung. Meist erst später kommt die erfreuliche Erkenntnis hinzu, dass sich dieses Scheitern zwar nicht ungeschehen machen lässt, aber dass es auch nicht für immer dauern muss. In gewisser Weise sind Patchworker darum nicht die Egoisten, sondern die Romantiker unter den Eltern. Denn sie sind davon überzeugt, dass ihr Recht auf eine erfüllende Zweierbeziehung nicht mit der Geburtsurkunde, dem Freischwimmabzeichen oder der Schulanmeldung ihrer Kinder erlischt. Und dass es ihren Kindern umso besser gehen wird, je zufriedener sie selbst mit ihrem Leben sind. Letztlich ist es das, was funktionierendes Patchwork in meinen Augen ausmacht: das Gefühl, nach dem Falschen doch noch das Richtige getan beziehungsweise den oder die Richtige gefunden zu haben, für sich selbst ebenso wie für die Kinder.

Dies ist aber nicht als Legitimation für jegliche Trennungen von Eltern zu werten, noch gelten mir getrennte beziehungsweise geschiedene Partner als Voraussetzung für eine funktionierende Patchwork-Familie. Vielmehr meine ich, dass die aus früherem Unglück und Fehlverhalten resultierenden Lebens- und Beziehungserfahrungen wesentlich zum Meistern späterer Patchwork-Situationen beitragen können. Alle Menschen sind klug – aber die meisten sind es nun einmal eher nachher als vorher. Schon früher einmal habe ich die These aufgestellt, dass viele zweite Ehen glücklicher und langlebiger seien als erste, und zwar dann, wenn möglichst beide aus früheren Fehlern gelernt haben. Damals achtete ich bei meinen Beobachtungen noch nicht darauf, inwieweit das Glück der Eltern abhängig ist von dem ihrer Kinder und umgekehrt. Doch alles, was ich seither mit und über Patchwork gelernt habe, bestätigt, dass dies eine Familienform für Fortgeschrittene ist. Nicht nur die Eltern, auch die Kinder haben Blessuren davongetragen, die sie nachdenklicher gemacht haben.

Denn dass außer in Extremfällen kein Kind von sich aus für die Trennung seiner Eltern stimmen würde, heißt nicht, dass der Nachwuchs nicht trotzdem irgendwann einsieht, dass eine solche Trennung nicht nur unvermeidlich, sondern sogar für alle das Beste sein kann. »Natürlich war ich tief getroffen, als meine Eltern auseinandergingen«, sagt eine Bekannte. »Ich war zwölf und hielt mich für erwachsen. In Wahrheit war ich natürlich noch ein Kind.« Sie suchte einen Schuldigen – und fand ihn im neuen Freund der Mutter, den sie für den Grund der Trennung hielt. »Dass es einen erheblichen Unterschied gibt zwischen Grund und Auslöser, habe ich damals nicht begriffen.« Auch wenn es in diesem Fall eher eine typisch kindliche Fehlprojektion war, habe sie diesen Mann gehasst. »Und das habe ich ihn auch spüren lassen.« Und offenbar nicht nur ihn, denn eines Tages nahm eine ältere Verwandte sie beiseite. »Nun hast du es schon so lange mit Wut versucht und bist dadurch kein bisschen glücklicher geworden«, sagte sie zu ihr. »Wie wäre es, wenn du jetzt mal einen anderen Ansatz probierst und offen an die Dinge herangehst? Lass dich doch mal auf die Menschen ein und hör dir an, was sie zu sagen haben, anstatt von vornherein die Schotten dicht zu machen.« Kurz danach habe ihr Vater ihr seine neue Freundin vorgestellt. Heute, mit Anfang dreißig, ist ihre Stiefmutter für sie einer ihrer wichtigsten Ansprechpartner. »Sie war das Beste, was unserer Familie passieren konnte – für meinen Vater, aber genauso für meine Schwester und mich. Denn mit ihr an seiner Seite war mein Vater endlich wieder so wie früher, stark, zuversichtlich, zufrieden. Und wir konnten uns wieder aufgehoben fühlen bei ihm.«

Niemand wird freiwillig zum Patchworker, doch das Gelingen dieser Familienform beruht in hohem Maße darauf, dass alle bei ihr mitmachen – freiwillig und konstruktiv. Dazu aber müssen alle mit der neuen Gemeinschaft einverstanden sein. Die meisten Kinder äußern sich spätestens dann positiv über ihren Stiefelternteil, sobald sie begriffen haben, dass ihre eigenen Eltern nicht mehr zusammenkommen werden – oder vielmehr: sobald sie sich nicht mehr insgeheim wünschen, dass sie es tun. Ab da bekommt ein neuer Mensch die Chance, zu einem vollwertigen Familienmitglied zu werden. Manche haben das Glück, dass die Kinder die Hoffnung auf eine Reparatur der Elternbeziehung schon aufgegeben haben, bevor sie sie kennenlernen. Andere leisten selbst die notwendige Überzeugungsarbeit, weil sie sich glaubwürdig um den Respekt und die Zuneigung aller Familienmitglieder bemühen. Aber die erfolgreichste Werbung ist immer noch die, die von der neuen Zweierbeziehung selbst ausgeht. Kinder, die ihren Vater oder ihre Mutter (und am besten natürlich beide) ausgeglichen, entspannt und zufrieden erleben, spüren instinktiv, dass das auch ihrer eigenen Beziehung zu ihnen guttut.

Die Trennungserfahrung bedeutet für Eltern wie für Kinder aber auch, dass ihrer Familie ein Misstrauen eingeschrieben ist, das nie restlos vergehen wird. Das macht das emotionale Immunsystem dieser Familien empfindlich, ja regelrecht anfällig. Kein Wunder, dass Beobachter oft den Atem anhalten ob all der Situationen, die hier Krisen heraufbeschwören können: neue Partner von Mutter oder Vater, Machtkämpfe zwischen den leiblichen Eltern, neue Halb- oder Stiefgeschwister, eine weitere Trennung, Jobwechsel, Umzüge, Krankheiten – von den alltäglichen familiären Stressauslösern ganz zu schweigen. Patchwork ist auch Arbeit. Das nicht zu vergessen ist für Familien wie unsere ebenso wichtig wie die einzelnen Flicken, die dabei zu einem neuen Ganzen werden. Der große israelische Schriftsteller David Grossman hat einmal gesagt: »Eine Familie ist etwas, was andauernd geschieht, andauernd Ereignisse produziert. Und jedes Mitglied erzählt deine Geschichte aus einer anderen Perspektive. Jedes meiner Kinder hat mir eine andere Geschichte über mich selbst erzählt, die mir niemand anders auf der Welt hätte erzählen können.« Ähnlich geht es mir mit meiner Familie. Es vergeht kaum ein Tag, an dem ich nicht mit Ereignissen, Erkenntnissen und Erfahrungen konfrontiert werde, die mir so nur meine angeheiratete Familie mit all ihren Ausläufern bescheren kann. Nicht alle mögen Anlass zur unmittelbaren Freude sein, aber sie alle machen mein Leben aus und zeigen es mir täglich in einem neuen Licht.

Bibliographie

Zwar ist die Familie ein Lieblingsthema der schönen Literatur, doch explizit mit Patchwork-Familien setzen sich bislang vor allem Romane aus Großbritannien und Amerika auseinander. Es gibt jedoch auch einige Klassiker – Tolstoi, Storm –, die sich des Themas angenommen haben, sowie einige Beispiele aus der deutschsprachigen Gegenwartsliteratur. Hier ist eine Liste der im Buch erwähnten sowie einiger weiterer Belletristik-Titel:

Sam Baker: »The Stepmothers' Support Group«. HarperCollins, London 2009.

Rowan Coleman: »The Accidental Family«. A novel. Arrow Books, London 2009.

Renate Dorrestein: »Stiefmuttertag«. Roman. Aus dem Niederländischen von Hanni Ehlers. C. Bertelsmann, München 2013.

Anne Enright: »Ein Geschenk des Himmels«. Erlebnisse einer Mutter. DuMont, Köln 2005.

Anne Enright: »Anatomie einer Affäre«. Roman. Aus dem Englischen von Petra Kindler und Hans-Christian Oeser. Deutsche Verlags-Anstalt, München 2011.

Kerstin Gier: »Die Mütter-Mafia«. Roman. Bastei Lübbe, Köln 2005.

Jane Green: »The Patchwork Marriage«. A novel. Penguin Books, London 2012.

Thomas Hettche: »Die Liebe der Väter«. Roman. Kiepenheuer & Witsch, Köln 2010.

Laura Karasek: »Verspielte Jahre«. Roman. Quadriga/Bastei Lübbe, Berlin und Köln 2012.

Ildikó von Kürthy: »Unter dem Herzen«. Ansichten einer neugeborenen Mutter. Rowohlt, Reinbek 2012.

Penelope Lively: »Familienalbum«. Roman. Aus dem Englischen von Maria Andreas. C. Bertelsmann, München 2012.

Eva Menasse: »Quasikristalle«. Roman. Kiepenheuer & Witsch, Köln 2013.

Jochen Schmidt: »Schneckenmühle«. Roman. C. H. Beck, München 2013.

Theodor Storm: »Viola tricolor. Beim Vetter Christian«. Zwei Novellen. Reclam, Dietzingen 2008.

250

Lew Tolstoi: »Anna Karenina«. Roman. Aus dem Russischen von
Rosemarie Tietze. Hanser, München 2009.

Joanna Trollope: »Anderer Leute Kinder«. Roman. Aus dem Englischen
von Annette Meyer-Prien. Hoffmann und Campe, Hamburg 1999.

Fay Weldon: »Tagebuch einer Stiefmutter«. Roman. Aus dem Englischen
von Henriette Sperber. Deutscher Taschenbuch Verlag, München 2009.

Virginia Woolf: »Augenblicke des Daseins«. Autobiographische Skizzen.
Herausgegeben von Klaus Reichert. Aus dem Englischen von Brigitte
Walitzek. S. Fischer, Frankfurt am Main 2012.

Zahlreiche Werke der Kinder- und Jugendbuchliteratur setzen sich mit
der Trennung von Eltern und dem möglichen Neubeginn als Patchwork-Familie auseinander. Hier einige Titel, die mir gut gefallen:

Kim Fupz Aakeson, Eva Eriksson: »Babyalarm«. Aus dem Dänischen
von Maike Dörries. Gerstenberg, Hildesheim 2012.

Brüder Grimm: »Kinder- und Hausmärchen«. Ausgabe letzter Hand mit
den Originalanmerkungen der Brüder Grimm. Herausgegeben von
Heinz Rölleke. 3 Bände. Reclam, Dietzingen 2010.

Elfriede Hammerl: »Müde bin ich Känguru«. Roman. Deutscher
Taschenbuch Verlag, München 2010.

Mary Hoffmann, Ros Asquith: »Du gehörst dazu!« Das große Buch der
Familien. Aus dem Englischen von Stephanie Menge. Sauerländer,
Frankfurt am Main 2010.

Ute Krause: »Wann gehen die wieder?« ArsEdition, München 2010.

Ute Krause: »Feiern die auch mit?« ArsEdition, München 2012.

Alexandra Maxeiner, Anke Kuhl: »Alles Familie!« Vom Kind der neuen
Freundin vom Bruder von Papas früherer Frau und anderen Verwandten. Klett Kinderbuch, Leipzig 2010.

Christine Nöstlinger: »Als mein Vater die Mutter der Anna Lachs
heiraten wollte«. Roman. Oetinger, Hamburg 2013.

Jeanette Randerath, Imke Sönnichsen-Kerres: »Fips versteht die
Welt nicht mehr«. Wenn Eltern sich trennen. Thienemann,
Stuttgart 2008.

Sachbücher:

Sally Bjornsen: »The Single Girl's Guide to Marrying a Man, his Kids,
and his Ex-Wife«. Becoming a Stepmother with Humour and Grace.
Penguin Publishers, New York 2005.

Cynthia L. Copeland: »The 312 Best Things About Being a Stepmom (for those days when you can only come up with one or two on your own)«. Workman Publishing, New York 2006.

Steve Davies: »The Divorced Dad's Handbook«. Advice, Support and Guidance for all Fathers Going through Separation or Divorce. How To Books, Oxford 2007.

Lisa Doodson: »How to be a Happy Stepmom«. Vermilion/Ebury Publishing, London 2010.

Dorothee Döring: »Familienglück im zweiten Anlauf«. Chancen und Risiken einer Patchwork-Familie. Reichel, Weilersbach 2010.

Jacquelyn B. Fletcher: »A Career Girl's Guide to Becoming a Stepmom«. Harper, New York 2007.

Peter K. Gerlach: »Build a Co-Parenting Team: After Divorce or Remarriage«. XLibris Corporation, Philadelphia 2003.

Andreas Gestrich: »Geschichte der Familie im 19. und 20. Jahrhundert.« Enzyklopädie Deutscher Geschichte, Band 50. Herausgegeben von Lothar Gall. Oldenbourg, München 2013.

Stephen Grosz: »Die Frau, die nicht lieben wollte«. Und andere wahre Geschichten über das Unbewusste. Aus dem Englischen von Bernhard Robben. S. Fischer, Frankfurt am Main 2013.

Irma Hildebrandt: »Große Frauen. Porträts aus fünf Jahrhunderten.« Diederichs Verlag, München 2008.

Eva Illouz: »Gefühle in Zeiten des Kapitalismus«. Suhrkamp, Frankfurt am Main 2007.

Gesche Jäger: »Väterland«. Texte von Jochen Brenner. Edition Chrismon, Frankfurt am Main 2013.

Jesper Juul: »Aus Stiefeltern werden Bonuseltern«. Chancen und Herausforderungen für Patchwork-Familien. Kösel Verlag, München 2011.

Marie Louise von der Leyen: »Berühmte Väter und ihre Kinder«. Piper, München 2011.

Remo H. Largo, Monika Czernin: »Glückliche Scheidungskinder«. Trennungen und wie Kinder damit fertig werden. Piper, München 2004.

Flora McEvedy: »The Step Parents' Parachute«. The Four Cornerstones to Good Step-parenting. Time Warner Books, London 2005.

Melanie Mühl: »Die Patchwork-Lüge«. Eine Streitschrift. Hanser, München 2011.

Elisabeth Niejahr, Rocco Thiede (Hrsg.): »Alles auf Anfang«. Die Wahrheit über Patchwork. Aufbau, Berlin 2011.

Luise F. Pusch (Hrsg.): »Mütter berühmter Männer«. Zwölf biographi-
sche Porträts. Insel, Frankfurt am Main 1994.

Micha Schulze, Christian Scheuß (Hrsg.): »Alles, was Familie ist«.
Die neue Vielfalt: Patchwork-, Wahl- und Regenbogenfamilien.
Schwarzkopf & Schwarzkopf, Berlin 2007.

Björn Süfke: »Männerseelen«. Ein psychologischer Reiseführer.
Goldmann, München 2010.

Susanne Walsleben: »Der gebrauchte Prinz«. Vom Umgang mit einem
Traummann aus zweiter Hand. Knaur, München 2007.

Richard A. Warshak: »Divorce Poison«. How to Protect your Family
from Bad-mouthing and Brainwashing. HarperCollins, New York
2010.

Eike Wenzel, Oliver Dziemba, Corinna Langwieser: »Wie wir morgen
leben werden«. 15 Lebensstiltrends, die unsere Zukunft prägen.
mi-Wirtschaftsbuch, München 2012.

Dank

Mit zwei großen und erst recht zwei kleinen Kindern war das Schreiben über Patchwork selbst Stückwerk. Dafür, dass es trotz der alltäglichen Turbulenzen möglich war, danke ich unserer lieben Babysitterin Magdalena.

Sodann gilt mein Dank allen, die mir von ihren Erfahrungen mit und als Stiefeltern, Stiefkindern, Stief- und Halbgeschwistern, Stiefgroßeltern, Stiefschwiegermüttern und Ex-Partnern erzählt haben. Ohne sie wäre es auf diesen Seiten deutlich eintöniger zugegangen.

Vor allem aber danke ich meinem Mann Thomas, ohne den es dieses Buch nicht gäbe. Abgesehen von allem anderen, was es ihm verdankt, hat er mich nicht nur ermutigt, es zu schreiben, sondern mir als sein erster Leser auch wichtige Anregungen gegeben.